跨越修昔底德陷阱

新型大国关系与国际秩序构建

钟飞腾 主编

ACROSS
THUCYDIDES
TRAP:

THE NEW TYPE OF GREAT POWER RELATIONS
AND BUILDING OF INTERNATIONAL ORDER

中国社会科学出版社

图书在版编目（CIP）数据

跨越修昔底德陷阱：新型大国关系与国际秩序构建 / 钟飞腾主编.
—北京：中国社会科学出版社，2017.12
ISBN 978 - 7 - 5203 - 1640 - 8

Ⅰ.①跨… Ⅱ.①钟… Ⅲ.①中美关系—研究 Ⅳ.①D822.371.2

中国版本图书馆 CIP 数据核字（2017）第 299602 号

出 版 人	赵剑英	
责任编辑	赵　丽	
责任校对	王桂荣	
责任印制	王　超	

出　　版	中国社会科学出版社	
社　　址	北京鼓楼西大街甲 158 号	
邮　　编	100720	
网　　址	http://www.csspw.cn	
发 行 部	010 - 84083685	
门 市 部	010 - 84029450	
经　　销	新华书店及其他书店	
印　　刷	北京明恒达印务有限公司	
装　　订	廊坊市广阳区广增装订厂	
版　　次	2017 年 12 月第 1 版	
印　　次	2017 年 12 月第 1 次印刷	
开　　本	710×1000　1/16	
印　　张	19	
插　　页	2	
字　　数	294 千字	
定　　价	78.00 元	

凡购买中国社会科学出版社图书，如有质量问题请与本社营销中心联系调换
电话：010 - 84083683
版权所有　侵权必究

前　言[*]

自 2012 年起，大国新型关系的构建就日益引起学术界的关注。国际社会之所以讨论以中国为主动者提出的这一新理念，某种程度上是出于对 2008 年全球金融危机以后世界到底走向何方的困惑？因为对西方世界而言，它们很可能生活在二战后秩序的终点上。引发二战乃至为二战后秩序构建最为重大的事件是 20 世纪 20 年代发生的大萧条，而 2008 年金融危机的影响和持续性还在发酵中，各主要经济体相继走入了新常态，世界经济也出现了近十年来贸易增速低于 GDP 增速的势头，保护主义抬头，新型区域主义竞相出现。历史的韵味在于，在巨大危机创造的不确定性面前，国家的行为习惯也有惊人的相似之处。这不得不让人想起二战之前那场大萧条所引发的巨大灾难。如今，站在历史教训深处的人们，希望国际体系中的重要大国能避免以邻为壑的短视政策。

但新型大国关系之所以重要，可能更为根本的是，中国崛起能否意志坚定地改变主导西方国际政治哲学的一种根本理念，即崛起国和守成国之间的悲剧性结局。美国作为霸主显然也想要穷尽所有可能掌控挑战者崛起引发的不确定性。对美国而言，新型大国关系也许是菜单之中的选项，但由于这一概念和意图也让人捉摸不透，美国在理解和接受这一概念时，经历远非愉快。其发展的规模和速度似乎超出了西方社会既有知识框架的解释能力，中国的伟大复兴是继西方崛起之后的最重大事件，近代历史上第一次需要非西方的参与者来确保国际体系的稳定，并催生国际社会下一阶段和平发展的知识革命。

---

[*] 本前言的撰写参考了钟飞腾、李成日、田光强撰写的大国关系学科发展报告内容。

一 近年来大国关系研究的七个重点问题

国际关系主要是现实推动，国际上的重大突发事件和主要国家出台的重大政策是国际关系发展的主要动力。环顾当今世界，中国崛起毫无疑问是最令人瞩目的事件之一，其他包括美国权势的衰落和伊斯兰世界的动荡等。对于中国学者来说，核心问题显然是中国与世界的关系。中心议题是回答中国政府提出的战略性问题，如何更好地实现"两个一百年"目标，进一步推进中华民族的伟大复兴。因此，推动大国关系学科发展的理论动力和问题动力都是非常强劲的。近三年来，国内外学界在大国关系领域，主要围绕七个方面展开深入讨论，包括美国亚太"再平衡"、中美实力对比、中国权力及其战略影响力、新型大国关系、周边国家对中国崛起的反响、美国同盟体系调整以及国际关系理论的多元主义等。

第一，大国关系的研究重点首先是围绕美国"再平衡"战略所引发的各方反应，而中国学术界则投入巨大精力探讨"新型大国关系"建设。欧洲国家普遍认为，美国亚洲"再平衡"战略使欧洲面临着大战略的挑战。欧洲将不得不加大对中东北非地区的战略介入，重新界定北约和欧盟的任务与优先性。[①] 与欧洲其他国家相比，英国则借助于美英"特殊关系"和在亚洲的历史遗产，视美国重返亚洲为一次重大的战略机遇。[②] 推动全球格局转变的大国主要是美国和中国，美国亚洲"再平衡"引发了复杂的反应，包括几乎所有大国和亚洲地区的小国都倾注了关注。相比于美国战略调整引起的关注，中国所提出的"新型大国关系"引发的关注略有欠缺，说明中国的全球地位仍然不足以与美国抗衡。

第二，中美实力对比及其长期影响不断引发关注。金融危机以来，

---

① Doug Stokes and Richard G. Whitman, "European and UK 'Grand Strategy' after the US Rebalance to Asia," *International Affairs*, Vol. 89, No. 5, 2013, pp. 1087 – 1107.

② Clive Blount, "Staying in Step: The US 'Pivot' and UK Strategic Choices," *Strategic Studies Quarterly*, Summer 2013, pp. 137 – 150.

中国经济增速尽管从两位数下降至 7%，但在大国经济增长中仍非常突出，引发各方对中国经济总量合适超过美国的大讨论。如何衡量中国崛起和美国衰落，用绝对差距还是相对差距的变化率，都存在着争议。[①] 此外，还涉及所用的数据库问题，部分美国保守派使用美国农业部数据认为美国没有衰落，1969 年美国占世界产出的 1/4，2010 年美国仍然占据相同份额。[②] 在这场美国是否衰落的学术讨论中，全球化的背景更为突出。比如，有学者认为随着跨国公司、跨国生产网络以及公司所有权的全球化，在 21 世纪已不能像 20 世纪中叶那样用国民账户计算贸易和 GDP。尽管现在美国 GDP 的份额已无法恢复到 20 世纪 60 年代的水平，但美国跨国公司主导者绝大多数行业，美国经济权力没有衰落，只是全球化了。[③] 中美经济力量对比对相关国家的政策有很大影响。比如，那些认为中国经济总量即将超过美国的学者建议美国政府要让渡权力给中国，特别是在诸如世界银行和国际货币基金组织等机构，此外，这些学者还担心中国抛开美国另行组织一套国际经济制度，比如金砖国家开发银行和亚洲基础设施投资银行（AIIB），针对 TPP 的地区全面经济合作伙伴关系计划（RCEP）。[④] 之所以重视中美权力对比，主要是基于国际关系理论上的"修昔底德陷阱"假设，即崛起国和霸主国的冲突性关系。王日华认为，内生—经济优先型的崛起模式解释了历史上崛起国与霸权国间无直接战争现象。[⑤] 肖河从政治、经济和安全政策三个维度，按照从"追随"霸权国到谋求与其"对等"地位的政策光谱来对其他主要大国的相关战略进行具体定位。[⑥] 崔立如认为，双方要面对中美之间的结构性问题

---

① Joshua R. Itzkowitz Shifrinson, Michael Beckley, "Correspondence: Debating China's Rise and U.S. Decline," *International Security*, Vol. 37, No. 3, Winter 2012/13, pp. 172 – 181.

② 罗伯特·卡根：《美国缔造的世界》，刘若楠译，社会科学文献出版社 2013 年版，第 156—157 页。

③ Sean Starrs, "American Economic Power Hasn't Declined-It Globalized!", *International Studies Quarterly*, 2013, Vol. 57, pp. 817 – 830.

④ Arvind Subranmanian, "China and America Should Strike A Grand Bargain", *Financial Times*, June 6, 2013.

⑤ 王日华：《崛起国与霸权国无直接战争的根源》，《国际政治科学》2016 年第 2 期。

⑥ 肖河：《霸权国与其他主要大国关系研究——以二战后历史为例》，《世界经济与政治》2016 年第 3 期。

凸显的现实,同时要防止对其过度强调可能把中美关系滑入"修昔底德陷阱"的危险。以寻求建构一种新型关系的开放观念,探讨亚太地区秩序问题,似可成为两国努力克服结构性问题,在新的历史条件下坚持求同存异原则发展中美关系的建设性政策目标。①

第三,一个比较大的难题是如何认识中国的权力及其战略影响力。有的学者认为,关于权力转移的讨论过分重视物质性力量,忽视了一个事实,即权力本身是社会建构的。如果只重视物质性力量,中国崛起形成的挑战将成为一个自我实现的预言,夸大物质力量。② 有的学者则从美国对日本施加影响力的角度出发,特别是美国借口驻军问题压制民主党政权,来显示有关东亚权力转移的说法言过其实。③ 也有学者从权力和能力两者不一定匹配的角度出发,定义了关系型权力(relational power)和生产性权力(productive power),中国的能力在不断增加,在某些领域的权力也增大了,但并不能说已经发生了权力转移。④ 国际社会越来越关注中国经济实力增长所带来的战略影响力。《华盛顿季刊》2015年秋季号刊发了多篇论文来分析中国经济下滑带来的影响,这在以往是很少见的。有论者表示随着经济增速下滑,财政吃紧,中国海军建设的步伐将放缓,中国的战略机遇期还将缩短。⑤ 哈里·哈丁认为,中美关系在选举季到来之时,还有更多的可塑空间,美国有关中国政策辩论的基本结论是,旧模式已告失利,而新的模式还在形成之中。⑥ 参与这一场大辩论的一些美国学者认为,美国应该终结此前的对华政策,结束保卫中国台湾地区的承诺,重新与中国达成一种新的政策框架。以此换取中国在海洋和陆地

---

① 崔立如:《管理战略竞争:中美新关系格局的挑战》,《美国研究》2016年第2期。

② Chengxin Pan, "Rethinking Chinese Power: A Conceptual Corrective to the 'Power Shift' Narrative," *Asian Perspective*, Vol. 38, 2014, pp. 387 – 410.

③ Paul O'Shea, "Overestimating the 'power shift': The us Role in the Failure of the Democratic Party of Japan's 'Asia Pivot'," *Asian Perspective*, Vol. 38, 2014, pp. 435 – 459.

④ Linus Hagstrom and Bjorn Jerden, "East Asia's Power Shift: the Flaws and Hazards of the Debate and How to Avoid them," *Asian Perspective*, Vol. 38, 2014, pp. 337 – 362.

⑤ John Lee, "China's Economic Slowdown what are the Strategic Implications?" *The Washington Quarterly*, Vol. 38, No. 3, 2015, pp. 123 – 142.

⑥ Harry Harding, "Has U. S. China Policy Failed?" *The Washington Quarterly*, Vol. 38, No. 3, 2015, pp. 95 – 122.

争端上采取和平手段,并且接受美国在东亚的长期驻军。① 有意思的是,在这场政策争论中,背后还是理论难题,即如何研判东亚的安全困境。有的学者认为,真正需要解释的问题是,为什么过去30多年来,东亚地区的国家一直容忍中国军事实力增长?② 在这类分析背后,西方学者潜意识的一个基本认识是中国还不是一个民主国家,而一个非民主国家的兴起有可能对国际体系的稳定造成冲击。但是,这种观点近些年来越来越受到质疑,"民主和平论"的因果机制需要重新加以探讨。2015年夏季号《国际组织》刊发的一文主张。第一次世界大战后大国纷争的解决是二战后和平的主要保障,而不是国内制度。尤其值得注意的是,大国之所以许可对民主制度的传播,是因为国际体系形成了一个由大国管理的等级秩序。③ 总体来看,美国政策精英就美国对华政策展开了一场全方位、多元化的政策大辩论。"务实容纳论""接触合作论""反省妥协论""接触融合论""接触遏制论""遏制论"等不同认识在碰撞互动。美国决策精英正弱化以往对华接触与融合的政策基调,缓慢但却明显地推动对华政策朝着挤撞方向发展。美国对中方意图的习惯性误判、美中两国国际秩序观的差异、美国认定其国内问题的"责任在中国"等因素,导致美国对华政策始终带有强烈的悲剧性色彩。④

在量化国家间关系方面的著作中,美国学者戴维·莱克的《国际关系中的等级制》值得重视。莱克认为,无政府这一国际关系研究的假定不一定普遍适用,比如中国就具有历史悠久的国际等级关系。莱克定义了经济等级和安全等级,并用此分析美国构建的等级制模式。⑤ 陈志敏进一步改进了迪特莫的模型,将每一对双边关系分成三个主要的次领域,即战略关系、经济关系和政治关系,赋予相应的权重,以

---

① Charles L Glaser, "A U. S. —China Grand Bargain?" *International Security*, Vol. 39, No. 4, 2015, pp. 49 – 90.

② Ronan Tse-min Fu etc., "Correspondence: Looking for Asia's Security Dilemma," *International Security*, Vol. 40, No. 2 (Fall 2015), pp. 181 – 204.

③ Patrick J. McDonald, "Great Powers, Hierarchy, and Endogenous Regimes Rethinking the Domestic Causes of Peace", *International Organization*, Vol. 69, No. 3, 2015, pp. 557 – 588.

④ 李海东:《当前美国对华政策的辩论、选择与走势分析》,《美国研究》2016年第4期。

⑤ [美]戴维·莱克:《国际关系中的等级制》,高婉妮译,上海人民出版社2013年版。

此分别量化双边关系中当事方在这些领域的收益情况，然后将三个领域的收益分值相加得到某一双边关系当事方的收益分值。陈志敏认为，在中、美、欧三边关系中，中国目前需要优先注重双边和大多边的机制。特别是，要采取议题联盟的方式联合美欧一方来强化其对另一方的谈判地位。①

第四，党的十八大以来"新型大国关系"成为国内外广泛关注的核心。在该议题下参与讨论的多数西方文献是政策导向，而不是学理研究为基础的。有的西方评论家认为，中国的"新型大国关系"说就是5年前拒绝的"G2"，且与美国搞新型大国关系建设存在着降低其他大国地位的风险。② 美国一些学者不仅不看好"新型大国关系"建设③，更是对2013年8月中国军事领导人访美提出的"新型军事关系"建设持强烈怀疑态度。④ 赞成派则认为该理念是一种创新，如约瑟夫·奈强调，在认识中国建立新型大国关系时，不应该让历史类比束缚思维，中国对美国全球地位构成的挑战远不如19世纪后德国对英国的挑战，原因在于中国目前在人均意义上仍然远远落后于中国，中国执行的政策基本上与其经济发展程度相匹配，重心仍然在亚太而不是全球。不过，奈也指出，"中美在亚洲冲突的风险永远也不能彻底地排除"。⑤ 而霍普金斯大学教授兰普顿则建议，为了构建新型大国关系，中美双方要增加两国领导人会晤频率，明确各自主管中美关系和对话的领导人，深化军事对话和交流，引导民意以及扩大地方政府的作用。⑥ 罗伯特·佐利克则强调，中美需寻找

---

① 陈志敏：《中国、美国和欧洲：新三边关系中的合作与竞争》，载周弘主编《认识变化的欧洲：中国社会科学院国际研究学部集刊》第6卷，社会科学文献出版社2013年版，第331—355页。

② Jamil Anderlini, "China's 'Great Power' Call to the US Could Stir Friction", FT.com, June 4, 2013.

③ Brad Glosserman, "A 'New Type of Great Power Relations'? Hardly", Pacific Forum CSIS, Honolulu, Hawaii, No. 40, June 10, 2013。

④ Richard D. Fisher Jr. "China's 'New Relationship' Trap: Beijing's Overture Implies U. S. Concessions," *The Washington Times*, August 26, 2013.

⑤ ［美］约瑟夫·奈：《一种新型的大国关系》，《第一财经日报》2013年3月11日。

⑥ 《蓝普顿：美中构建新型大国关系顺应时代》，《光明日报》2013年6月2日第8版，也可参考兰普顿的论文，Avid M. Lampton, "A New Type of Major-Power Relationship: Seeking a Durable Foundation for U. S. —China Ties," *Asia Policy*, No. 16, July 2013, pp. 1 – 18。

类似于加入WTO这样的新战略焦点。[①]

从学科发展角度看，一种包括新型关系内容的国际关系学说，至少要从理论上对两个核心利益认知差距过大的大国能否形成新型关系进行说明，从理论上分析两国的利益认知差异由哪些因素决定，是否将随着权力的变化而变化，而不只是从应然的角度强调美方做什么。从历史经验来看，基于地区性和国别性建构的理论总是存在核心假设和推断的差异，并不是可以兼容的，比如依附论和霸权稳定论。核心利益的认识差距，既是一个理论如何构建的问题，也是一个实践和发展的问题。因此，与其看到中美利益的差距，还不如强调中美共同利益如何扩大，如何通过增量改进来提升中美关系的稳定性。[②] 有学者认为，共生关系已经是当代大国关系的突出特征，所谓"老大"和"老二"的说法还停留在双边层面，实际上大国基本处于一种网络结构中。[③] 当然，在是否需要突出利益差距这一点上，也有学者认为，美方强调的"少谈核心利益、多谈共同利益"是一种思维误区。[④] 更有学者强调，中美差异不一定构成障碍。[⑤] 而美方学者则强调，中美双方的外交风格是不同的，中国先建立概念，然后找证据，再分析具体问题，而美国则首先找合作的问题领域，从解决问题的方式和结果出发判断互信是否能够建立。这种做事风格的差异也造成了中美利益认知的不同。[⑥]

随着"一带一路"倡议的推进，中国外交有所作为的特性比以往更为突出，而理论思考也随之深入，创新色彩也更为浓厚。薛力认为，由于中美相对实力地位的变化，两国关系表现为既合作又竞争，因此，再平衡战略与"一带一路"之间虽有竞争乃至对抗的一面，但并非遏制与

[①] 《佐利克展望"新型大国关系"：入世后中美需寻找新战略焦点》，《21世纪经济报道》2013年5月27日第3版。

[②] 钟飞腾：《新型大国关系、共同发展与中国外交新理念》，《国际论坛》2014年第1期。

[③] 陈玉刚：《中国的大国关系与大国战略》，《当代世界》2014年第10期。

[④] 陈东晓：《建中美新型大国关系、美国应破除思维误区》，《解放日报》2014年11月10日第6版。

[⑤] 苏长和：《"比异"齐飞？——对中美构建新型大国关系的认识与思考》，《国际展望》2014年第1期。

[⑥] 李侃如：《美中首先应在亚太取得互信》，《中国报道》2014年第5期。

反遏制的关系。① 苏长和从"关系"和"共生"两个核心概念入手,有助于了解中国大国外交理论的文化和制度含义。② 门洪华教授指出,中国构建以合作共赢为核心的新型国际关系,以塑造长期稳定健康发展的新型大国关系为关键,以推动国际秩序变革、积极参与全球经济治理、构建全球伙伴关系网络为战略视野,以制度化合作为基本路径,以东亚和中国周边为重点,以丰富和完善中国地区战略为指向,产生了积极的效应。③ 周方银认为,中国崛起并不会在已有国际格局的集合中增加新的类型,但可能会形成"极"与"极"关系中新的态势。中国崛起会给国际秩序带来某些积极的变化,但程度可能较为有限。④

第五,周边国家如何应对中国的崛起一直是有关大国关系研究的核心所在。有学者认为,对中国影响力扩大的认知,主要发生在个体层面,特别是那些对政治事务感兴趣的人群中,而对中国崛起持积极意见的人群,则主要出现在较少关注地缘政治和文化因素的人群,因为后者有着历史记忆和强烈的政治感受。经济因素起作用的前提是,这种依赖性要有一定的强度。⑤ 同样基于亚洲晴雨表数据(Asian Barometer Survey),有学者认为地缘和文化相似性对中国崛起的认知有很大作用,与中国地缘接近、文化相近的国家倾向于认为中国是亚洲最有影响力的国家。除日本和蒙古之外,这些国家基本对中国持有正面印象。但是,这种评估在与中国存在潜在冲突的国家中则相对较低,比如韩国。总体而言,中国崛起已经被周边邻国广泛认可。⑥ 另一份基于23个国家的调查也显示,亚洲国家对中国的影响力基本上持积极的看法,其影响因素也比较多元,

---

① 薛力:《美国再平衡战略与中国"一带一路"》,《世界经济与政治》2016年第5期。
② 苏长和:《从关系到共生——中国大国外交理论的文化和制度阐释》,《世界经济与政治》2016年第1期。
③ 门洪华:《构建新型国际关系:中国的责任与担当》,《世界经济与政治》2016年第1期。
④ 周方银:《国际秩序变化原理与奋发有为策略》,《国际政治科学》2016年第1期。
⑤ Min-Hua Huang and Yun-Han Chu, "The Sway of Geopolitics, Economic Interdependence and Cultural Identity: Why are Some Asians more favorable toward China's Rise than others?" *Journal of Contemporary China*, 2014, pp. 1–21.
⑥ Yun-Han Chu, Liu Kang & Min-Hua Huang, "How East Asians View the Rise of China", *Journal of Contemporary China*, 2014, pp. 1–23.

包括外交政策利益、民族认同、对外联系和军事等。① 美国人同样认识到中国的崛起，但总体而言，并不积极评价。不过，越是居住在大都市的人，对中国崛起的看法更为积极些。特别是民主党的、自由主义的且曾经到过中国旅行的人，对中国崛起的认识比较正面。② 刘丰认为，中国的地区安全战略可以发现，中国的政策取向从全面安抚转向有条件安抚，并且结合了对特定对象的积极强制。中国在涉及国家主权和领土完整的议题上，愈发倾向于使用强制性力量来促使特定国家尊重中国的核心利益，但仍然延续了对大多数周边国家总体安抚的战略，以维护中国长期崛起的态势。③ 日本学界也对中国的"一带一路"倡议极为关注，尤其是国际关系学界已经着手研究中国与主要周边国家之间的复杂关系④。

第六，美国盟友体系的调整及其对华战略影响深受学术界的关注。左希迎认为，在美国实施战略收缩的背景之下，美国当前执行的是一种双重再保证战略，以应对其盟友与中国日益紧张的关系。这一战略通过增加对盟友的承诺，旨在维持联盟威慑的可靠性，避免联盟凝聚力下降。同时，美国私下划定盟友外交政策的红线，严格控制盟友外交政策的范围，避免被拖入地区纷争和冲突之中。⑤ 黄大慧指出，日美同盟得到进一步巩固和强化，由传统安全合作同盟变为全方位安全合作同盟，由区域性同盟变为全球性同盟，由从属型同盟变为更加平等互助的同盟，由防御性同盟变为更具进攻性的同盟。应对中国崛起已成为日美同盟的基本

---

① Travis Nelson and Matthew Carlson, "Charmed by China? Popular Perceptions of Chinese Influence in Asia," *Japanese Journal of Political Science*, Vol. 13, No. 4, 2014, pp. 477–499.

② John Aldrich, Jie Lu & Liu Kang, "How Do Americans View the Rising China?", *Journal of Contemporary China*, 2014, pp. 1–19.

③ 刘丰:《中国东亚安全战略转变及其解释》，《国际政治科学》2016 年第 3 期。

④ 目前，日本对中国与其主要周边国家关系的系统研究，由日本国际问题研究所（JIIA）组织其国内知名中国以及地区研究专家，在中国问题研究专家高木诚一郎主持下进行。高木诚一郎主编:《主要国家的对华认识及政策分析》，日本国际问题研究所网站：http://www2.jiia.or.jp/pdf/research_pj/h25rpj05–kadozaki.pdf。

⑤ 左希迎:《亚太联盟转型与美国的双重再保证战略》，《世界经济与政治》2015 年第 9 期。

战略目标，不断强化的日美同盟将给中国周边安全带来更大的负面影响。① 高永泽指出，美国重返亚太具有安抚同盟安全关切和应对中国崛起的战略考虑。在此背景下，美国把强化亚太同盟体系和发展建设性美中关系作为亚太"再平衡"战略的两个主要支柱。但在亚太"再平衡"战略实施中，囿于同盟困境和对手困境的制约，美国强化亚太同盟的措施，一方面向盟国传递了模糊信息，助长其挑衅中国的底气，另一方面增加了美中战略互疑，加剧美中关系紧张。美国亚太"再平衡"中面临愈加突出的三边战略困境，即如何在巩固既有同盟体系、安抚同盟安全关切的同时，不影响发展建设性的美中关系。在"再平衡"总体目标统摄下，美国需要在安抚同盟和发展建设性美中关系之间寻求适当平衡。② 陶文钊指出，美日同盟经历了三次调整。解禁集体自卫权是三次调整的核心内容，《日本和平宪法》第九条被架空，同盟的调整既表现了美国共和、民主两党政策的高度一致性，也显示了美日两国利益的高度契合。中国因素是同盟调整的一个重要考量，美日在制衡中国上有共同需求。同盟的调整给亚太地区安全形势增加了不稳定因素。③

第七，由于非西方世界，特别是中国及其他发展中经济体的崛起，国际关系学科近年发展进程中出现引人注目的多元主义呼声。2014年年初，国际政治学会主席阿米塔·阿查亚（Amitav Acharya）在其主席演讲中表示，提出了"全球国际关系学"的主张，认为国际关系作为一门学科，需要融合西方和其他世界的分野，建立多元主义，根植于世界历史，重新界定已有的国际关系理论和方法，重新寻找国际关系的理论来源，将地区、地区主义融入国际关系理论中。阿查亚提出了一些供研究的议题，包括国际体系的比较研究、后西方体系的变革、欧洲中心主义之外的地区化模式、国际关系和地区研究的融合、观念和规范的扩散等。④ 这

---

① 黄大慧、赵罗希：《日美强化同盟关系对中国周边安全的影响》，《现代国际关系》2015年第6期。

② 高永泽：《美国亚太"再平衡"战略中的三边困境：在盟国与中国间寻求适当平衡？》，《国际论坛》2015年第2期。

③ 陶文钊：《冷战后美日同盟的三次调整》，《美国研究》2015年第4期。

④ Amitav Acharya," Global International Relations (IR) and Regional Worlds: A New Agenda for International Studies," *International Studies Quarterly*, 2015, Vol. 58, pp. 647–659.

种对国际关系多元发展的乐观景象,早已从卡赞斯坦等人2010年出版的《超越范式:世界政治研究中的分析折中主义》得到证实。在多元主义论者看来,现实主义、新现实主义、新自由制度主义以及英国学派等都属于传统学派,而且都能从分析中国对外政策中找到相应的证据。① 《国际政治经济学评论》2015年第2期刊发的一篇分析金砖四国崛起的文献迅速获得了将近2000次的下载量,在该刊物文章的被关注度上几乎可以排上前15位。该文的主要观点是,与非西方世界仅仅是在经济总量上赶超不同,像中国、巴西以及印度等国也在诸如WTO的国际制度上崛起,中国崛起更多是靠经济实力,巴西和印度则主要是靠动员发展中联合阵线获得,并且其影响力实际上超过了相应的经济实力。由于依靠动员崛起,显然印度和巴西的对外政策比中国更为咄咄逼人。② 尽管中国和印度同时崛起,但美国在不同历史时期看待两者的观点不同,冷战后中国的崛起更多被视作是对美国的挑战,而印度则不是。③

需要注意的是,理论多元化的兴起并不是说传统主义没有解释力,尤其是西方学者在对近年来世界局势的判断上更多出现了传统的概念,比如乌克兰事件后西方学界和政界普遍认为地缘政治正在回归,而俄罗斯在苏联加盟共和国地区的经济融合与政治冲突也推动了这一观点的流行。④ 有学者甚至提出,冷战结束以来西方自由主义的上升是个错误,历史并没有终结,提醒西方决策者回到古典世界,在对外政策中复活政治现实主义。⑤ 也有学者提出,乌克兰危机是西方自冷战结束以来遇到的最大挑战,但针对该事件提出的欧洲协调却是一种幻想,因为欧洲大陆缺

---

① Yale H. Ferguson, "Diversity in IR Theory: Pluralism as an Opportunity for Understanding Global Politics," *International Studies Perspectives*, 2015, Vol. 16, pp. 3 – 12.

② Kristen Hopewell, "Different Paths to Power: The Rise of Brazil, India and China at the World Trade," *Review of International Political Economy*, Vol. 22, No. 2, 2015, pp. 311 – 338.

③ Vincent Wei-Cheng Wang, "The Eagle Eyes the Dragon and the Elephant: American Perspectives on the Rise of China and the Rise of India," *Asian Politics & Policy*, Vol. 7, No. 3, 2015, pp. 347 – 377.

④ Alexander Korolev, "Bringing Geopolitics Back in: Russia's Foreign Policy and its Relations with the Post-Soviet Space," *International Studies Review*, 2015, Vol. 17, pp. 298 – 312.

⑤ David Martin Jones and M. L. R. Smith, "Return to Reason: Reviving Political Realism in Western Foreign Policy," *International Affairs*, Vol. 91, No. 5, 2015, pp. 933 – 952.

乏势力均衡来控制俄罗斯，俄罗斯也没有进行改革来适应协调。① 而《世界政治》也刊发了一篇主张回归古典现实主义的论文，主张要从不确定性中去发现古典现实主义所强调的个人经验、传统智慧的作用，根本上来看国际关系理论并不是确定性的，而有赖于对互动规律和历史的认识。② 事实上，一份针对西方大学课堂上教授国际关系的18本教科书的调查发现，现实主义和自由主义仍是两大基本理论。不过，鉴于国际关系理论传统上主要是关注战争与冲突，而冷战后这两者不是重心所在，批判性理论的兴起不可避免。③

二 新型大国关系研究的引领

大国关系是国际关系学科发展的核心所在，因此罗列大国关系的主要代表人物一定程度上近似于研究国际关系学科的发展史，这当然超出了笔者的能力和本书的要求。关于英美学术界的相关研究，前一部分已经有所涉猎。在此，笔者主要以党的十八大以来直接以大国关系为研究对象的重要文献为代表来分析中国学界的代表性人物、机构以及论著，数据来源是清华大学开发的中国知网（CNKI）数据库。在方法上，大体上以被引用率超过10次，或者被下载率超过1000次以上的论文为主，并且以第一作者、作者所在的第一单位为主，当作者单位发生变化时以作者发表论文时供职单位为准。应该指出的是，这样的一种方法难免以偏概全，遗漏相关重要文献和作者，但本书主旨是把握一个研究方向，并没有别的含义。

如表1所示，近三年来以"大国关系"为题的研究论文可谓成果颇丰。这30篇文献，总被引用率达到了546次，总下载了54973次。

---

① Sten Rynning, "The False Promise of Continental Concert: Russia, the West and the Necessary Balance of Power," *International Affairs*, Vol. 91, No. 3, 2015, pp. 539–552.

② Jonathan Kirshner, "The Economic Sins of Modern IR Theory and the Classical Realist Alternative," *World Politics*, Vol. 67, No. 1, 2015, pp. 155–183.

③ Elizabeth G. Matthews and Rhonda L. Callaway, "Where Have All the Theories Gone? Teaching Theory in Introductory Courses in International Relations", *International Studies Perspectives*, 2015, Vol. 16, pp. 190–209.

在这30篇文论中，党的十八大以前发表只有第一篇，即中国现代国际关系研究院袁鹏的《关于构建中美新型大国关系的战略思考》，之所以将此文列入，原因在于这篇文章的高引用率和高下载率，分别占30篇总额的16.3%和13.1%，可以说这篇文章是中国学术界研究大国关系的第一文。这30篇文章的一个突出特点是，几乎所有关于大国关系的研究，都聚焦到两个主题，即新型大国关系与中美关系。这在一定程度上也印证了一个观察，即中国有关新型大国关系的政策和学术论述，主要是指中美关系。而且，这些代表性论著中，战略研究是主线。只有个别论文集中研究问题类型，比如网络安全、中国台湾问题等。从作者的地域分布来看，基本集中在北京和上海。从作者分布的机构来看，贡献4篇的有复旦大学和上海国际问题研究院，3篇的有中国社会科学院，2篇的有中国现代国际关系研究院、中国国际问题研究院、清华大学、北京大学、中国人民大学、中共中央联络部和中共上海市委党校，1篇的分别有中国联合国协会、北京外国语大学、广东外语外贸大学、山东大学和国际关系学院。

表1　党的十八大以来有关大国关系的重要学术文献

序号	作者	作者单位	论文名称	刊物名称	发表年份	被引用率	被下载率
1	袁鹏	中国现代国际关系研究院	关于构建中美新型大国关系的战略思考	现代国际关系	2012	89	7175
2	杨洁勉	上海国际问题研究院	新型大国关系：理论、战略和政策建构	国际问题研究	2013	41	2828
3	达巍	中国现代国际关系研究院	构建中美新型大国关系的路径选择	世界经济与政治	2013	36	2957
4	周方银	中国社会科学院	中美新型大国关系的动力、路径与前景	当代亚太	2013	33	3585
5	徐坚	中国国际问题研究所	构建中美新型大国关系的历史条件与主要问题	国际问题研究	2013	33	2287

续表

序号	作者	作者单位	论文名称	刊物名称	发表年份	被引用率	被下载率
6	苏长和	复旦大学	共生型国际体系的可能——在一个多极世界中如何构建新型大国关系	世界经济与政治	2013	24	1067
7	陈健	中国联合国协会	试论新型大国关系	国际问题研究	2012	23	2410
8	赵可金	清华大学	美国战略调整与中美新型大国关系	国际关系学院学报	2012	22	1784
9	李永成	北京外国语大学	战略意图与中美新型大国关系的构建	外交评论	2013	19	2988
10	杨洁勉	上海国际问题研究院	中国走向全球大国和强国的国际关系理论准备	世界经济与政治	2012	15	1161
11	吴心伯	复旦大学	构建中美新型大国关系：评估与建议	复旦学报	2014	14	962
12	于洪君	中共中央对外联络部	中美构建新型大国关系的意义与前景	国际问题研究	2013	13	1953
13	陈伟光	广东外语外贸大学	新型大国关系与全球治理结构	国际经贸探索	2014	12	1094
14	王缉思	北京大学	中美对新型大国关系的认知差异及中国对美政策	当代世界	2014	12	719
15	杨鲁慧	山东大学	中国崛起背景下的中美新型大国关系——国际安全公共产品供给的分析视角	山东大学学报	2013	12	739
16	张春	上海国际问题研究院	国际公共产品的供应竞争及其出路——亚太地区二元格局与中美新型大国关系建构	当代亚太	2014	11	614
17	钟飞腾	中国社会科学院	新型大国关系、共同发展与中国外交新理念	国际论坛	2014	11	1589
18	倪世雄	复旦大学	漫谈构建中美新型大国关系	辽宁大学学报	2014	11	1257

续表

序号	作者	作者单位	论文名称	刊物名称	发表年份	被引用率	被下载率
19	于洪君	中共中央对外联络部	关于中美新型大国关系的回顾与思考	国际安全研究	2013	11	2109
20	陈志敏	复旦大学	新型大国关系的形态分析	国际观察	2013	11	959
21	楚树龙	清华大学	新型大国关系：中美关系的长期方向	国际问题研究	2012	11	1153
22	张小明	北京大学	对新型大国关系的一种解读	国际政治研究	2014	10	1106
23	金灿荣	中国人民大学	为中美发展新型大国关系注入正能量——解析中美战略与经济对话	国际安全研究	2013	10	962
24	张建	上海国际问题研究院	试论中美新型大国关系的构建	国际关系研究	2013	10	1734
25	周琪	中国社会科学院	网络安全与中美新型大国关系	当代世界	2013	10	502
26	郭小琴	中共上海市委党校	中美新型大国关系的构建路径	党政论坛	2012	10	1031
27	郭小琴	中共上海市委党校	构建中美新型大国关系——新世纪以来中国对美外交思想研究	国际展望	2013	9	2970
28	赵晓春	国际关系学院	未来中美关系和国际秩序的可能性描绘——构建新型大国关系的三个重大理论问题	人民论坛学术前沿	2013	9	1186
29	王浩	中国人民大学	中美新型大国关系构建：理论透视与历史比较	当代亚太	2014	7	1808
30	郭震远	中国国际问题研究所	台湾问题对中美发展新型大国关系的影响	国际问题研究	2013	7	2284

资料来源：中国知网（CNKI）。

注：搜索时间截至 2016 年 10 月 31 日。

日本对中国国内形势以及对外政策的研究历史较长,队伍也庞大,已经形成了自己独特的研究体系。除了日本国际政治学会、亚细亚政经学会、日本现代中国学会、日本日中关系学会、一般财团法人霞山会、日中经济学会等学会及团体以外,还有日本防卫研究所①、日本国际问题研究所②、亚细亚经济研究所、日本财务综合政策研究所③等国策机构也非常关注中国国内外动向,组织各种有关中国研究的项目,提出相关的研究报告和政策建议。日本国际问题研究所以《主要国家对中国的认识、政策的分析》为题的研究报告,需要值得关注。该报告由日本著名的中国问题专家高木诚一郎牵头组织。④ 日本静冈县立大学教授梅本哲也从"安全困境"的观点,分析中美之间的经济、军事关系是个"虽非敌人,但可能成为敌人"的非常复杂的关系。⑤

新型大国关系同样也是日本特别重视的议题。日本庆应义塾大学教授神保谦从避免"修昔底德陷阱"的角度出发,中国为主张自身不同于历史上"挑战国"的新兴大国,从而提出了"新型大国关系"。最重要的问题是中美双方相互尊重对方的核心利益,所以需要跨越很多鸿沟。⑥ 日本经济产业研究所资深专家关志雄也提到各种各样的"中国威胁论"、美国的"亚太再平衡"战略等,指出中美之间"修

---

① 日本防卫研究所从2011年开始每年日、英、中文三种语言发行《中国安全战略报告》。日本防卫研究所网站:http://www.nids.go.jp/publication/chinareport/index.html。
② 日本国际问题研究所,除了中国的政治、外交以外,对经济以及地区合作也进行研究。例如,该研究所的2013年度项目《中国风险与构建面向地区经济合作的框架研究》,2014年3月已提交报告。日本国际问题研究所网站:http://www2.jiia.or.jp/pdf/resarch/H25_China_Risk/0A-frontpage_intro_member_index.pdf。
③ 日本财务省属下的财务综合政策研究所从1993年开始每年举行"中国研究会",进行中国政治、经济、外交等诸多领域的研究。从2013年开始,该研究会由日本防卫大学校长国分良成主持。"中国研究会"、日本财务综合政策研究所网站:http://www.mof.go.jp/pri/research/conference/china_research_conference/index.htm。
④ 日本国际问题研究所编:《主要国家对中国的认识及政策的分析》,日本国际问题研究所,2015年3月。http://www2.jiia.or.jp/pdf/resarch/H26_Views_and_Policies_vis-a-vis_China/13-analysis_of_key_actors_views_and_policies_vis-a-vis_china_h26.pdf。
⑤ [日]梅本哲也:"中美两国的对外战略与安全困境",《US-China Relations Report》,Vol.2。http://www2.jiia.or.jp/RESR/column_page.php?id=242。
⑥ [日]神保谦:"新型大国关系将左右中美外交的去向",http://www.canon-igs.org/column/security/20150929_3309.html。

昔底德陷阱"的类似性，通过建立双方之间的新型大国关系，必须避免双方之间的冲突。同时提出了建立新兴大国关系的可能性，第一经济上的相互依存日益加深，国际合作机制逐步得到加强。第二随着中国成为全球经济大国，扩大中美之间的共同利益，环保、知识产权、经济自由化等领域的合作也会得到发展。最后指出，美国应尊重中国的基本政治制度和国内秩序，中国也接受美国主导的国际政治经济秩序以及超级大国地位，这就是实现中美新兴大国关系的关键。[1] 日本PHP综合研究所国际战略研究中心的主任研究员前田宏子认为，中国所提出的"新型大国关系"中的相互尊重核心利益并没有得到美国的支持和呼应而陷入了僵局，而且从日本角度出发，要深入分析中国的真正意图。如果中国只是为了掩盖自己的意图而提出"新型大国关系"，那么美国和日本不会接受中国的主张。[2] 日本防卫研究所的主任研究官增田雅之从权力转移（power transition）的角度出发，分析了中美双方对中美新型大国关系的认识变化，即伴随着中国的迅速发展，中美之间能否产生权力转移的可能性，强调了双方之间的平等和相互尊重。[3] 日本专修大学教授大桥英夫从经济角度出发，指出双方之间不仅存在网络安全、"南海问题"等安全领域里的矛盾，而且作为经济大国也经常发生贸易不均衡、中国企业的对美投资等经济摩擦。如果这种经济摩擦一旦联系到安全争论，容易加深双方之间的紧张程度。因此，需要中美之间重新构筑"政经分离"的合作机制。[4] 日本东京大学教授松田康博从大国外交、周边外交、地区构想等角度分析了习近平时期的外交战略，同时关注到中国外交中的日本的地位，日本能否成为中国新型大国关系的外交对象。而且指出，对中日关系不能只从政治紧张角度分析，如何重新构筑"大国中国"之间的

---

[1] 关志雄：《中美新型大国关系》，2015年3月5日。http://www.rieti.go.jp/users/china-tr/jp/150304－1world.htm。

[2] ［日］前田宏子：《陷入僵局的新型大国关系——中国需要调整外交调整》，日木霞山会编《东亚》2016年第1期。

[3] ［日］增田雅之：《权力转移理论与中国的对美政策》，《神奈川大学亚洲评论》，第二号，2015年3月。

[4] ［日］大桥英夫：《中美经济关系的主要争论》，《US-China Relations Report》，Vol.6。http://www2.jiia.or.jp/RESR/column_page.php?id=250。

正常关系，是日本外交的重大课题。①

此外，中国新近推出的大国战略——"一带一路"倡议也引起日本关注。新潟县立大学国际地域研究学科教授山本吉宣认为中国的"一带一路"倡议，不仅构筑地区内基础设施网络，也通过政策协调、贸易畅通、货币稳定等手段，试图构筑自己主导的国际秩序，同时要提升中国的国际地位和海外影响力，要成为国际规则的制定者。同时强调，日本需要密切关注"一带一路"相关动向，从开放国家利益的观点出发逐步开展政策，引导中国遵守国际规则，而且使中国向国际社会提供国际公共产品。② 日本专修大学教授大桥英夫指出，中国对 TPP 的态度从初期的警惕与批判的认识逐步转变到谨慎接近，而且把 TPP 与中美投资协定（BIT）逐步联系起来，从长远来看中国也开始做出应对准备。同时从中国的角度对 TPP 认为限定的经济影响力、高水平的自由化、"对华包围圈"等，所以强调"一带一路"倡议是不仅应对美国主导的 TPP，也会有助于形成中国主导的东亚地区贸易金融体制的规则。③

随着中韩战略合作伙伴关系的日益深化，对韩国的中美关系研究也需要关注，尤其是首尔大学教授郑在浩主编的《中美关系研究论》反映了当今韩国学界对中美关系研究的综合性的最新成果，值得参考。此书主要构成如下：郑在浩的《中美关系的崛起及其相关研究的重要性》、申圣浩的《韩国的中美关系研究评价》、崔佑善的《美国的中美关系研究评价》、金爱庆的《中国的中美关系研究评价》、赵东俊的《中美关系研究方法的特征及变化》以及中美关系年表（1949—2013 年）。另外，韩国学术期刊的统计来看，2013 年度中美关系相关的学术论文篇数达到 23 篇，专著为 5 篇，学位论文 5 篇④。另外，最近韩国国内围绕引进"末段高空区域防御系统"（THAAD）议论激烈，也涉及中韩关系以及中国的

---

① ［日］松田康博：《习近平政府的外交政策——大国外交、周边外交以及地区构想的成果与矛盾》，《国际问题》2015 年 4 月号。
② ［日］山本吉宣：《中国的崛起与从国际秩序视角所看的"一带一路"》，*PHP Policy Review* W. 9，2015。
③ ［日］大桥英夫：《TPP 与中国的"一带一路"构想》，日本国际问题研究所编《国际问题》2016 年第 6 期。
④ 韩国国会图书馆网站：www.nanet.go.kr。

周边环境。因此非常有必要理解美韩同盟历史以及现状等。例如,金继东等著的《韩美关系论》①是对韩美关系的历史、领域、热点问题以及对美韩同盟与中韩战略合作伙伴关系的比较等相关领域的最新研究成果,值得深入关注。

三 本书的结构

当然,新型大国关系仍然还在继续实践当中,未来也会发生更加深刻的变化。本书邀请一些作者从国别视角撰写了如何理解新型大国关系的论文,也选择若干篇已经发表的文献,意在相对集中和有效地展现新型大国关系所具有的广阔含义。

本书分为三大部分,第一部分是新型大国关系的理论与政策。本部分选编了3篇文献,主要是从大国关系的形态界定出发,将中国领导人意向中的新型大国关系放置在知识谱系中加以审视,从不同阶段和类型的大国关系中选择努力的方向。与此同时,也突出了政策的目标和大国之间身份变革引发的一类新型关系。

第二部分,主要是从国别的角度来理解新型大国关系,特别是中美、中日怎么相互看。本部分有7篇集中论述中美和中日关系,一篇从澳大利亚视角看待新型大国关系。从某种意义上说,中日之间的实力地位转换带来了比中美势力转移更为紧迫的问题,尽管"修昔底德陷阱"描述的是强国之间的冲突。对日本是否算作大国(用中国的话说是强国),还存有争议。但无论如何,日本具有强大的地区和全球影响力,它也不再是二战时的日本,完全恢复军事力量并走向军国主义的国家战略难以奏效。

第三部分,选择了6篇来表明地区视角下的新型大国关系建设将如何影响地区秩序,乃至一定程度上对国际秩序的冲击。如何以共同发展,致力于提高人均收入,在战略文化上培养新型的合作关系。

本书的作者既有来自中国,也有来自美国、澳大利亚、新加坡的学者。这些作者基本的学术训练都以国际关系为基础,但看待问题相对多

---

① [韩]金继东等:《韩美关系论》,首尔,名人出版社2014年版。

元。笔者在设计这个项目时,并没有一步到位,但心中所想则是比较明确的,国际秩序方案的竞争越来越明显,中国也不能像20年前那样通过"说不"来表达意愿,中国必须找到新的方式,明确自己的利益发展前景,告诉国际社会中国的理想图景。那么,新型大国关系建设肯定是这个新计划中的重要一环。

此外,需要说明的是,本书的构思准备从2013年年初即展开,个别文章的数据和立论行进的场景与现在有所不同。但从学术发展的角度而言,这些文献有助于我们紧密窥视巨变中的中国和世界关系,理解在瞬息万变的国际事件中做出形势判断和展望的一种脉络。本书集中的若干文章,其观点也有洞察力,尽力避免受一时一事波动的影响。

目　录

一　新型大国关系的理论与政策

新型大国关系的形态分析 …………………………………… 陈志敏(3)
中国—欧盟关系中的身份问题 ……………………………… 黄奕鹏(14)
新型大国关系、共同发展与中国外交新理念 ……………… 钟飞腾(28)

二　国别视角下的新型大国关系

中国新领导与中国对外政策和中美关系前景 ……………… 时殷弘(43)
中美新型大国关系的动力、前景与中国的应对 …………… 周方银(49)
亚太地缘政治新均衡与中美关系 …………………………… 赵明昊(70)
新兴多极世界中的中美关系 ……………………… 克利福德·克雷柯夫(83)
安倍外交的特征
　　——以"祖父遗传"为中心的解读 ………………… 若宫启文(107)
安倍政权的外交政策与中日关系 …………………………… 李成日(112)
"战略互惠关系"的定位：中日比较的视角 ………………… 邱　静(119)
基于澳大利亚视角下的新型大国关系 ……… 贾斯廷·V.黑斯廷斯(136)

三　新型大国关系与秩序变革

东亚民族主义勃兴与中国周边关系的转型 ………………… 归泳涛(155)
南海问题对中国—东盟新型关系构建的影响 ……………… 张　洁(172)

中美新型大国关系与国际秩序 ………………………… 钟飞腾(182)
区域公共产品供求关系与地区秩序及其变迁
　　——以东亚秩序的演化路径为案例 ………………… 高　程(213)
未来十年亚太秩序构想 …………………………………… 钟飞腾(252)
东亚秩序:研究议题还是现实问题? ……………………… 胡　波(264)

后　记 ……………………………………………………………(274)

一

新型大国关系的理论与政策

新型大国关系的形态分析[*]

陈志敏[**]

"新型大国关系"是近年来中方提出的外交话语,以定位中国和其他大国的关系形态。2010年5月第二轮中美战略与经济对话期间,时任国务委员的戴秉国提出,中美应"开创全球化时代不同社会制度、文化传统和发展阶段的国家相互尊重、和谐相处、合作共赢的新型大国关系"。[①] 2012年2月,时任国家副主席的习近平在访美期间进一步提出要构建"前无古人,但后启来者"的新型大国关系。中国新一届政府就任后,新型大国关系进一步成为中国外交的一个核心话语。2013年3月,国家主席习近平在首次出访期间,与俄罗斯总统普京在《中俄联合声明》中共同呼吁在大国之间要"建立长期稳定健康发展的新型大国关系"。[②] 李克强总理也在5月出访印度期间提出要发展中印新型大国关系。6月,习近平主席在与奥巴马总统的安纳伯格庄园会晤中用三句话概括了中美新型大国关系的内涵:一是不冲突、不对抗,就是要客观理性看待彼此战略意图,坚持做伙伴、不做对手,通过对话合作、而非对抗冲突的方式,妥善处理矛盾和分歧;二是相互尊重,就是要尊重各自选择的社会制度

---

[*] 本文原载《国际观察》2013年第5期,感谢作者惠允编入本书。

[**] 陈志敏,复旦大学校长助理兼国际关系与公共事务学院院长、教授。

[①] 《戴秉国在第二轮中美战略与经济对话开幕式上致辞》,中国政府网,2010年5月24日,http://www.gov.cn/ldhd/2010-05/25/content_1613069.htm。

[②] 《中华人民共和国和俄罗斯联邦关于合作共赢、深化全面战略协作伙伴关系的联合声明》,新华网,2013年3月22日电,http://news.xinhuanet.com/world/2013-03/23/c_124494026.htm。

和发展道路，尊重彼此核心利益和重大关切，求同存异，包容互鉴，共同进步；三是合作共赢，就是要摒弃零和思维，在追求自身利益时兼顾对方利益，在寻求自身发展时促进共同发展，不断深化利益交融格局。①对于中方提出的这一外交话语，美国方面也有积极的回应。时任美国总统国家安全事务助理的多尼隆在3月的一次讲话中表示中美要建立"一种守成大国和新兴大国之间的新型关系"（a new model of relations between an existing power and an emerging one）；②奥巴马总统也在6月与习主席见面时表示要推进"美中新型关系"（new model of relations between the United States and China）。③

本文试图从学理的角度来探讨新型大国关系的形态问题：它如何不同于传统的大国关系？它可以呈现为哪些具体的可能形态？这些形态之间有何递进的水平差异？建设新型大国关系的基本路径有哪些？

一 大国关系的基本形态

亚历山大·温特从他的三种无政府体系文化出发界定了国家之间的三种关系形态。温特认为，国际体系本质上没有最高权威，仍然是一种无政府体系。但是，根据国际行为体的共有观念或文化的不同，他认为无政府体系至少可以有三种截然不同的结构或文化：霍布斯文化、洛克文化和康德文化。这三种文化基于不同的角色关系，即敌人、竞争对手和朋友。霍布斯文化的逻辑是"不是杀人就是被杀"的丛林法则。国家之间相互视为敌人，国家的政策是随时准备战争，争取消灭敌人。洛克

---

① 《杨洁篪谈习近平主席与奥巴马总统安纳伯格庄园会晤成果》，外交部网站，2013年6月9日，http://www.fmprc.gov.cn/mfa_chn/zyxw_602251/t1048973.shtml。

② "Remarks By Tom Donilon, National Security Advisor to the President: 'The United States and the Asia-Pacific in 2013'", *The Asia Society*, New York, March 11, 2013, http://www.whitehouse.gov/the-press-office/2013/03/11/remarks-tom-donilon-national-security-advisory-president-united-states-a.

③ "Remarks By President Obama And President Xi Jinping Of The People's Republic of China After Bilateral Meeting", *Sunny lands Retreat*, California, June 8, 2013, http://www.Whitehouse.gov/the-press-office/2013/06/08/remarks-president-obama-and-president-xi-jinping-peoples-republic-china-.

文化基于一种特殊的角色结构——竞争,其逻辑是"生存和允许生存":竞争对手共同认识到,相互行为的基础是相互承认主权,因此不会试图去征服或统治对方;另一方面,洛克文化中的行为体也在不断地进行着相互竞争。此外,温特也发现,"二战"后,西方国家间一种新的康德文化正在出现,其逻辑是"多元安全共同体"以及"集体安全",成员之间的角色关系是一种朋友性质的关系。①

中国国防大学的刘明福教授也提出了中美关系情景下大国关系的三种分类。他提出,中美双方如果互为"敌手",在罗马角斗场搞你死我活的"角斗比赛",不惜热战,势必同归于尽;中美双方如果互为"对手",在拳击比赛场搞你败我胜的"拳击比赛",不惜冷战,势必两败俱伤;中美双方如果互为"选手",在田径赛场上进行你追我赶的"田径比赛",虽然会有你先我后的位置变换、会有冠军亚军的名次之分,但是双方都会刷新纪录、创新成绩。在这类"田径比赛"中,比超越别人更重要的,是双方都超越了自己,都赢得了自己,因而可以是一种"双赢"的结局。刘教授对"中美田径赛"里中国"夺冠"的前景具有"必胜"的信念,但并不认为美国"必败"。美国成为世界第二,并不是美国的失败,一个在比赛中创造了超越自己原来成绩纪录的亚军,比一个在比赛中成绩没有新突破的冠军,更有价值,更有意义。②

澳大利亚首相陆克文最近的一篇文章中也谈到了中美关系的三种形态,即"热战、冷战和凉战",并担忧地认为,中美关系必须要摆脱凉战形态。在他看来,虽然中美关系既不是热战,也不是冷战,但双方之间存在的"战略信任赤字",即存在于中美之间的隔阂,如果不加遏制,这种隔阂可能破坏整个亚太地区的稳定。③

通过以上的分析,我们可以细分出至少七种国家间关系的形态:热战敌人关系、冷战对手关系、恶性竞争关系、良性竞争关系、双边伙伴关系、传统盟友关系和共同体成员关系。

---

① [美] 亚历山大·温特:《国际政治的社会理论》,秦亚青译,上海人民出版社 2000 年版,第 383—384 页。
② 刘明福:《"中国必胜"与"中美双赢"》,《淮海日报》2013 年 5 月 19 日。
③ http://www.ftchinese.com/story/001050918。

在热战敌人关系下，大国之间进行着传统的争夺权力和霸权的你死我活的斗争，不惜运用军事力量来实现自己的目标，并常常陷入大国争霸战争的泥潭，给各自国家也给世界带来惨痛的破坏。在冷战对手关系下，比如冷战时期的美苏对抗，超级大国建立各自控制下的国家集团，相互对抗。由于核武器的出现和世界和平力量的制约，两大超级大国在核恐怖平衡下维持了相互之间的非战状态，但世界生活在频繁的代理人战争和核战争的阴影之下。在恶性竞争关系下，大国之间虽没有热战和冷战关系中的严重对抗，但存在着激烈的相互拆台式的竞争，追求我赢你输的目标。在良性竞争关系下，大国间能够为竞争确立一定的规则，双方之间的竞争不以损害对方利益为最高目标，而是比拼谁能够做得更好。这更像是刘明福所谓的"田径比赛"，或选美比赛。大家以自己的实力在公平竞争的规则下争取第一的桂冠。在双边伙伴关系下，大国之间发展出合作机制，主动管控双方之间的矛盾与分歧，在协调中追求共同利益的实现。在传统盟友关系下，国家之间结成安全同盟关系，承诺在对付外来军事侵略或威胁方面相互支持，包括军事支持。盟友关系是一种紧密合作的关系形态，但这种同盟的存在，对非同盟国构成压力，常常会激发国际安全困境，并成为主导国获取世界事务支配权的工具。在共同体成员关系下，国家之间有竞争，更有合作，且这些竞争受到普遍的国际规则的约束，合作得到国际规则的促进和保障，也能保证大国之间的合作为国际社会带来更多的积极贡献。

二 新型大国关系的可能和理想形态

在七种大国关系的可能形态中，从否定性定义来说，新型大国关系应该不是热战敌人关系，也不是冷战对手关系。即使对于在意识形态上处于敌我关系的美苏两霸而言，由于核武器的出现，两国在第二次世界大战后保持了40多年的相互非战状态。基于同样的道理，在相互核威慑有效存在的前提下，中国和有关大国之间的非战状态也能得到延续，中国和有关大国也能避免美苏之间的冷战状态。如同郑必坚曾经阐述得那样，与苏联在冷战时期走上了军事争霸的道路不同，中国在1979年以后作出了改革开放的历史性决定，走上了一条以经济建设为中心，在同经济全球化相联系而不是相脱离的进程中独立自主发展中国特色社会主义的道路。而这一经济全球化成全了中国的和平崛起，使得中国无意挑战现存国际秩序，而不主张用暴烈的手段去打破它、颠覆它。[1] 因此，中国和其他大国的关系是高度相互依存状态下的关系，存在大量的共同利益，既没有完全敌对的利益冲突，也没有全面敌对的意识形态矛盾，无须依靠恐怖核威慑在大国之间维系和平，陷入一种类似美苏之间的冷战关系。

对于中国而言，中华人民共和国成立初期与苏联等社会主义阵营国家的结盟经历教训深重。一种传统的安全同盟一方面会带来所谓的"牵连"效应，令中国卷入不必要的冲突；一方面带来"抛弃"效应，在中国需要盟友支持的时刻被盟友抛弃。总体上，传统盟友关系是成为主导性盟友实现自身优先利益的工具。从中国的这一结盟经验出发，中国在20世纪80年代初就确立了不结盟的独立自主外交政策原则。尽管近年来有关中国应该发展自己的联盟体系的呼声有所抬头，但不结盟这个中国外交的主导性原则仍然有着强大的生命力。

需要讨论的是，新型大国关系也不能是恶性竞争关系这一形态。国家之间，特别是大国之间，存在竞争是不可避免的。大国之间必定会出现影响力的竞争、经济竞争、发展模式竞争以及文化竞争等。但这种竞争如果是恶性的，那么，国家之间关系很容易滑向冷战关系形态，就像陆克文担心中美之间出现凉战状态一样。在恶性竞争下，国家之间虽没有军事冲突，甚至也没有冷战关系下的代理人战争，但它们会在相互关系的各个领域力图损害对方的重要利益，忽略双边合作的绝对利益，只追求自己的相对利益，千方百计地在削弱对方的过程中确立自己的优势地位。把这种恶性竞争作为一种传统大国关系的形态单列出来，可以丰富我们关于新型大国关系的否定性定义。

从肯定性定义来看，新型大国关系的可能形态包括良性竞争关系、伙伴关系和共同体成员关系。构建与有关大国的伙伴关系是20世纪90年代中期以来中国外交的一大主题。经过将近20年的努力，中国已经与30

---

[1] 郑必坚：《中国和平崛起新道路和亚洲的未来——在2003年博鳌亚洲论坛的讲演》，《理论参考》2004年第5期。

多个国家建立了战略伙伴关系,还与很多其他国家发展了合作伙伴或全面合作伙伴关系。在一个伙伴关系中,两国之间建立起各种合作机制,推动和落实合作项目,确保关系具有总体合作的特征。所以,在这个意义上说,新型大国关系不是一个全新的外交话语和实践,它可以追溯到20世纪90年代中起步的伙伴外交战略。

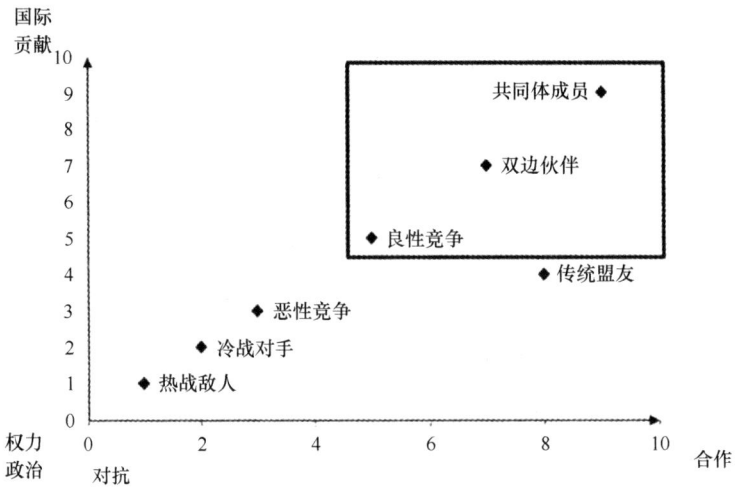

图1 大国关系的主要形态

尽管伙伴关系是中国力争实现的大国关系形态,我们也需要认识到,即使是中国的合作伙伴,甚至是战略合作伙伴,它们与中国的关系中也不乏竞争。如前所述,大国之间的竞争是大国政治不可避免的一面,我们毋庸讳言,也无法否认。中国在争取实现小康社会的进程中,已经在经济上成为国民生产总值世界第二大国,超过了俄罗斯、意大利、法国、英国和德国,并在2010年超过了日本。而且,如果发展顺利,中国也有望在下个10年中赶超美国,直取世界经济第一大国的地位。在经济的各个部门,中国早已在大批产品的生产上成为世界第一。在国防预算上,中国也超越了很多传统的国防支出大国,如今成为世界第二。在发展模式上,不少发展中国家羡慕中国的发展经验,西方国家也感到其"华盛顿共识"受到了所谓"北京共识"的挑战。因此,大国关系必然有竞争,这种竞争将继续下去;而且,中国也参与了竞争,并希望在竞争中取得胜利。所以，新型大国关系一定包含竞争关系，认识并承认竞争关系的存在将有助于我们更加务实地看待新型大国关系。当然，新型大国关系中的竞争必须是良性的，是在公平竞赛的原则下进行的，是竞争谁做得更好，而不是相互拆台，以打败对手为最高目标。在2013年7月举行的中美第五届战略与经济对话期间，中美双方领导人都认识到了中美之间确立良性竞争的重要性。代表中国政府的汪洋副总理表示："如果中美之间存在竞争的话，这种竞争也应该是在相互尊重基础上进行的良性竞争。"① 美国副总统拜登也说，中美关系是并将继续是竞争和合作的混合体；对双方而言，竞争是好事，而合作则是必需。对于中美这两个有影响的大国而言，出现竞争是最自然的事情。如果游戏是公平和健康的，政治和经济竞争可以激发出中美两个社会最好的能量。②

笔者还认为，共同体成员的关系也应该是新型大国关系的一种形态。中国已经明确拒绝了美方一些人士在2009年提出的"中美两国集团"的概念，这是正确的选择。国际事务的处理不能由两个国家（即使是体系中最强大的两个国家）来自行决定。中国主张国际关系民主化，要求国际事务由国际社会的所有成员来共同决定。这并不排除作为国际体系的重量级成员，中国和其他大国在国际规则的制定中具有更大的影响力和发言权。事实上，追求更大的国际影响力和发言权并将继续是中国外交的一大目标。关键是，中国和其他大国不能独断地为世界制定规则，而是要让各国有效参与，通过共同协商的方式而为国际事务建章立制，让各国的行为都受到国际规则的调节。在公正、公平和有效的国际规则下，大国关系就转化为国际共同体的成员关系。目前，中国和其他大国已经具有初级水平的共同体成员关系，受到了以联合国宪章和世界贸易组织规章为代表的国际规则的约束。今后，各国能否继续强化在各个领域的国际制度，将决定大国之间的共同体成员身份是否能够进一步深化。

考虑到良性竞争、伙伴和共同体成员关系的合作水平不同，其在世

---

① 汪洋：《第五轮中美战略与经济对话联合开幕式致辞》，2013年7月10日，华盛顿。
② Remarks by Vice President Joe Biden at US-China Strategic and Economic Dialogue Joint Opening Session, Washington, DC., July 10, 2013.

界事务中扮演的角色不同,我们也可以把三种形态视为不同水平递进而又相互并存的三种新型大国关系。良性竞争是新型大国关系的起步形态,只有摆脱了热战、冷战和恶性竞争,大国关系才显现出新型关系的特征;伙伴关系是新型大国关系的力争形态,在这一形态下,大国关系才具有更多合作、互利和共赢的内涵,新兴大国关系才会更加稳固;共同体成员关系是新型大国关系的理想形态。在笔者看来,只有在国际社会进入了各国共同建章立制,对国际行为体的行为有共同的规则约束时期,国际社会才能真正实现公平、正义和普遍繁荣。这是各国,也应该是中国未来追求的理想境界。当然,考虑到国际关系的现实,这样的前景并不必然实现,但仍应该作为一种理想形态加以追求。

三　建设新型大国关系的路径

建设新型大国关系的基本路径,可以从以下四个方面来加以思考。

1. 从传统大国关系到新型大国关系。在中国与其他大国的关系中,出现历史上的霸权争霸战争或美苏之间的冷战关系的概率已经很小,但形成恶性竞争的可能性不能排除。因此,要发展新型大国关系,最主要的是要防止恶性竞争的发展。这需要中国采取四管齐下的对策:一是拓展共同利益,来压缩恶性竞争的空间。在相互依赖和全球化更为发展的今天,中国和各大国的关系中有广泛的现实和潜在的共同利益,如何对这些共同利益达成共识,并通过合作来实现这些共同利益,将有效压缩恶性竞争的存在空间。二是要制定良性竞争的规则,让竞争在健康的轨道上进行。大国之间的竞争如果有规律可循,明确何为恶性竞争,何为良性竞争,将有助于大国更好地处理相互之间的竞争问题,让竞争成为竞优的比赛。三是采取更为平常的心态,来看待国际竞争或国家软制衡的现象。基于对恶性和良性竞争的区分,我们可以对良性的竞争行为采取更为平和的心态,而不是将对方的任何竞争行为都视为恶性竞争,并对恶性竞争行为进行回应,以防恶性竞争升级,使相互不信任强化为相互敌意,从而导致两国关系沦落到冷战形态。四是明确战略底线,来遏制恶性竞争的发展。一旦一国面临另一大国的恶性竞争,该国也需要明确自己的战略底线,宣示对方的行为已经越过良性竞争的底线,损害到一国的重要或核心利益，并采取相应的反制措施。不过，任何反制措施的实施应本着威慑的性质，目的是促使对方撤回有关的恶性竞争行为，回到良性竞争的轨道上来，而不是要让恶性竞争升级。在此过程中，反制措施要具有真实的制约效应，且该国须有真正实施该反制措施的决心，以便这类防御性反制措施真正具有威慑的效果。

2. 从中美新型大国关系到中国与其他大国的新型大国关系。无疑，新型大国关系这个概念最初是在中美关系的语境下提出的，在中美关系上使用最多，且新型大国关系所要解决的问题在中美关系中最为突出。在国内学界，也有学者认为这个概念只适用于中美关系。但是，新型大国关系就字面意义而言必然是一个一般性的概念，势必带来有关大国对号落座的反应。英国《金融时报》就有一篇文章表示："在中国单方面把它与美国的关系升级为两个平等超级大国之间关系的同时，中国实际上是把它与其他国家的关系'降级'了。"这篇文章还说："但按照中国受'两国集团'概念启发而形成的新世界观，所有其他国家（美国除外）都不符合超级大国的定义，因此是可以抛弃和无视的。"[①] 事实当然不是如此。正像习近平主席在俄国以及李克强总理在印度都谈到要发展中俄与中印新型大国关系一样，中国的新型大国关系外交应该适用于中国和主要国际力量之间的关系发展。除了和主要的发达大国和发展中大国要发展新型大国关系外，中国也应与具有超国家特征的地区国家联合体，如欧盟，发展新型大国关系。为此，笔者也建议把新型大国关系的英文表述，new model of major country relationship 改为 new model of relations between major countries。

3. 从低阶新型大国关系到高阶新型大国关系。如前所述，新型大国关系本身有多个形态，且依据合作水平以及对世界的贡献水平有高低之分。良性竞争关系是新型大国关系的起步阶段。在这个阶段，国家之间合作较少，但良性竞争能够激发各国国家的创造力和创新力，以各自的发展推动世界发展，为其他国家带来好处。比如中国和美国在非洲竞争多于合作，但如果各自都能为非洲的发展带来切实的好处，都可以在非

---

① ［英］吉密欧：《新型大国关系新在何处？》，《金融时报》2013 年 6 月 6 日，中文网，http：//www.ftchinese.com/story/001050778。

洲获得高水平的好感，则这种竞争就是健康良性和值得欢迎的。最近美国皮尤中心的全球态度调查的结果显示，在非洲受调查的六个国家中，美国和中国的影响都被认为对本国有高度积极的作用：尼日利亚（66%；80%）、肯尼亚（69%；75%）、加纳（60%；59%）、塞内加尔（77%；71%）、乌干达（75%；69%）和南非（64%；53%）。[1] 如果两国有更多的积极合作，在伙伴关系下，两国关系会更加稳定，合作得到进一步深化，并可能对其他国家带来更多积极的溢出效应。在发展新型大国关系的伙伴关系形态方面，中国可以继续推行在过去20年中行之有效的伙伴外交战略，并通过不同层次的伙伴关系将大国合作层层推进，比如从合作伙伴，到全面合作伙伴，到全面战略伙伴，以至具有一定准联盟性质的全面战略协作伙伴。在共同体成员关系形态，大国之间的竞争不仅可以受到普遍国际规则的限制和约束，两国合作也会更加有保障地有利于国际社会的公共利益。当然，以国际社会民主的方式来达成具有约束力的国际规则通常是困难的，但如果大国之间能够发展起比较密切的合作伙伴关系，在国际社会中建立起更加全面和有效的国际规则也不是不可能的。

4. 从新型大国关系到新型国际关系。新型大国关系建设是中国外交的一个关键任务。但是，新型大国关系外交既不是中国外交的全部，也不可能在没有其他外交配合的情况下单骑突进。本着新型大国外交的精神，中国应该主张更为全面的新型国际关系建设。从中国作为一个新兴大国的主体出发，中国的新型国际关系外交要包括新型大国关系外交，也要包括新型大小国外交，以及新型大国和非国家行为体的外交。新型大小国外交指的是中国作为大国与中小国家之间的新型关系建设问题。中国在历史上曾发展出"以大事小、以小事大"的处理大小国关系的外交传统；新中国成立后，中国又主张大小国家一律平等的原则。今天，当中国重新成为真正的大国，如何处理国家间主权平等，同时又

---

[1] Pew Global Attitudes Poll 2013: America's Global Image Remains More Positive than China's. July 18, 2013. 括号中的第一个数值是该国民众认为美国影响对本国有积极作用的比例；后一个数值是该国民众认为中国影响对该国有积极作用的比例，http://www.pewglobal.org/files/2013/07/Pew-Research-Global-Attitudes-Project-Balance-of-Power-Report-FINAL-July-18–2013.pdf。

要兼顾中国的大国地位和影响,需要我们用新的观念来发展新型大小国关系。此外,中国作为大国如何构造与各种非国家行为体,如国际组织、跨国公司和各类非政府组织的关系,也需要中国学界同人来加以深入探讨。

中国—欧盟关系中的身份问题*

黄奕鹏**

从中国与欧共体于 1975 年建交到 1985 年《欧共体—中国贸易与合作协议》的签署,中欧关系经过几番起落进入了时冷时热的阶段。20 世纪七八十年代,欧洲与美国、东盟一起建立起冷战时期的"统一战线"对抗苏联,这为 90 年代的中欧蓬勃发展的经贸合作奠定了基础;1995 年到 2005 年,中欧进入"蜜月期",双方积极开展国际合作;2006 年起,中欧关系变得更加"正常",双方都认识到各自的国际观和对世界秩序的看法存在根本分歧。

本文认为,中国与欧盟关系的发展与双方的实力增长和性质演变步伐一致,但现在正处于一个新阶段,进一步的进展,需要双方身份的认知基础和内在巩固更加清晰。本文介绍了对中国与欧盟关系认识的四种主要理论观点:历史文明层面;国际政治经济层面;均势战略研究层面;意识形态层面——这实际上都是以欧盟和中国不断变化的身份认同为基础的。本文首先回顾了中国的国际关系学界对"身份"概念的看法,以及"身份"如何与中欧关系的三个主要的理论方法相联系。接下来,文

---

* 本文原文为英文刊登于法国 *Politique Européenne*, No. 39, 2013, pp. 158 – 185. 感谢作者惠允编入此书。在编辑过程中,考虑到注释体例的差异和阅读习惯,中文稿没有列出参考文献,感兴趣的读者可以参考原文。

** 黄奕鹏(Reuben Wong),现任新加坡国立大学政治系副教授,让·莫内讲席教授,曾出版专著《法国对外政策的欧洲化:法国与欧盟在东亚》(2005 年),主编《国别的与欧盟的对外政策:迈向欧洲化》(2012 年),1995—1998 年曾任新加坡驻法国大使馆一等秘书。

章着重探讨学生们和研究人员应如何更好地理解、测量和比较"身份",以阐明复杂和日趋显著的中欧关系的这一重要动力。

欧盟和中国在国际关系中的"身份"问题

从20世纪90年代起,"身份"(Identity)成为外交政策和国际关系研究领域的一个重要概念。在对变化、多样、重叠的身份影响的研究中,有一些国家被给予了重点关注。这包括苏联/俄罗斯、美国,一些多国组织如欧盟等。但对于中国国际身份问题却少有能成书的研究,更遑论中国欧盟关系的结构。这部分是因为中国的身份一直被视作显而易见,即一个快速崛起的危险分子。此外,其中大多数谈及中国身份的研究的重点,通常放在中国的对话者身上——美国、日本或欧盟,而不是中国自己。

在本文中,"身份"的概念采用的是彼得·卡赞斯坦(Peter Katzenstein)的观点,即对国家结构变化的速记,其中包括国家意识形态,集体独特性和目的。因此,身份是易变的,主观的和关联的。这个概念在欧盟对外关系的分析中常常被低估。中国也不例外。当然,为了外交政策分析,可以简单地假设欧盟是单一体,有固定的规则的偏好,在面对外界如中国时将得以运用。

多数学者认为,欧盟及其成员国牺牲了规范性的追求,以保护它们在中国既定的经济和战略利益。其潜在的逻辑是,在欧盟与中国的交往中,物质利益(贸易、投资、金融等)比非物质利益(人权、民主等)更重要。这些研究常指控欧盟及其成员国在对中国的做法上使用"双重标准"。

不过,假设欧盟是效用最大化、理性和统一的机构,没有充分考虑国际行为体的自我认知,在面对过去30年欧盟和中国巨大变化时,会遇到很大困难(前者成员国的数量从1994年的12个翻倍到最近2007年的27个,后者的经济经历了指数级的增长,到2008年成为世界上最大的债权国和外汇储备的持有国,并与美国建立起了紧密的战略和经济对话)。

尼古拉斯·努夫(Nicholas Onuf)辩称,人类都是社会性的动物,而人类组成像政府、国家、国际组织和其间的互动等,可以理解为有着他们自身特定的模式和规则的社会结构或安排。本文提出了一项假设,理解欧盟与中国的关系中的"身份",是理解这项社会安排的"规则"和变迁的关键。

本文认为身份是关联的,即身份只有当一方跟另一方互动时才有意义,双方形成了"自我"和"他者"的图像。欧盟和中国各自拥有众多的身份——对"自我"和"他者"的观念和形象——但最为密切的是在中欧关系中的相关身份,这种关系中的言论和行动是如何形成一种模式,来改变或增强双方的"身份"。

比如,史密斯(Smith)和维其茨拉萨特拉(Vichitsorasatra)认为欧盟发布的关于欧盟—中国关系的声明和"战略文件"背后的主要目的,是内在而不是外在导向的。相对于对改变中国行为的一种手段,战略文件更起到一个整合作用;他们表达了欧盟集体的立场,反映了在一个充满挑战的世界里,欧盟这一个共同身份的看法:

> 声明体现了"欧洲的中国"形象——这个概念传达的欧盟内部的工作和预见,不少于它对中国挑战的现实的描绘。

许多学者指出,身份的研究充满了概念上的模糊性问题。尤其是身份的四大特点——相异性、易变性、多重性和建构性——使这个概念很难确定和研究。这种挑战尤其存在于欧盟与中国的关系。接下来的四个部分将展示中国和欧洲,这两个截然不同的文明,在演变成日益集中化的政治实体过程中,身份如何发生变化,以适应自我与他者。

国际政治经济学

目前占主导地位的国际政治经济学方法把中国和欧盟之间的互动看作本质上是两个强大的经济(尤其是贸易)体之间的"经济"联系。虽然这种观点很流行,但它产生的时间点相对晚。其支持者倾向于认为其解释只有在邓小平时代的中国改革开放后才有确实的价值。

国际政治经济学把欧盟和中国(与美国)描绘成全球经济中最重要的"极"。从20世纪90年代初起,国际政治经济学认为美国、欧盟和中国之间的关系是一个日益重要的"三极"共管体系。三个主要参与者（通常美国会被描绘成日益衰弱，而中国，正在崛起）被认为主导全球经济的管理，包括主导决策和规范制定的平台如世界贸易组织（WTO）、布雷顿森林机构，还有临时的组织（如G20）。各方在各个机构内召开会议，讨论和协调具体步骤，以解决发展过程中的国际贸易和金融问题。

在这里，中国与欧盟关系的研究，由假设互动背后本质是经济动机的分析为主。国际政治经济学的解释把中国描绘为一个巨大的经济机遇，一个拥有超过10亿消费者的潜在市场和美国国债的最大持有国。在这方面，中国不仅是商品和服务的一个巨型市场和生产商，也是通过购买美洲和欧洲主权债券来管理全球经济的一个重要角色。这样经济"三人组"被认为是一个独特和受欢迎的前景，有利于主导全球的金融问题。随着中国于2001年加入世界贸易组织，这一前景日益凸显。

国际政治经济学着眼于中国在国际生产、贸易和金融领域快速增长的重要地位，并专注于中国如何融入全球经济体系。值得注意的是，20世纪八九十年代，欧洲委员会对中贸易政策便对这种做法有所参考。例如，1980年，欧洲决定把中国纳入优惠协议，使中国所有工业产品的关税完全豁免，某些出口到发达国家的加工农产品部分豁免。

欧共体中国联合委员会由1978年双边协议创建，1985年《欧共体中国贸易合作协议》（TCA）确立。委员会的中介作用使其很快成为中欧关系中最为重要的机制组成。1978年的协议是欧盟与共产主义国家缔结的第一个贸易协定，使中国处于有利地位。1978年和1985年贸易协定的基石，是最惠国待遇（MFN）条款。在1985年的《欧共体中国贸易合作协议》中，第14条保留了各成员国与中国缔结双边经济协议的权力。在实践中，该委员会一直是发展与中国多形式经济合作的引擎。

从20世纪90年代中期到2005年，委员会把商业问题置于政治和战略关系之先。1995年7月，欧洲贸易委员会委员布里坦爵士（SirLeon Brittan），开启了欧盟的新举措《一项对中国的长期政策》。1995年随着欧盟与亚洲关系扩展，中国战略文件紧随其后，文中给予了中国更大的关注，把其作为"欧盟对外关系（亚洲和全球）的基石"。这篇论文承认"中国的崛起是自从二战后任何国家无法比拟的"。这两个文件，由委员会起草并经理事会批准，强调经济关系，并把中国作为欧盟的"新亚洲政策"的"基石"。然而，自2006年以来，委员会对中国不再如先前那般乐观，反而对欧盟政治和人权条件的相关问题更感兴趣。即便如此，自2007年以来，欧盟一直是中国最大的贸易伙伴，中国对欧盟而言也一直很重要，不仅是在贸易方面，中国也是购买和持有欧洲债券的大国。

国际政治经济学的观点对理解今天中国与欧盟的关系至关重要，因为贸易和投资是双边关系的主要内容。与此同时，北京和布鲁塞尔继续对世界经济发挥重大作用。在中国，国际政治经济学的观点是最近才兴起的，可以追溯到20世纪90年代初，当时中国的对外关系和国内改革，揭示了理解世界政治和经济相互作用的必要性和重要性。值得一提的是，国际政治经济学的观点在加入世贸组织的曲折谈判过程中尤为突出。事实上，中国和欧盟很快在贸易赤字、知识产权、配额、贸易保护主义等方面发生了分歧；欧盟根据中国入世的规定，持续拒绝在2016年这一最后期限之前承认中国的市场经济地位。

现今的中国是重要的贸易和金融大国、欧洲债务持有者，欧洲国家自然关注北京的意图和行动，从2010年中国政府和央行官员在西班牙和葡萄牙的红毯待遇中可见一斑。2011年到2012年期间，从法国总统萨科齐，德国总理默克尔，到欧洲金融稳定基金（EFSF）的负责人克劳斯·雷格林（Klaus Regling）都在劝北京购买EFSF债券和证券。随着希腊经济濒临破产，欧元区其他国家深受欧债危机的前景困扰，布鲁塞尔和北京之间的经济关系正变得越来越平等。现在，中国的外汇储备预计达到3.2万亿美元。如此看来，中国很可能要求欧盟让步（例如，欧盟承认中国的市场经济地位），以换取关键时刻对欧盟的援助。

国际政治经济学的视角也有助于解释中国与欧盟持续紧张的关系，这在主要经济行为者间其实并不鲜见，甚至被认为是"正常"的，如美国和欧盟之间、欧盟和日本之间、日本和美国之间。然而，国际政治经济学观点本身可能并不善于解释中欧间深刻而看似突如其来的变化。例如，1995年至2004年的"蜜月期"到2007年至2008年便变了脸。因此，当涉及阐释中欧关系的非经济和非物质因素时，国际政治经济学方法似乎受限。

均 势

观察中国与欧盟关系的第二种方法是通过力量对比。中国是一个快速崛起的大国，而欧盟是由民族国家通过分享主权和资源而组成的一个"冒牌的"超级大国。这种方法也是属于近些年的产物，因为中国与欧盟关系只能从1949年中华人民共和国成立，1957年欧洲共同体出现后才能谈起。实际上，中欧关系只在1975年欧共体外交上承认中国和1980年《欧共体中国贸易合作协议》达成后才得以制度化。

然而，尽管双方都倡议建立"战略伙伴关系"，但都认定中欧关系受多重因素的限制。中美关系中，美国的现实主义者强调地缘战略，把中国当作对美的军事威胁，美国需要抑制中国的崛起，如果不是遏制的话，而中国与欧盟关系则与之不同，从地缘政治角度看，各方都可以利用对方作为战略砝码来摆脱麻烦的邻国，甚至是合作伙伴，如苏联，甚至是美国。因此，在20世纪70年代，美国和欧洲共同体同时拉拢中国作为一个有战略意义的合伙人，和"北约的第16位的合作伙伴"，以遏制苏联的扩张主义。

在此背景下，欧洲对中国崛起的观点，都比不上美国分析家的危言耸听。这个趋势的首要原因是中国太遥远，欧洲与中国没有任何战略纠纷可以把它带进潜在的冲突里。

依照地缘政治视角，一个有影响力的观点便是把均势看作保障系统稳定的关键。这个观点至少可以追溯到冷战，美国是主角，它把自身刻画为自由世界的冷战领导人，欧洲一体化和亚洲多边主义的盾牌，使全球一致遏制苏联。随着20世纪70年代的中苏分裂和中美恢复邦交，均势学派把华盛顿作为欧中美反抗苏联侵略阿富汗和柬埔寨的前沿阵地。欧盟与中国的关系就是在这样的冷战经验遗产下构建的。

然而，从冷战结束后至21世纪初，这样的地缘战略的分析往往关注"中国威胁论"，把建设中的中国作为一个迅速崛起的大国与美国霸权的挑战者。在这种背景下，一个问题日益凸显：欧洲人将在这场权力转变中发挥什么样的作用。一些分析（主要是法国和中国评论家）认为，欧盟和中国是可以替代单边主义美国的"极"。

其中一个理解中国的外交政策最大的障碍——中国观察家和学者一致认为——是"很少有什么比中国的外交政策更复杂、更神秘……到目前为止,在这一研究领域,共识很少,挫折很多,更别提使其进入主流理论探究领域的失败"。杨(Yang)认为,感知式研究法——通过关注"中国不同层次的对外政策制定者、专家、学者来研究中国的外交政策",在今天很有帮助,因为当前中国国际关系教育和科研不断扩大,对外开放,而且支撑中国外交政策的认知框架也具有普遍性。

有分析甚至认为,欧盟和中国的关系可能形成国际关系上的"新轴心"。例如,沈大伟(David Shambaugh)提出,这样的"战略伙伴关系"可以制造机会:(一)通过参与多边制度安排,来增强中国对国际事务的参与;(二)深化中欧关系双边;(三)完善中国治国的"内在能力"。

还有人认为,在美国—欧盟—中国战略三角正在形成,其中,美国可能对欧盟比对中国更友善,反之亦然。然而,更现实的是,中国可能根据"一超四强"(一个超级大国,四个大国)的逻辑行事,美国是权力的最中心,打压处在三角形三个角的其他大国。

"战略伙伴关系"

均势研究方法的一个近期变化,即欧盟与中国的关系是"战略伙伴关系"的观点,它最早在2003年到2004年出现。欧盟与中国在2003年建立了战略联系(尤其是在航空航天合作项目上)——巧合的是,同年中国成为第三个把人送入太空的国家。中欧联合卫星导航合作中心于2003年2月在北京落成,同年9月双方达成一项协议,承诺中国最高向欧盟的伽利略卫星定位系统资助2.3亿欧元(总额的1/5)。伽利略卫星定位系统被视为可以取代美国的全球定位系统。该决定为在北京举行的第六届欧盟中国峰会开了一个好头,虽然人权问题、市场准入和欧盟对中国日益增长的贸易逆差的阴影仍挥之不去。

中国对作为国际主体的欧盟日益重视,可以看到中国外交部首次公布了"欧盟政策文件",中国关于国际事务的顶尖学术和政策期刊中能找到详细的分析。2003年10月外交部文件指出,欧盟是国际社会的重要一员,而单一的欧洲货币和欧盟扩张的进程让布鲁塞尔在国际事务中的地位上升。就像"欧盟政策文件"指出,虽然有中欧关系有"波折",但无论是布鲁塞尔还是北京,都不认为彼此是安全威胁,并且双方在贸易和世界秩序上,拥有根本上相似的看法和利益。

在此背景下,中国正式提出结束"八九政治风波"之后的武器禁运。"欧盟政策文件"的最后一段呼吁欧盟"早日解除向中国的军售禁令以便消除障碍,推动国防工业和技术方面的双边合作"。在接下来的一年中,一些欧盟领导人宣布支持解禁,包括当时的德国总理施罗德和法国总统希拉克。2004年12月,第七届中国—欧盟峰会上,欧洲迈出了重要一步,满足北京的要求,承诺将致力于解禁工作。

之后,欧盟委员会批准了一项联合声明,呼吁欧盟轮值主席国"落实预先的工作,以便考虑'禁运'决策"和"强调任何决策的结果不应是欧盟成员国对中国出口武器的增加国,无论是在数量上,还是在质量上"。委员会还强调,欧盟应该采取一套关于武器出口修订版的"行为准则"和对解禁后国家出口的新方式,被称为"工具箱"。

2004年到2005年,当巴黎和柏林过早地宣布,欧盟对中国从1989年以来的武器禁运将很快被解除时,美国对欧盟施加了重大的压力。华盛顿威胁说,欧盟在这个问题上的反应将被视为对其忠诚度的考验。结果欧盟内部的纷争破坏了解禁方案,反而加剧了美国和欧盟对中国问题上的联合磋商和情报共享。

增加对中军售将振兴欧洲疲弱的军火工业,并有助于欧盟与中国的对话更贴近"战略"——正如双方曾在2004年举行的欧盟—中国峰会上宣称的那样。尽管委员会打算加强"行为规范",但有迹象显示,在2005年年初,巴黎就与北京谈判出售先进的幻影2000-9CS战斗机。

美国国务卿康多莉扎·赖斯(CondoleezzaRice)于2005年2月出访欧洲,开始修补伊拉克战争留下的创伤,但欧洲在解除对华军售禁令的问题上悬而未决,美国对此回应让其与欧盟领导人的会谈增添了一层阴霾。国会猛烈抨击欧洲为了和北京做生意"出卖"盟友,立法者如参议员理查德·卢格(Richard Lugar)威胁说,如果欧洲解除禁运,就切断跨大西洋国防工业合作。面对美国的恶语相向和加剧的国内批评,布鲁塞尔最终让步,但问题并没有结束。

2006年5月,德国总理默克尔首次访问中国,似乎将继续其前任与中国的密切关系。2006年9月,中国国务院总理温家宝出席第九届欧盟—中国峰会,他得到了欧洲将继续朝解禁努力的承诺。一个月后,与胡锦涛主席一同签署的联合公报中,希拉克宣布他将继续反对禁运:"那一刻已经到来,欧盟需要利用与中国日益扩大的伙伴关系,最重要的办法就是解除武器禁运,禁运已经不再切合当前实际。"

对于欧盟(与中国、印度、日本、韩国、巴西、印尼等)"战略伙伴关系"的含义的争论很重要,因为它们预示着分歧,欧盟是否应停留在"公民权力",还是寻求摆脱美国,获得更大的独立性,成为一个正常的大国,建造和利用战略资源,以达成外交政策的目标。在这方面,探讨欧债危机和对北约的失望是否会影响又将如何影响欧盟对华军售禁令,将会很有意思。

意识形态、文化与文明

第三种研究中国与欧盟的关系的方法(或者更确切地说,广泛的方法学)是通过意识形态、文化/或文明。冷战期间,中国与欧盟的关系是"次要关系",需要依靠中国(和西欧)对美国和苏联"主要关系"。然而,即使在冷战后,尽管中国崛起成为一个经济超级大国,欧洲联盟(欧盟)出现,这种关系似乎并没有从美国无时不在的影子下走出,凭借自身成为一个主要的重要的"轴心"。

从北京的角度看,中国政策制定者和学者用来了解世界的意识形态是"共产主义和资本主义"。1949年中华人民共和国诞生,北京把大多数欧洲国家都分属于以下两个阵营——一方面是由美国领导的资本主义西欧,它们导致了两次世界大战的产生;另一方面是以苏联为首、工业化的共产主义中欧和东欧。

毛泽东本人把美国和苏联作为超级大国,属于"第一世界";欧洲、日本和拉丁美洲是"第二世界";而非洲和亚洲大部分则是"第三世界"。然而,这种意识形态的棱镜主要由权力主导的视角调整,如在前一节中所讨论的。在中苏最恶劣的冲突中,欧洲(和美国)被认为可以抗衡苏联的挑衅。这种趋势在后毛泽东时代的中国得到加剧,邓小平呼吁中国领导人遵循务实的外交政策。最近一次(有些问题)的辩论围绕着规范（如人权）的普世性/相对性展开，此外还有关于"亚洲价值观"的辩论。

这些意识形态为基础的方法认识论的根源可以追溯到冷战前。历史/文明的叙述也有与之相呼应的内容，历史和文明的方法把中国与欧盟的关系看作两个古老文明之间的相互作用，可以追溯到千年前——1949年中华人民共和国这一现代国家成立前，甚至在欧洲现代国家制度出现前——它起源于古代丝绸之路动力机制。第一批到达中国并长久居住的西欧商人是葡萄牙人。圣多美皮雷（ToméPires）由葡萄牙国王派遣，在1517年作为使节出使明朝。大批葡萄牙商人和探险家从他们在果阿、马六甲和东印度群岛的居地出发，抵达在广州附近的圣约翰岛并定居，1535年葡萄牙取得中国官方的许可，可以在澳门晾晒货物。今天的欧盟，尝试在众多内部成员国之间协商对外政策，可以概念化为"文明实践社群"或者是有着在国际政治中创立规范榜样自我意识的"规范性力量"。

然而，许多中国人心中不变的欧洲形象，源于清朝时两方列强殖民扩张和侵略中国领土的经历。鸦片战争后的"百年屈辱史"，上海租界给予欧洲列强特许权，美国和日本让中国沦为半殖民地社会。在这个意义上，可以说，中国只有在1997年香港和1999年澳门回归后才能算得上完全恢复独立。

18世纪末和19世纪中期以来，清朝拓展了中国的边界，在这个过程中，中国接触到了扩张的欧洲列强，欧洲列强把治外法权和不平等条约强加到这个骄傲但迄今仍自给自足的文明身上。这样的情境有助于解释当代中国和欧洲相互作用的制约和机遇。

历史文明的方法往往要么把中国尊崇为高贵的"一方"；要么则认为其是国际体系中低等的一方，通过使自己适应西方标准的"文明"，逐渐进入由欧洲人建立的国际体系中。一些"文明"的方法，甚至认为中国的价值观对"西方"的利益和价值构成威胁。

不管他们之间的分歧如何，历史文明方法的主要贡献在于承认中国的世界观、文化和历史非常不同于欧洲（更普遍地说，西方）。这种框架有助于学生理解北京自我描绘的形象和外部看法，利用中国人熟知的认知图和历史参照。历史文明方法的解释价值也许在今天较为有限，因为中国已经逐渐成为"国际社会"的正式成员。与此同时,我们必须承认,文明和文化既不是单一的,也不是一成不变的,而是在与他人交流互动过程中不断发展并改变的。

确定"身份"

从上述的考察中,三大方法的优势和劣势可以总结如下。均势的观点有助于解释中国作为崛起的大国的行为和别人在应对中国不断增长的影响力时所采取的步骤。但他们假设的是一个不满意反对现状的中国,执意重写国际体系的规则——这个假设没有充分质疑中国动机的根源和性质,并低估了中国参与国际体系几十年来的社会化。意识形态观点有助于用马克思主义的镜头来解释中华人民共和国后的第一个十年里中国的行为,与欧洲国家的关系,但它们已经被其他观念所取代,其间涉及文化和冷战以后关于人权普遍性和相对性的争论。促进人类安全的规范性关注(如人权和地球资源的保护)成为一个重要的着力点,欧洲的非政府组织,公民社会,组织机构如欧洲议会和成员国都在国际政治中试图建立独特个性。

就中国而言,不断增长的实力带来的兴奋被清醒的意识所冲淡——沿海城市以外还有大片地区相对落后和贫困,发达国家与中国之间的技术、人类发展指数和人均国内生产总值差距巨大,还有中国必须根据发达经济体制定的规则办事。

就如拉维·艾普代拉(Rawi Abdelal)和其同事对测量身份的方法学的探讨、话语分析、调查和内容分析可以和三个新方法相结合(实验、行为主体建模和认知映射)来比较三种不同的身份,并测量身份的内容(基本规范、社会宗旨、相关对比和认知模式)。

许多对于欧洲"身份"的研究都指出"文明"的身份认同是如何强大,甚至在欧盟成员国中对欧盟持怀疑态度的公民之间也如是。另一方面,"公民"身份认同与欧盟更明显的政治目的相关,本质上则不同,自然对欧洲成员国公民的吸引力不大。据作者所知,中国没有研究表明,中国的"公民"和"文明"身份认同之间有类似的差别。已完成和出版的对中国人的身份和认知的研究,主要集中在国际关系相关的精英刊物中，例如，门静（Jing Men）的研究，也许衡量了中国国际身份的精英看法，但其中合并了"公民"和"文明"，而不是区分两者。

在欧盟与中国这个具体例子中，可以用调查和话语分析来测量外交政策中的相关构成和特定的认知模式（影像、历史类比等）。如果现有的美中"思维方式"差异的社会心理学研究有任何指示，那更好地理解欧洲人和中国人思维世界尤为重要，以便理解双边关系中各自不同的出发点。门静关于中国对欧盟看法的研究，通过对5年间中国国际关系期刊的考量得出，是一个重要的里程碑，是未来对中国与欧盟关系的"身份"研究中的基线。

许多在中国的学者或是观察中国的学者都认为，中国正经历着身份的改变，逐渐转变成一个负责任的大国。人们可以依据国际关系来假设和找到衡量大众的中国身份的方式，观察它与精英的身份有何不同，以及是否或多或少带有民族主义、情感及历史符号和叙述，如"（西方的）百年羞辱"。

通过对代表性文本和演讲的话语分析或通过使用针对样本公民群体的调查，人们可以用更严谨的方式，来测量中国不同时间、不同地理次区域的现代"公民"和"文明"身份认同，以及对国家认同感的争议。

初步结论

在以上对研究欧盟中国关系的三种方法讨论中，我们看到，有时，欧盟或是中国的身份被定义为与对方对立（历史叙述、人权和意识形态问题上常见，国际政治经济学问题上也日益凸显）。但是，我们也看到了，与他者的差异可能导致自我身份向他者的方向发生改变，如20世纪70年代对苏联扩张主义的共同焦虑，以及2001年到2005年针对美国单边主义的多极化联合声明。

中欧关系大体的频繁变化都可以解释为——一如既往——国际政治经济关系（特别是贸易优势从欧洲转移到中国、意识形态或国际体系中均势变化的函数。

但是，如果我们深入挖掘，我们就能认识到不断变化的欧盟和中国的特质和身份。这些不断变化的身份为他们的自我形象、主体选择，甚至偏好提供信息。欧盟从1973年的9个西方民主国家扩展到2007年的27个国家（其中许多国家之前属于共产主义阵营）组成的多样化的俱乐部。欧盟是国际社会一个重要的参与者。它在世界事务中建立欧洲独特身份的一个重要方式也许是通过"规范性权力"的内容和实践来处理对外事务。欧盟的规范性外交政策的要点在于其政治和经济的"约束性"。

同时，中国已经从1975年的一个共产主义发展中国家，转变成一个中等收入、保守的G20贸易超级大国（甚至可以是G2，就像华盛顿的一些人相信的那样）。然而，随着地位的提高，中国的外交政策将被迫重新评估自己的身份和喜好，选择性地记住或忘记过去的符号和表述，以便针对现在采取行动，从而塑造国际政治的未来。欧盟研究，总在与自身的过去做斗争，选择性记忆或遗忘某些部分，处理地缘政治某些现实，可以为中国类似情况下的研究开展提供模型。

关注布鲁塞尔—北京互动的观察家预期，在国际秩序不断演变的背景下，欧盟与中国的关系将在不断重新定义他们身份和角色的基础上发展。双方很可能会继续根据不断变化的相关身份，及外界对它们作为全球政治、外交、经济、贸易、金融和安全的重要一员的期望，来回应对方。同样重要的是，欧元区债务危机的演变和潜在结果可能成为塑造中欧关系模式的重要事件之一。

测量身份的研究，以及欧洲人和中国人对自己和对方观念的变化，将是一个有趣的经验和理论课题。

附录 1 欧盟对中政策聚焦（1975 年至 2012 年）

	欧盟政策焦点	动机	亮点
1975—1988 年欧共体寻找市场和反对苏联的默契合作	建立外交和商业关系	冷战时期，反苏阵线	1978 年优惠贸易协定（欧共体与社会主义国家签署的第一项协议） 1984 年中国因为中国台湾问题针对荷兰 1985 年欧共体中国贸易合作协议 1988 年欧共体派遣代表团来北京
1989—1997 年"八九政治风波"与人权	欧盟规范价值扩大的商业联系欧盟的制裁	欧洲利益集团欧洲商业和工业的利益；国际政治经济学的"第三点联系"	1989 年"八九政治风波"后，欧盟制裁 1993 年基督教民主联盟文件（德国） 1994 年委员会的"亚洲战略" 1997 年中国因人权问题针对丹麦
1995—2005 年蜜月	商业联系战略合作伙伴	平衡美国的单边主义欧盟作为独特的和有原则的国际组织	1995 年第一份"中国战略报告" 1997 年法德意西（"空客集团"） 违背联合国人权委员会立场 1997 年中国对香港恢复行使主权 1998 年第一届"欧盟—中国峰会" 1999 年中国对澳门恢复行使主权 2001 年委员会报告轻描淡写人权问题（欧盟—中国） 2003 年伽利略卫星导航系统 中国因中国台湾问题针对比利时主席在西班牙发表讲话 2003 年第一份中国外交部对欧盟的文件（十月） 2004 年欧盟撤回武器解禁 2005 年欧盟—中国"胸罩战"
2006—2012 年"正常的关系"	商业联系人权和民主	合作和冲突的关系成熟	2008 年北京因萨科齐/西藏问题推迟中欧峰会 2009—2013 年欧元区危机，欧洲稳定基金寻求中国帮助

新型大国关系、共同发展与中国外交新理念

钟飞腾[*]

党的十八大召开之后,在理解新一届政府的对外政策理念方面,"新型大国关系"成为国内外广泛关注的核心。在党的十八大报告中,中国明确表示要同发达国家"建立长期稳定健康发展的新型大国关系",此后对于新型大国关系的内涵、实现路径以及目标对象等等,中国学术界展开了热烈的讨论,美国学术界也开始有了一些引人关注的阐述。[①] 2013年6月,中国领导人习近平在会晤美国总统奥巴马时,对"新型大国关系"做出了几个比较明确的限定:"不冲突、不对抗""相互尊重"与"合作共赢"。[②]

中国提出新型大国关系构建具有多重含义。首先,大国因具有强大的政治经济影响力,其国际抱负一向不同于中等国家和小国,因而传统

---

[*] 钟飞腾,中国社会科学院亚太与全球战略研究院大国关系室主任、研究员。
[①] 比如袁鹏:《关于构建中美新型大国关系的战略思考》,《现代国际关系》2012年第5期;周方银:《中美新型大国关系的动力、路径与前景》,《当代亚太》2013年第2期;达巍:《构建中美新型大国关系的路径选择》,《世界经济与政治》2013年第7期;李永成:《战略意图与中美新型大国关系的构建》,《外交评论》2013年第5期;David M. Lampton, "A New Type of Major-Power Relationship: Seeking a Durable Foundation for U. S. - China Ties," *Asia Policy*, No. 16 (July 2013), pp. 1 - 18; Robert B. Zoelick, "U. S., China and THucydides", *The National Interest*, Jul. /Aug. 2013, pp. 22 - 30。
[②] 《杨洁篪谈习近平主席与奥巴马总统安纳伯格庄园会晤成果》,载外交部网站,2013年6月9日,http://www.fmprc.gov.cn/mfa_chn/zyxw_602251/t1048973.shtml。

的国际政治研究一般都指大国政治，有关的理论总结都以大国关系为基础。其次，对于中国这样具有悠久的文明传统和发达的战略文化的国家，除了具有大国的强大特性之外，还不可避免受到历史遗产的影响，反映在国际战略中强调历史经验的延续性，比如对统一、和平、道德的深层次认识。特别是，东亚历史上的国际体系也会影响到中国的国际战略。最后，中国目前尽管是世界第二大经济体，也是联合国安理会常任理事国，但其国内经济社会特征具有典型的发展中特色，人均 GDP 大大低于具有同等国际影响力的大国。因此，讨论新型大国关系，势必要从多个维度去解读什么是"新型"，什么是"大国"，什么是"关系"。如果中国只是建立新型大国，那么更多偏向于国内目标，比如社会主义发展中大国的定位。一旦加入了"关系"，就意味着是在国际社会中去把握中国的战略目标，重要的是理解这种关系的性质以及历史走向。从中国的发展历程看，"新型""大国""关系"三者都是一个不断完善和发展的进程，要从动态角度去把握三者联系在一起对于中国未来的战略性发展有何重大作用。

一

如果比较中国近些年在国际战略方面提出的一些新概念，那么相对而言有关"新型大国关系"的研究还处于起步状态。大体上，"新型大国关系"在学术界受到重视的程度，接近于 2005 年 9 月胡锦涛同志在联合国大会上提出"和谐世界"理念后的研究，但还低于对"和平崛起"的讨论。比如，有关中国崛起的话题几乎占据了国际社会国际关系话语的显著位置，政策性很强的《外交》季刊自 20 世纪 90 年代以来发表多篇论文[1]，学术性强一些的如《国际安全》杂志从国际关系理论视角对"中国崛起"的讨论。[2] 大多数这类讨论的主题延续了 20 世纪 90 年代的

---

[1] 可参考对这一刊物上关于中国问题文章的综述，杨夏鸣：《美国视角下的中美权势转移——基于〈外交〉近二十年相关刊文的研究》，《当代亚太》2013 年第 3 期。

[2] Michael Beckley, "China's Century? Why America's Edge Will Endure", *International Security*, Vol. 36, No. 3, Winter 2011/2012, pp. 41–78.

两个大问题：第一，中国大规模、超常规的经济增长将在多大程度上改变全球力量格局，特别是在军事力量方面；第二，作为一个非西方的、社会主义的大国，在实力不断增强的过程中，对于现有的国际秩序将产生何种影响？

上述西方人的讨论都是从维护既有国际秩序的稳定性和霸权国的收益出发，如果我们转换角度，从中国自身的发展进程看，中国从一个革命型国家发展为现今国际秩序的参与者，对国家间关系的看法并非始终是维护既有国际秩序，发展阶段、身份定位和战略目标的差异影响到对相关战略性概念的解读。从概念的范围来看，新型关系的建设与和谐世界的理念都要服从于中国和平发展这一战略目标。换句话说，如何准确把握现阶段中国发展的特性、挑战和目标，将极大影响新型大国关系的建设进程。从"新型大国关系"提出的背景来看，中国经济总量超过日本之后是一个特别突出的转折点，中国领导人变得更加自信，将以往外交布局中围绕大国的"新型关系"转变为"新型大国关系"。

中国推动建立新型关系方面的提法至少从20世纪90年代起就存在了，当时中国领导人以俄罗斯为对象，提出过建立"不结盟、不对抗、不对针对第三国"的新型关系原则，随后中国同一批国家建立了各种类型的伙伴关系。2000年1月，在一次内部讲话中，江泽民提出"这十年中，我们还积极致力于发展以不结盟、不对抗、不针对第三国为主要特征的新型大国关系"。① 2001年7月，江泽民在莫斯科大学演讲时，三次提到"新型国家关系"，并在"三不"的基础上，增加了"完全平等、互利合作、睦邻友好"等性质。② 2010年5月，国务委员戴秉国在中美战略与经济对话期间提出"新型大国关系"概念，不过其内涵与现在的表述略有不同，当时指的是"相互尊重、和谐相处、合作共赢"。2012年2月，习近平副主席访美时郑重向美方提出建设新型大国关系，3个月后胡

---

① 《通报中央政治局常委"三讲"情况的讲话》（2000年1月20日），《江泽民文选》（第二卷），人民出版社2006年版，第546页。

② 江泽民：《共创中俄关系的美好未来——在莫斯科大学向俄罗斯各界知名人士发表的演讲》，《国务院公报》2001年第26期，第4—7页。

锦涛主席又再次围绕这一主题发表演讲。① 2013年3月，习近平主席在访问俄罗斯时，提出各国要建立"以合作共赢为核心的新型国际关系"。②

进一步回顾历史，在中国国力比较弱小的时候，中国领导人也曾提出新型关系构建。20世纪50年代，随着和平共处五项原则的提出和社会主义阵营的确立，中国认为与社会主义国家，甚至一些不结盟国家建立了新型关系。当时佐证这一新观念的动力来自于单元层面，即国家的性质改变了，相应地，国家间关系性质也改变。比如，1960年《北京大学学报》发表了一篇《新型的国际关系与新型的国际法》的文章，作者认为"社会主义国家间的这种新型的国际关系，归根到底，是由社会主义国家的阶级本质和社会经济制度决定的。"③ 显然，这种乐观和直觉性的推理很快被现实所打破，中苏关系在整个60年代陷入了对抗局面，中国与印度也发生了边界冲突。

从这个意义上说，单元层面的制度特征不决定国家间关系的性质，意识形态本身并不能决定国家间关系是"旧"还是"新"，这或许也是中国在进入改革开放时期后放弃以意识形态画线的一个缘由。由于单元层次的制度特征与国家间关系的新旧与否没有因果关系，因此以是否是西方民主国家、是否拥有西方价值观，来判断中国能否与西方发达国家建立新型关系，其立足点就错了。前外长杨洁篪在论述中美关系新阶段时指出，"中美作为社会制度、文化传统、发展阶段不同的两个大国"，应该可以走出一条"相互尊重、互利共赢的新型大国关系之路"。④ 显然，中国政府注意到国家的制度差异会影响到两国的关系，但并不认为它是根本性的。在上述三个因素中，按照美国学者的研究，即便是毛泽东时代，"文化传统"的影响比较弱小，毛泽东个人的意识形态作用也不大，决定中国对外政策的主要因素与其他国家没有不同，即国家利益——主

---

① 杨依军：《中美新型大国关系的由来》，载新华网，2013年6月6日，http://news.xinhuanet.com/2013-06/06/c_116064614.htm。

② 习近平：《顺应时代潮流 促进世界和平发展——在莫斯科国际关系学院的演讲》，《人民日报》2013年3月24日第2版。

③ 邵津：《新型的国际关系与新型的国际法》，《北京大学学报》（人文科学版）1960年第1期。

④ 杨洁篪：《坚持相互尊重、互利共赢，努力推进中美合作伙伴关系建设》，《求是》2012年第6期。

权、平等和自主性。①

因此,尽管我们对什么是新型的大国关系还无法给出完整的解读,但至少可以明确一点,意识形态的相同或者差异不决定大国关系,这就否定了那种认为中国与其他国家由于意识形态原因而不能建成新型关系的质疑。同样,即便中国在意识形态领域提出不同于美国的设想,也不一定会根本性影响到两国新型关系的建设。新型关系的建设取决于在一个长期、复杂的互动进程中两国利益的协调。

二

按照领导人的说法,"互利共赢"是新型大国关系的核心。国务委员杨洁篪在习近平主席访美后阐述"习奥会"精神的文章中指出,习近平主席与奥巴马会谈时提到"互利共赢"是指"要摒弃零和思维,在追求自身利益时兼顾对方利益,在寻求自身发展时促进共同发展,不断深化利益交融格局。"② 在中国的对外关系语境中,"零和思维"一般指的是冷战时代的思维,十五大报告曾有"冷战思维依然存在"的表述。③ 此后,在十六大、十七大、十八大的政治报告中均没有出现"冷战思维"的表述。十五大政治报告首次提出"促进共同发展",十六大政治报告三次提到"共同发展",并认为"中国外交政策的宗旨,是维护世界和平,促进共同发展",此后历次党代会政治报告都强调"共同发展",那么互利共赢的主要内涵可以理解为"共同发展"。

寻找"共同发展"这一理念的起源,可以上溯至邓小平在20世纪80年代提出的和平发展是时代主题这一判断。不过,中国要在国力发展到一定阶段时,才能真正意识到经济崛起的中国在国际政治经济中的巨大

---

① Albert Feuerwerker, "Chinese History and the Foreign Relations of Contemporary China," *Annals of the American Academy of Political and Social Science*, Vol. 402, July 1972, pp. 1 – 14.

② 《杨洁篪谈习近平主席与奥巴马总统安纳伯格庄园会晤成果》,载外交部网站,2013年6月9日,http://www.fmprc.gov.cn/mfa_chn/zyxw_602251/t1048973.shtml。

③ 《高举邓小平理论伟大旗帜,把建设有中国特色社会主义事业全面推向二十一世纪》(1997年9月12日),《江泽民文选》(第二卷),人民出版社2006年版,第39页。

动能。1991年时，按现价美元计算，中国的GDP还只有日本的1/10①，但到2002年十六大召开时，中国经济总量已经位居世界第六。从1989年至2001年的13年，中国的年均经济增长率达到9.3%。② 2001年年底，中国加入世界贸易组织（WTO），解决了改革开放的大方向问题，在制度上日益融入美国主导的国际体系。某种程度上因为美国进入了一个长达十年的反恐战争，减轻了中国面临的战略压力，极大地改善了外部环境，在十六大上，中国提出了未来二十年"重要战略机遇期"的概念，并设定2020年经济总量要比2000年翻两番。不过，十六大报告还是提到了"世界大战"，尽管认为"在可预见的时期内打不起来"，但也反映出中国战略界的谨慎乐观态度。由此，报告强调"始终把国家的主权和安全放在第一位"，看不到我们现在非常熟悉的主权、安全和发展三位一体的表述。③

十六大以后经过5年的快速发展，到党的十七大时，对国际形势的看法更加自信。在报告起首一段即指出，"国际力量对比朝着有利于维护世界和平方向发展，国际形势总体稳定"。这主要源于中国经济实力的稳步上升与"中国特色军事变革加速推进"。十六大到十七大的5年间，中国经济增长率年均达到10%以上。在延续2002年报告"维护世界和平、促进共同发展"这一外交宗旨的基础上，十七大报告首次提出"维护国家主权、安全、发展利益"，将国家利益的基本构成从主权和安全拓展为"主权、安全、发展"。由于这5年的大发展主要得益于进一步融入世界经济体系，十七大报告没有大篇幅地提建立公正合理的国际政治新秩序这一惯常的表述，只是在多边事务这一板块中，指出要"推动国际秩序朝着更加公正合理的方向发展"，前后比较，新秩序建设的内容缩小了、舞台缩小了，但方向更加明确了。

---

① 数据来源于世界银行，http://data.worldbank.org.cn/indicator/NY.GDP.MKTP.CD。
② 《全面建设小康社会，开创中国特色社会主义事业新局面》（2002年11月8日），《江泽民文选》（第三卷），人民出版社2006年版，第532页。
③ 中国学术界对三者联系在一起的表述要早一些，比如王逸舟在2002年提出中国的国家利益是分层次的，包括"发展利益""主权利益"和"责任利益"，21世纪的中国外交要在这三方面的需求之间寻求平衡。参考王逸舟《面向21世纪的中国外交：三种需求的寻求及其平衡》，《战略与管理》1999年第6期；王逸舟《国家利益再思考》，《中国社会科学》2002年第2期。

十七大报告还提出"将以自己的发展促进地区和世界共同发展,扩大同各方利益的会合点,在实现本国发展的同时兼顾对方特别是发展中国家的正当关切"。这实际上就是目前所谓"新型大国关系"的雏形。对于"共同发展"这一表述,更早一些是2005年9月,胡锦涛在联合国做了关于"和谐世界"的著名演讲,其中指出"各国发展与全球发展日益密不可分"。此外,该演讲显著地将发展与安全联系在一起,认为"发展事关各国人民的切身利益,也事关消除全球安全威胁的根源"[①]。在判断安全威胁的来源上,中国的看法与发达国家很不一样,对于发达国家,其威胁主要来自于敌人或者外部势力的崛起,比如美国在"9·11"事件后认为其最大的敌人是恐怖主义。中国将外部世界的某个行为体看作敌人和最大威胁是在中华人民共和国初期,即在主权和安全得不到保证的情况下的判断。

21世纪的第一个十年,无论是战略环境还是中国本身都发生了巨大变化,中国日益认识到发展本身构成中国国家安全战略的首要问题,并且是放在全球化的开放环境中把握发展问题。与2002年的政治报告相比,2007年的报告将"互利共赢的开放战略"作为中国国际战略的重要组成部分,互利共赢的开放战略最早是在党的十六届五中全会系统阐述的,此后上升到国际战略组成部分。如果说2002年的政治报告还侧重于传统的国家利益,即主权和安全,那么2007年时中国已经显著增加了国家利益的发展内容,将发展置于与主权、安全同等重要的地位。在2007年以前,发展是主权和安全的保障、手段,到了2007年发展成为目标,而不仅仅是手段,这是一个重要的变化。由于将发展提升到普遍意义的高度,中国能够将国内的发展经验转化为国际战略中的合作点。2011年4月,胡锦涛主席在海南博鳌亚洲论坛上指出,"如何处理好发展和稳定的关系依然是摆在亚洲人民面前的重大课题"[②],在国内政策话语中使用的发展与稳定关系被运用到讨论地区问题。2012年6月,在上海合作组织成员

[①] 胡锦涛:《努力建设持久和平、共同繁荣的和谐世界——在联合国成立60周年首脑会议上的讲话》,《人民日报》2005年9月16日第1版。

[②] 胡锦涛:《推动共同发展 共建和谐亚洲——在博鳌亚洲论坛二〇一一年年会开幕式上的演讲》,《人民日报》2011年4月16日第1版。

国元首理事会上，胡锦涛提出该组织的一个重大作用是"维护了成员国安全利益和发展利益"。①通过强调"各成员国均面临艰巨的发展任务"，中国促使中亚国家转变其国家战略观念和关注，有力地保障西部边疆和平稳定。

中国在促进全球经济复苏进程中，将开放性的世界经济作为一个战略目标。强调全球开放的观念，显然要比1978年以来的国内开放视野更加开阔。在2010年20国集团领导人首尔会议上，胡锦涛提出一项重要观念，"倡导开放贸易，推动协调发展"。至少从字面意义理解，中国以前只是改变国内的经济制度，融入国际社会，逻辑上的一个重要假定是国际经济体系是开放的，但经历这场金融危机之后，中国发现发达国家在面对巨大的萧条时也容易陷入保护主义，因此中国政府强调"贸易越是自由，世界就越是发展；经济越是开放，发展就越是迅速"。②从学术立场看，上述判断的理念是西方国际关系理论中的自由主义，中国政府已经相当熟悉西方的这一套自由主义话语体系，用美国提倡的自由主义理念反击美国在相对衰落态势下的不负责任的行为。③

在2012年的政治报告中，中国明确提出"反对各种形式的保护主义"，这是首次在党的政治报告中写入涉及世界开放性的问题。熟悉国际关系理论的人士马上可以想到，"英国治下的和平"与"美国治下的和平"的一个共有的特征是开放的国际经济，在理论上形成了霸权稳定论。随着中国的进一步发展，特别是强调"共同发展"，中国势必日益具有霸权稳定论所突出的责任含义，即一个大国要承担起维护开放性国际经济的重任。和以往相比，以习近平为首的新一代领导集体，突出地强调"开放性世界经济"这一理念，2013年9月5日，习近平主席在俄罗斯圣

---

① 胡锦涛：《维护持久和平 促进共同繁荣——在上海合作组织成员国元首理事会第十二次会议上的讲话》，《人民日报》2012年6月8日第2版。
② 胡锦涛：《再接再厉 共促发展——在二十国集团领导人第五次峰会上的讲话》，《人民日报》2010年11月13日第2版。
③ 焦世新、周建明：《美国是"负责任"的实力下降霸权吗？——兼论中国必须掌握国际关系理论研究的话语权》，《世界经济与政治》2011年第12期。

彼得堡举行的 G20 峰会上，提出要"共同维护和发展开放型世界经济"。① 一个月后，在亚太经合组织领导人会议上，习近平主席再度强调"发挥亚太引领作用，维护和发展开放型世界经济"，并提出了一个新概念"开放式发展"。②

"开放式发展"不仅要面向发达世界开放，也要着力促进对发展中世界的开放。改革开放的前期，中国主要通过向发达国家开放获得了经济发展的技术、资金和管理能力。经过 30 多年的发展，国内经济结构改善、产业升级对发展中世界的资源能源需求急剧上升，保护海外权益的压力也逐年增大。在获取能源资源方面，中国面临着发达国家的竞争压力和舆论压力。对于发展中国家，中国在加入 WTO 之后已经明确要在经济领域大力进行援助，要维护发展中国家的利益，这不仅是替发展中国家出头，也是本国利益扩大的新判断。而到了 2012 年党的十八大报告，在发展中国家这一外交布局中，中国明确提出"支持和扩大发展中国家在国际事务中的代表性和发言权"，这无疑是一种政治权利，中国已经从一般性提供援助的经济支持扩大到提供政治支持。在 2012 年 7 月举行的中非合作论坛第五届部长会议上，胡锦涛代表中国政府宣布"促进非洲和平稳定，为非洲发展创造安全环境"，具体包括为非盟开展维和行动、常备军建设提供资金支持。③

三

正当中国在 2007 年年底十七大确立新的国际战略框架时，遭遇了自 20 世纪 30 年代以来最严重的国际金融危机，但中国以发展为第一要务的国内大战略在应对危机中表现出色，发展所具有的国际战略含义也日渐

---

① 习近平：《共同维护和发展开放型世界经济——在二十国集团领导人峰会第一阶段会议上关于世界经济形势的发言》，《人民日报》2013 年 9 月 6 日，http://cpc.people.com.cn/n/2013/0906/c64094 - 22826347.html。

② 习近平：《发挥亚太引领作用 维护和发展开放型世界经济——在亚太经合组织领导人会议第一阶段会议上关于全球经济形势和多边贸易体制的发言》，《人民日报》2013 年 10 月 8 日，http://cpc.people.com.cn/n/2013/1008/c64094 - 23117724.html。

③ 胡锦涛：《开创中非新型战略伙伴关系新局面——在中非合作论坛第五届部长级会议开幕式上的讲话》，《人民日报》2012 年 7 月 20 日第 2 版。

凸显。从这个意义上说，中国领导人所理解的大国概念，是一个处于发展进程中的国家状态，与西方社会讲"大国"（great power）有所不同。在西方的语境中，大国概念的使用在18世纪中叶已经频繁，当时指的是英国、法国、奥地利、普鲁士和俄国，1815年"大国"概念才首次正式应用于国际条约的文本。[①] 因此，如果不理解中国这样的一个大国所具有的特殊性，只是从西方意义上的大国去看待中国，那么很可能落入所谓"修昔底德陷阱"，即守成国对崛起国势力持续增长引发的恐惧将导致大国冲突。

在国际关系理论中，能否为国际社会提供公共物品是一个国家是否是真正大国的试金石。中国在最近几年积极落实有关国际责任的呼吁，表现在新型大国关系建设上就是提供类似于美国当年所做的公共物品，包括扩大内需来提升作为其他国家出口市场的地位，在周边安全环境构建上引入"六方会谈"这样的多边机制，在诸如维护湄公河流域航道安全这样的非传统安全领域担负不对称的负担等等。那么，一个自然而然的问题是，中国会成长为一个像美国这样的传统大国，即自由开放的经济秩序只是维护美国霸权的副产品，还是中国吸收了美国在历史阶段中所做的有利于促进新型大国的做法，即通过提升别国的实力地位增强本国的战略影响力？后者的做法所体现的主要是自由主义的理念。

就宏观面而言，中国巨大的经济体量所引发的对全球市场稳定和开放的关注，与美国基本是一致的，也是在这个层面上，中国反复向美国强调，两国具有共同的利益。2011年1月，胡锦涛主席在华盛顿倡议"建设相互尊重、互利共赢的中美合作伙伴关系"，并强调中美关系发展的基础是"中美两国从未像今天这样拥有如此广泛的共同利益、负有如此重大的共同责任"。[②] 从国际关系理论的角度看，强调共同利益和共同责任，体现了对和谐关系建设的期待，在西方国际关系理论的三大意识

[①] Gordon A. Craig and Alexander L. George, *Force and Statecraft: Diplomatic Problems of Our Time*, third edition, Oxford University Press, 1995, p.3.

[②] 胡锦涛：《建设相互尊重、互利共赢的中美合作伙伴关系——在美国友好团体欢迎宴会上的讲话》，《人民日报》2011年1月21日第2版。

形态传统——自由主义、现实主义与马克思主义中,自由主义认为国家间关系是和谐的,各国看重的是绝对获益。在一个开放的世界经济中,各国都能从相互交往中获益,达到一个共赢的状态。

体现这一思路的另一个关键点是中国道路的世界意义更加凸显。中国政府在面临前所未有的金融大危机时,准确研判世界经济形势,进一步壮大了中国的实力。早在2008年年底,中国政府即指出危机将改变世界经济增长格局、全球治理机制和全球范围的经济发展方式。[1] 在出台4万亿财政刺激政策,以扩大内需为主、消费与投资拉动相结合的一揽子计划之后,中国在低迷的全球经济中仍然保持了高速增长,获得了国际声望,突出的表现是得到传统管理西方经济运行的8国集团的重视,并于2009年首度参加20国集团(G20)领导人峰会。2010年11月,在韩国首尔举行的G20领导人第五次峰会上,胡锦涛表示国际社会要"充分考虑各国不同国情和发展阶段,理解并尊重各国选择发展道路和发展政策的自主权",显然在面对长期占据经济领先地位的发达国家时,中国对自己所选择的道路更加坚定、更加自信,把发展扩大到具有战略意义的全球位置上,而不仅仅是国内层面。在2011年法国戛纳举行的G20峰会上,中国领导人提出"我们面对的不是一场单纯的经济金融危机,这场危机暴露出若干体制机制、政策理念、发展方式的弊端。世界经济发展正处在何去何从的十字路口……"[2] 讨论世界经济发展何去何从,是一个重大的信号,表明中国有能力提供若干不同于美国的经济发展的理念和方式。通过强调"共同发展",中国掌握了一定的话语权,在国际事务中主人翁的感觉明显增强,在维护金融体系稳定、推动平衡发展方面,提出了诸多建议。需要重视的是,此一轮提出的建议并非是抽象的、象征性的,如同20世纪70年代在"海洋法公约"诞生过程中过分重视政治收益那样,而是针对功能性问题领域提出了具体的、阶段性的目标和路径。显然,如果没有在国际市场中的历练,如果没有中国实际的经济力

---

[1] 张宁:《国际金融危机以来胡锦涛对世界经济形势的分析和判断》,《党的文献》2012年第1期。

[2] 胡锦涛:《合力推动增长 合作谋求共赢——在二十国集团领导人第六次峰会上的讲话》,《人民日报》2011年11月4日第2版。

量的深度融入，中国难以提出明确的、细致的目标。

如果过分看重发展的结果，而不是发展的进程，那么按照现实主义的理论预测，以安全利益最大化作为目标的话，中国最好的战略是追随美国，等待美国自然衰落，而不是突出中国在发展道路上与美国的不同，由此引发守成国对相对陌生的大国实力增长进程的担忧。显然，中国并不认为随着中国实力增长必然导致"国强必霸"，也不必然走向与霸权国美国的全面冲突。在典型的进攻性现实主义者，如米尔斯海默看来，中国崛起为一个大国之后，必然要与美国争夺东亚的主导权，因此中美冲突不可避免。[①]与进攻性现实主义相比，古典现实主义更加强调国家的能动性，崛起国将务实地衡量通过霸权获取安全收益与谋求霸权所要承担的风险，因此中美之间的关系远不是那么悲观的。[②]

鉴于中国实力地位的复杂性，以及宏观总量的快速发展，在评估中国不断发展变化的实力地位时，中国领导人总是反复强调中国人均水平比较低，将长期处于社会主义初级阶段，这一点对于理解新型大国具有重要意义。在哈佛大学教授约瑟夫·奈，一个国际关系理论的自由主义看来，按照人均水平计量，"中国目前仍然远远落后于美国，所制定的政策往往也只是着眼于其所在的区域，并与其经济发展水平相适应"，在中国发展水平接近于美国之前，双方"可以致力于构建一种新型的大国关系"。[③] 在2007年、2012年通过的政治报告中，中国突出强调人均收入增长目标。2013年3月，习近平主席在莫斯科国际关系学院发表的演讲中再次强调，中国明确了今后一个时期的发展蓝图，即"到2020年国内生产总值和城乡居民人均收入将在2010年的基础上翻一番"。用中国国内的政策话语说，中国未来十年的目标仍然是"小康社会"，一个目标向内的大国，而不是目标完全向外的、单边主义色彩强烈的霸权国。

---

① John J. Measheimer, "The Gathering Strom: China's Challenge to US Power in Asia," *The Chinese Journal of International Politics*, Vol. 3, 2010, 381 – 396.

② Jonathan Kirshner, "The Tragedy of Offensive Realism: Classical Realism and the Rise of China," *European Journal of International Relations*, Vol. 18, No. 1, 2012, pp. 53 – 75.

③ [美]约瑟夫·奈:《一种新型的大国关系》,《第一财经日报》2013年3月11日第A7版。

四

"新型大国关系"建设是一项长期而艰巨的任务，不仅涉及与当前霸权国美国的关系，也极大地受制于西方主导的国际秩序。西方国际关系中的现实主义对大国崛起保持极大的警惕，他们的关注点在于中国崛起是否会改变现行的国际秩序，并因而降低传统大国的收益。与此同时，古典现实主义者也认可国家的能动性。因此，国际社会极为关注中国提出的"新型大国关系"论述。

在政策层面上，从20世纪90年代已经开始，中国领导人已经探索"新型国家关系"建设，典型的表现是中俄关系，中国从冷战时代的新型关系探索中学习到经验，即国家的制度并不能保证、也不必然妨碍建立一种新关系。在全球金融危机背景和中国经济实力快速提升背景下，中国将过去"新型国家关系"的话语转变为"新型大国关系"。这种转变首先起源于对"大国"的不同认识，中国继20世纪70年代成为国际社会认可的政治大国之后，通过改革开放获得了经济大国地位。随着中国朝着大国的征程日益迈进，西方国际政治理论和相关政策讨论中反复出现大国争霸的悲观论，为避免走历史的老路，中国提出要在大国之间建立一种新型关系。

中国政府表示"互利共赢"是"新型大国关系"的核心，但进一步考察之后可以发现这种核心所蕴含的外交新理念是"共同发展"。通过融入开放性世界经济，在人均收入还不太高的情况下，中国取得了经济大国地位，这一特性不同于西方意义上的大国，由于极大地依赖外部环境来获得全面协调可持续发展，中国希望通过"新型大国关系"建设进一步保障这种外部环境。中国希望新型关系是一种建立在利益共同体基础上的关系，是各国共同发展的新关系。

二

国别视角下的
新型大国关系

中国新领导与中国对外政策和中美关系前景

时殷弘[*]

两类基本两难与八项基本挑战

中国现在有了开场表现杰出和饶有特征的新一代领导,他们掌握与先前多年相比大大增强了的中国国力,但同时处于几乎远不那么有利的和越来越复杂的国际战略和外交环境。

在中国的对外政策决策和实施中,存在两类持久的和结构性的内在紧张或两难,那就是(1)不同类的国家战略需要互相间常见的抵牾或两难,特别是国家军事/经济战略需要 vs. 国家外交战略需要;(2)然而,甚至比这更重要和更难办的是另一类更基本的抵牾和两难,即国家战略需要本身 vs. 种种国内制约和国外刺激。

中国尚未形成不仅被拟定出而且经过较持久实验的对外大战略,以致能够对下列基本问题做出哪怕是很粗略的回答:如何对待急剧增长了的国力和急剧增长了的"大众民族主义"以及其他复杂的国内有关力量?如何对待美国,特别是与美国之间愈益广泛、深刻和显著的军事/战略对立或竞争?目前,中国对前者(军事对立)大致只有在中国国内大力加强和加速军力建设一途,而对后者(战略竞争)仍在多个方面基本乏力,

---

[*] 时殷弘,中国人民大学国际关系学院学术委员会主任、中国人民大学美国研究中心主任、教授。

作为短少。与之密切相关，如何对待亚洲邻国，特别是与它们的愈益突出和尖锐的海洋领土和海洋权益争端，并且一方面能够强有力地推进实现中国的主权存在、合法权益和民族愿望，另一方面使得非常强劲和持续地崛起的巨型中国能在战略和外交领域成为对邻国来说可以接受的？

还有，鉴于中国军事权势投射能力的经久急速建设和中国海外经济存在的极有力扩展，它们的综合效应怎样？因而，如何在尽可能大的程度上防止或制止"中国军事威胁论"的严重加剧，并且转化为非常顶真的对华军事/战略竞赛？或者说，如何争取将下列两者较为平衡起来，即中国人民大大增强中国军力和战略性军事活动范围的强烈愿望与中国复杂的战略性外交需要？如何应对中国愈益广泛巨大的海外经济存在、经济势力与当地社会和国家的日益复杂的关系，后者在文化、社会和宗教等最基本方面一般是中国人很不熟悉的，如何避免古今中外屡见不鲜的"被迫或被逼的帝国主义"，那开始于用武力或其他强制手段保护天经地义的合法的域外海外自身利益？如何贡献于"全球治理"而不损伤"中国治理"？还有，如何对待"电子通信世界""非政府组织世界（'全球公民社会'世界）"和各种各样的"软实力"问题？

有一个近期甚而中长期的关键问题：如何"着眼大局，管控风险，经略周边"？又如何使新近得到着意应用的"底线思维"下的"近底线操作"不急剧增大风险和令风险突破控制？换言之，如何对待——借用军事类比——"战区作战方式"与更广大的战略/政治目的之间的两难？

用于预测的两大参照

有两大用于预测中国对外政策前景的参照，其中一个真正的大，另一个较小，但更有直接的或当下的适切性。

胡锦涛前总书记十八大报告的对外政策部分反映了对较长期的国家战略需要的战略意识（和平发展、互利共赢、睦邻政策），考虑到当前的主要外部政治/战略环境就尤其如此。与此同时，报告其他部分包含的"海洋强国"目的宣告、捍卫中国领土主权和海洋权益的决心宣告、继续大力加速业已急剧的军力建设的方向宣告部分地反映了上述国内制约，与此同时美国的战略/外交"再平衡"、日本非法的钓鱼岛"国有化"和南海争端等代表了上述国外刺激。

在较小的参照中间,特别可以注意到党的十八大以后的相关的主要事态,即(1)习近平总书记兼主席屡屡宣示"中华民族伟大复兴"主题,或用中央正式概括和频繁宣讲的话语说"中国梦"主题;(2)关于军队头号使命和军力发展之直接目的首要军事原则有所变化,从"打赢高技术信息化条件下的局部战争"变为目前较简单但更全面也更有力的"能打仗,能打胜仗";(3)关于军力跃升的官方报道在十八大前后的好几个月里空前频繁,不断宣告中国先进武器系统和军事技术的突破性成就,宣告武装部队实际战力的重大增进;(4)中国对与个别邻国(特别是日本及菲律宾)的海洋领土和海洋权益争端的态势更加强硬,迫不得已时不惜武装较量的意向近乎显著昭彰;(5)多半由于媒体舆论的作用,在习近平主席首次出访期间和在博鳌论坛上的非常重要的演讲以前,中国在某种程度上引人注目地较少着力重申和平发展原则,那是过去多年一贯反复强调的。

中国对外政策的根本问题

中国对外政策的势将经久的根本问题在于,如何在不同类的国家战略需要之间"敲出"一个艰难的平衡?还有特别是如何使国家战略需要克服国内制约和国外刺激?这将是中国新领导在对美和对周边邻国的政策上面对的主要挑战。

这挑战已经尖锐,但回应依然准备不足,且远非整合。

关于争取中美"新型大国关系"

就争取中美"新型大国关系",首先需要分辨其中理应包含的最基本的概念内涵:我们考虑或设想的是何种新型大国关系?它会有多"新"?它能有多大真实的可能性或现实性?还有,如果它要成为很可能的,那么中美双方根本上应当做什么,或采取何种根本立场?

就此,不要忘记寻常经验性的一点:不那么非常新颖的能够是较易追求甚或较易实现的,换言之较为可行的。

与此相关，应当吸取中美双方前几年的一个重要教训——主要由于美方的倡导和反复宣扬而来的教训，即将较抽象甚或浪漫的哲学化的"建立战略互信"当作对待中美关系问题的中心概念，从而至少有损于更多地集中关注尊重对方的具体的紧要利益和紧要关切，更切实地磋商和处理具体的重大歧异和重大抵牾。

在此，应当非常认真地设想如下中美"新型大国关系"前景，它从"现实政治"的视野来看较为传统，因而较有可能实现，虽然它与侧重于别种范式的"新型大国关系"相比多少不那么新颖。

这前景就是，在一个根本前提——巨型中国的和平腾升在未来仍将长久持续——之下，美国将认真得多地考虑中国不但在经济甚而金融世界也在外交甚而战略世界的一流地位，并且可能在不太长的历史时段内最终采取一种和平的"最终解决"。这将要求均衡地理解不同的功能领域和地理区域内的不同的实力对比和影响力对比，并且采取一种"选择性优势"而非全面优势、"优势分配"而非优势垄断理念。

这不仅意味着美国接受中国未来可能在国内生产总值、对外贸易总量和在亚洲的外交/经济影响这几大方面的领先地位，还接受中美之间互相的战略威慑——既在核威慑也在常规威慑方面——连同作为相邻两强的和平并存，它们由某些军备控制和地缘战略利益互认互尊协议得到正式规制。这将包括中国在本国近岸海区或洋区拥有对美军事边际优势（以台湾东部海岸外邻近海域为大致的战略"分界线"），并且意味着台海两岸和平的或基本和平的重新统一；这也将包括中国在西太平洋的一个非同小可的洋域"战略空间"，并且相应地规制美国在东北亚的同盟体系（特别是美日同盟），使之不那么军事化，不那么以中国为钳制和对抗目标。

与此同时，美国在中国的接受下，将保持它在世界的总的军事优势和（特别地说）在冲绳和关岛以东的西太平洋东部及中太平洋的军事优势。美国还将确信，中国将坚持排除用战争作为工具去解决与邻国之间的重大争端，如果邻国也这么做，从而保证美国的两项紧要利益——亚太的基本和平和美国亚太盟国的安全。与此同时，美国在中国的接受下，还将拥有在某些地理区域的相对于中国的外交优势。在世界金融和安全的体制性安排中，中美两大国的正式影响或权势的分配将大致符合这两大国在相关功能领域内各自拥有的实力和各自做出的贡献，这在其他之外，意味着中国的贡献必须相应于中国增长的实力而增进。这一切将使中美之间的权势分享、密切协商和合作成为必要和必然，也将要求（1）美国接受一个和平和建设性的中国为世界强国（World Power）；（2）中国尊重美国作为一个世界强国（或许仍是头号世界强国）的紧要利益和正当国际关切。

如何争取中美"新型大国关系"

为了争取基于"选择性优势"或"优势分配"理念的、中美之间作为两大强国的和平的"最终解决"，中美两国的政治领导或最高决策者（尤其是中国方面的）应当改变过去数年在彼此间交往中常有的几种外交国务做法，即少索取少给予、少索取不给予甚或（在美国方面较多见）多索取不给予，改而尽可能排除国内外多种干扰，积极尝试践行战略性的多索取多给予（big gives and big takes），那是历史上强国之间要达成颇长历史时期内基本稳定的"最终解决"就多半要采取的。

这样的战略性尝试当然有其限度，即不仅不倾覆本国的真正的核心利益为限，并且获得国内各主要力量的大致允许或基本支持，连同国外相关的紧要盟国或友国的起码接受或"首肯"，以防国内外的往往强有力的制约性力量消极抵制或积极损坏两大强国的有关磋商和安排尝试。还必须指出，这"最终解决"少有可能是某种战略性的一蹴而就的结果，但也不可能通过完全累积性的许多零碎安排去实现。

最后，某种意义上也最重要，中国必须持之以恒地以坚决有力而不失审慎的"战略推压"（或者说以不急剧冲击或突破对方紧要利益底线的、伸缩不定但以伸为主的"逐渐进逼"）步步迫使和劝使美国退让，从而经一段历史时期去实现上面所说的和平的"最终解决"。有中国最高领导的正确的战略操作，有中国人民的经久理解和拥护，有中国军队和其他"战略部门"的忠诚贯彻，有中国强劲增长的经济和军事实力的根本支持，这样的国家大目标就较有可能实现。

另一种可能的中美大国关系

然而，必须指出中美大国关系的另一种可能前景——不祥的或甚为危险的前景。如果鉴于目前的形势，并且假设今后缺乏很大力度和甚为经久的争取两国间"新型大国关系"的多种努力，那么它大概较易成为未来的现实。

中美之间的大国"结构性对立"正在变得更为广泛、深刻和显著。特别是，中国经久持续的急速军力建设（尤其是经海洋、空中甚而外层空间的战略力量投射能力建设）正在愈益成为美国的战略精英甚而颇大部分美国公众的显要忧惧。另一方面，美国的地缘战略"再平衡"，加上因为减抑人员伤亡、减少军事开支和应对更大"威胁"的强制性必需而力度加剧的"军事革命"（诸如"海空一体战"之类），再加上美国经非常积极和灵巧的努力在中国周边的外交竞争得益和地缘政治添乱，已经使中国远更不满美国及其战略伙伴，更加决心加速推进自身的军力建设和军事反制努力，并且新近以来考虑在东亚对美国的某些战略盟友或伙伴作武装较量。自多年前的里根政府以来，美国一直决心维持无可置疑的军事优势，将它视作美国作为超级强国的最重要战略资产，同时反复证明在它认为必要和可行时不惜发动武力干涉甚而战争。反之，中国近20年来为了自身的国家安全、民族自尊、发展权利和呼应国内要求，始终决心军事现当代化和拥有战胜能力。中美之间的这一最根本矛盾当然并非没有可能破坏未来的中美关系。争取中美"新型大国关系"很大程度上正是为了阻绝这一可能性。另一方面，也是出于能够进行"底线思维"的要求，中国要有应对这可能性不幸转变为现实的心理准备甚或战略准备。

中美新型大国关系的动力、
前景与中国的应对

周方银[*]

中美关系是世界上最重要、最复杂的双边关系之一。中美关系的发展方向，对未来的世界面貌会产生深远影响。在当前国际格局的转型期，寻求中美关系的稳定定位，规划中美关系的长期走向，具有重要意义。建设中美新型大国关系，是一个符合时代潮流以及中美两国根本利益的主张。在未来一个时期，进一步明确新型大国关系的内涵，通过具体的努力把新型大国关系做到实处，使之能够较为稳定地向前推进，并在这个过程中，改善中国崛起和发展的外部环境，是中国外交的一个重要的努力方向。

一 新型大国关系的性质和内涵

中美新型大国关系建设面临的第一个问题是，新型大国关系的含义是什么？新型大国关系"新"在哪里？这是新型大国关系建设过程中，从理论和实践层面都需要加以回答的问题。如果这个问题不能得到比较清晰和有效的界定，那么当有人说中美新型大国关系建成取得成功或者不太成功时，都无法获得有效的评判，因为人们不知道新型大国关系到

---

[*] 周方银，教授，广东战略国际研究院周边战略研究室主任、太平洋岛国战略研究中心主任，《战略决策研究》执行主编。

底指什么,从而无法获得成功与否的评判标准。

对于中美新型大国关系的性质,可以分别从否定性的方面和肯定性的方面来加以界定。

1. 否定性方面的界定

这是通过说明中美新型大国关系不是什么,来缩小新型大国关系的范围,从而使新型大国关系的外延得到一定程度的明确化。

从字面上说,"新型"意味着它不是"传统的",意味着它与过去的大国关系有所不同。它一方面意味着未来的中美关系不同于人们理解的传统大国关系,同时,作为这一推论的派生观点,① 它意味着未来中美之间可能发生的权势转移也不同于传统的权势转移。②

由于传统所必然具有的丰富性和多样性,以及人们不可能完全割裂历史和现实,并在此基础上构建出全新的事物。从这个意义上说,"新"不意味着对传统大国关系的全面和彻底的否定,而是对历史上的大国关系的一种有选择的否定和扬弃,即否定传统大国关系中一些明显不可取的方面,而对一些好的方面加以发扬和提升,从而赋予中美关系以新的面貌。

新型大国关系的提出,表明了一种希望和期待:未来的中美关系不同于历史上大国以极端激烈的方式争夺世界霸权或国际体系中的一些根本性权力的关系,它意味着中国不同于历史上"二战"时期的德国、日本,中美关系也不同于冷战时期的美苏关系,中国不会以极度自私和十分粗暴的方式争夺世界霸权,不会以极具破坏性的方式颠覆整个国际体系的根基。

---

① "传统"的含义是什么,其实并不是十分清晰。在一般的意义上,传统的大国关系涵盖的范围可能指 1648 年以来(或拿破仑战争以来到 1991 年冷战结束之间的大国关系)。这样的大国关系具有浓厚的现实主义因素,认为国家追求用权力界定的利益,武力的竞争经常是一个最后的、压倒性的因素。这种观点的极致,则体现在进攻现实主义的主张中,认为国际体系中没有维持现状的国家,大国很少对眼前的权力分配感到心满意足,整个世界充斥着永久的大国竞争,因此,大国政治会陷入一种宿命的悲剧。但其实,也只是传统的大国关系的一部分,传统其实有自身的丰富性。参见汉斯·摩根索《国家间政治(权力斗争与和平)》,徐昕等译,北京大学出版社 2007 年版;约翰·米尔斯海默:《大国政治的悲剧》,王义桅、唐小松译,上海人民出版社 2003 年版。

② 关于权势转移,可以参考 Ronald L. Tammen et al., *Power Transitions: Strategies for the 21st Century*, New York: Chatham House Publishers, 2000; Steve Chan, *China, the U.S., and the Power-Transition Theory: A Critique*, Abingdon: Routledge, 2008; 以及 Robert Gilpin, *War and Change in World Politics*, Cambridge: Cambridge University Press, 1981。

中美之间如果发生权力转移的话，它会以一种相对和平的方式进行。新型大国关系也意味着，不管中美权势转移在什么阶段，中美都将以比较积极的方式与其他大国和国际社会的其他成员分享体系中的权力和利益。

中美都是亚太国家，新型大国关系的效应会最直接地体现在亚太地区。如果中美关系仍然沿用传统模式，那么，最终的结果必然是中美在亚太地区划分各自的势力范围。两个相互对立势力范围的存在，会造成两者相互强化的效果，其演化的效应，将把中美关系进一步锁定在传统大国关系的路径上。新型大国关系，意味着亚太地区将不会出现被划分为相互敌对的势力范围的局面。

近几年来，虽然美国通过"重返亚太"和"再平衡"战略，强化其在亚太地区的军事存在，努力发挥传统安全盟友的作用，进一步强化双边军事同盟关系，并谋求发展与印度、印度尼西亚、越南等国的伙伴关系。[1] 但中国并没有采取明显的与之针锋相对的做法。虽然中国在维护自身主权和安全利益上立场十分坚定，但并无在周边地区建立势力范围的意图和举措。划分势力范围的做法，不符合中国独立自主的和平外交政策的基本原则和理念，不是中国外交追求的目标。如果在中美互动的过程中，美国越来越多地接受中国的外交理念，就可以避免在东亚地区出现两个大国势力范围相互竞争局面的出现。最终形成这样一种状态，即在亚太地区没有势力范围，东亚地区未来也不成为任何一个大国的势力范围。在这样一种思想认识下，中美可以共同寻找和建立与势力范围不同的能持续地支撑起地区架构的地区安全安排。

另一方面，新型大国关系也不是传统欧洲大国关系中司空见惯的联盟关系。自"二战"以后，美国与其盟国总体上形成一种不平等的、美国在其中居于主导地位的关系。[2] 中国不管今后实力地位如何变化，都会

---

[1] 参考吴心伯《论奥巴马政府的亚太战略》，《国际问题研究》2012年第2期。

[2] 关于美国与其盟国的不平等关系的讨论，可以参考 David Lake, *Hierarchy in International Relations*, Ithaca and London: Cornell University Press, 2009; Victor D. Cha, "Powerplay: Origins of the U. S. Alliance System in Asia", *International Security*, Vol. 34, No. 3, Winter 2009/10, pp. 158 – 196; Yuen Foong Khong, "The American Tributary System", *The Chinese Journal of International Politics*, Vol. 6, 2013, 1 – 47. 孙学峰：《东亚准无政府体系与中国的东亚安全政策》，《外交评论》2011年第6期。

努力坚持外交政策的自主性,不会以成为美国小伙伴的方式寻求中美关系的稳定。而且,这样的联盟关系,也不是"新型"关系。

从否定性的角度来说,新型大国关系的提出,是对中美双方行动范围的缩小和限定。如果随着新型大国关系的建设,在中美之间以及国际社会中形成一种对于双方合作范围与竞争方式的普遍预期,它将对中美双方产生现实的约束力,这在客观上产生的效果,将有效地缩小中美行为的选择集,使中美双方的行为具有更高的稳定性和可预期性,这样一种具有可预期性的关系,即使它仍然包含竞争性的内容,也会带来双方利益的重要改善。

2. 肯定性方面的界定

从肯定性的角度,我们认为,作为不同于传统大国关系的新型大国关系,它应具有以下几个方面的特征:

首先,它是实现中美关系稳定发展的关系。这里的稳定,是一种战略意义上的、全局的、长期持续的稳定,而不是作为权宜之计的、基础并不稳固的稳定。实现这样一种稳定关系的重要前提是,中美互相尊重对方的核心利益和重大关切,中美分别明确对方的底线,并且不再试图轻易去测试或挑战这一底线。是一种在"相互尊重"前提下的"不冲突不对抗"的关系。

稳定不仅表现在行为上,它也需要心理的观念的基础,需要双方从心理和观念的层面,对对方的行为方式和行为逻辑形成稳定和一致的认识。在这样一种稳定局面下,美国的行为将使中国不断"再现"对美方的既有认知和预期,中国的行为,也使美方不断确认和再现对中国的既有认知和预期。这一一致性的存在,可以确保中美任一方没有轻易从现状偏离的动机。从而以一种自我实施的方式制约参与人的策略互动。其积极的方面在于,即使这一路径的均衡一开始是脆弱的,也能得到较长时期的维系,并在这个过程中逐渐提升双方的信心,减小其脆弱性。比如,如果中国相信,美国会在重大问题上保持战略克制,不会过分挤压中国的战略空间,而美国的行为也与中国的这一预期保持一致,这就实现了认知与行为的一致性,使新型大国关系的稳定性得到巩固和强化。

其次,中美在具体的政策层面实现一定的协调。包括对地区安全、地区经济机制、亚太地区秩序的架构、中美关系的宏观结构等重要政策议题在政策层面保持协调。如果无法实现具有较大涵盖范围的政策协调，中美关系只是保持一种冷战或僵持性质的稳定，保持一种恐怖平衡的状态，则是一种消极意义上的稳定，并不是新型大国关系。

最后，新型大国关系意味着，在中美权势转移过程中，不发生大规模军事冲突，也不陷入高度对立的冷战状态。中美之间的权势转移过程还有很大不确定性，它可能会经历几十年时间，其间还会出现实力对比变化的反复和波动。即使发生不同性质的起伏波动，中美关系仍能保持总体和平的态势，合作依然是中美关系中的一个重要方面和关键特征，这是新型大国关系的一个重要要求。

在战略稳定的基础上，如果能够实现中美在重大利益上的"合作共赢"，则是对新型大国关系的进一步提升。十八大报告指出，"合作共赢，就是要倡导人类命运共同体意识，在追求本国利益时兼顾他国合理关切，在谋求本国发展中促进各国共同发展，建立更加平等均衡的新型全球发展伙伴关系，同舟共济，权责共担，增进人类共同利益"。合作共赢，可以只是利益层面，也可以是进一步扩展到观念层面，乃至于身份认同层面。如果在中美关系发展的过程中，双方在身份关系上发生积极的转化，则可以从长期的角度，为新型大国关系建设注入更深层的动力。

新型大国关系是一种既存在一定战略竞争，双边关系又能平稳发展，双方能在一定范围内实现平稳合作的关系。如果没有战略竞争，就不需要新型关系；如果在战略竞争的背景下不能实现稳定合作，双边关系被战略竞争单方面主导，那形成的就不是新型关系。某种程度上，它是一种战略竞争的负面作用受到有效抑制，[①] 并在这个过程中，向双边关系逐步注入一些具有和好性质内容的关系。[②] 如十八大报告所言，它是一种"拓宽合作领域，妥善处理分歧"的关系。

新型大国关系，是中美两国在制度建设和行为模式方面的努力，以

---

① 这种抑制可能是建立在威慑和具有强大防御能力，以及双方都认为两败俱伤的结果代价太大、不可接受等纯粹理性计算的基础之上。

② 这里的重点在于需要"有"和好的因素，且这样的因素即使在其脆弱的时期，也会顽强地存在并发挥作用，从而具有潜在的旺盛生命力。而不在和好因素每时每刻所达到的程度有多么高，特别是，它并不需要达到安全共同体的程度。

解决双边关系中存在的一些会反复出现的问题，它的功能是以对中美双方来说都相对较小的代价来处理和管控双边关系中的战略分歧和竞争性因素，并扩大双边关系中的合作与积极因素。

从总体上说，新型大国关系是一种在中美特殊实力关系下，中美之间形成的一种稳定和彼此都能接受的、既合作又竞争、但竞争处于可控和有效管理状态下的关系。① 它既是中美双方主观努力的结果，也是中美之间实力对比、利益结构等多方面因素的客观产物。它是在现实利益基础上的一种关系建构，是在中美实力不断接近过程中，对双边关系进行符合中美双方利益的有效管理的结果。

二 中美新型大国关系建设的背景与动力机制

新型大国关系建设的动力问题涉及的是，什么力量会具体地去推动它的建设。更具体地说，中美在什么情况下有积极性去建设新型大国关系，在什么情况下，它们没有这样做的积极性以及与此相关的积极性的大小。

从现实角度，很难要求中美两国出于一种远大的理想和利他主义的动机来建设新型大国关系。国际体系的无政府状态决定了在中美之上没有更高级的权威和强制力量迫使中美建设新型大国关系。因此，新型大国关系的动力必须内生地来自中美两国，它的建设，从过程到结果，都需是自我维系和自我实施的。新型大国关系如果能够建成，将是中美两国出于明智的自利动机，理性选择的结果，是中美博弈过程中实现的具有内在稳定性的纳什均衡，只有如此，新型大国关系才是稳定和可预期，

---

① 从这个角度来说，如果在中美崛起的过程中，中美在战略领域的竞争，主要以"软制衡"的方式进行，而不是采取硬性"制衡"的做法，那也属于新型大国关系的范畴，毕竟，双边关系没有走入恶性斗争的轨道。关于软制衡，可以参考 Robert Pape, "Soft Balancing against the United States," *International Security* 30, No. 1, 2005: 7 – 45; T. V. Paul, "Soft Balancing in the Age of U. S. Primacy," *International Security* 30, No. 1, 2005: 46 – 71; Kai He, "Undermining Adversaries: Unipolarity, Threat Perception, and Negative Balancing Strategies after the Cold War," *Security Studies*, Vol. 22, No. 2 (2012), pp. 154 – 191。

并在理性上有说服力的。

新型大国关系并不只是中国政府主观意愿的产物,而是有其颇为深厚的时代和现实利益基础。这主要体现在以下几个方面:

首先,"二战"后,由于核武器的出现、民族主义的普遍兴起、主权规范的深化、经济相互依赖的深入发展等多方面的因素,国际政治中出现了一种大国相互间的战争变得异常稀少的情况,某种意义上,国际体系进入了一种大国无战争的状态。[1] 在这一时代背景下,大国之间发生决定性战争的可能性变得非常小。[2] 崛起国与霸权国很可能不再通过大国争霸战争的方式实现权势转移,但如何以其他方式来实现权势转移则还是一个未知数。大国无战争导致的一个重要后果是,大国之间的权力竞争会以相对和平的方式进行。这导致实力处于消长过程中的大国关系如中美关系出现新的变化与特征。中国总体上试图以和平方式崛起,与这个时代背景具有很大一致性。新型大国关系的建立,也是这一新的约束条件下的产物。

其次,是全球化的发展。当前的全球化,是政治、经济、科技、文化等多方面的全方位的全球化,而不仅仅是经济的全球化。全球化是对大国之间壁垒分明的阵营对立的否定,它使不同层面的大国关系不再呈现敌友分明的清晰态势,而呈纵横交错的模糊状态。由全球化提出的全球治理问题,对新型大国关系提出具有引导性质的规定。全球化的深入发展,使每一个国家的生存和发展与整个世界的发展息息相关,它将各国利益更加紧密地缠绕在一起。世界主要大国之间普遍建立深入的经济贸易合作关系,相互之间你中有我、我中有你。新型大国关系的主张契合了全球化的发展方向,是一种在当前具有合法性和时代合理性的政策主张。

具体到中美,双方形成了一种深度的经济相互依赖关系。即使在美

---

[1] 关于大国无战争问题,参考 John Mueller, "War Has Almost Ceased to Exist: An Assessment," *Political Science Quarterly*, Vol. 124, No. 2, 2009, pp. 297 – 321; Raimo Vayrynen, ed., *The Waning of Major War: Theories and Debates* (Routledge, 2006)。杨原:《大国无战争时代霸权国与崛起国权力竞争的主要机制》,《当代亚太》2011 年第 6 期。

[2] Randell L. Schweller, "Rational Theory for a Bygone Era," *Security Studies*, Vol. 20, No. 3, 2011, pp. 460 – 468.

国"重返亚太"、中美关系具有一定竞争的背景下,中美贸易依然保持了增长的势头。2012年中国和美国双边贸易总额为4847亿美元,同比增长了8.5%。其中,中国对美国出口3518亿美元,同比上升8.4%;自美国进口1329亿美元,同比上升8.8%;① 中国是美国的第三大出口市场和第一大进口来源地,美国是中国第一大出口市场和第三大进口来源地(2011年,美国是中国的第二大出口市场和第六大进口来源地)。② 中美经济联系进一步呈加深之势。中国经济增长与美国人民的生计之间的关系十分紧密。当中美之间的竞争更多地集中在政治、安全领域,而不波及经济时,美国的对华政策具有较大的自主性。当中美关系的破坏性后果比较明显地波及经济领域时,美国国内将会产生回调的压力。虽然从战略和政治的层面,中美经济关系的发展并不令美国十分满意,但中美贸易—金融关系的破坏,会使美国失去重要的出口市场,影响美国的经济增长,甚至可能进而导致政治和社会不稳定,这是一个十分现实的政策约束因素。

对美国来说,一个颇为尴尬的现象是,即使在美国试图迟滞中国发展,阻碍中国影响力上升,并对中国施加较为强大的战略压力的时候,美国与中国的经济联系仍然继续加深。中美双方在30多年关系的发展过程中,以并非有意地方式,已建立起一种双方无法回避、在未来相当长时期内也无法解脱的深度相互依赖关系,这一相互依赖关系为双方都带来了重大利益,并在很大程度上限定了双边关系的现实发展路径。③

---

① 参考商务部网站国别报告,http://images.mofcom.gov.cn/www/201304/20130418103856222.pdf。
② 参见 CIA: World Factbook, https://www.cia.gov/library/publications/the-world-factbook/fields/2050.html#ch。
③ 如果美国试图强行在一个短时期内打破这一关系,不仅会给双方造成难以承受的重大损失,也会严重冲击整个国际经济体系的稳定性,这意味着美国的做法难以得到国际社会的有力支持。如果美国政府是理性的,那么这种做法就不可能成为现实的政策。有人说中美之间建立起一种"金融恐怖平衡"的关系,这种关系的难以打破、难以替代的性质,应该是其多少令人感到有些"恐怖"的地方吧。关于中美金融依赖关系及其在政治上的作用,可以参考 Daniel W. Drezner, "Bad Debts: Assessing China's Financial Influence in Great Power Politics," *International Security*, Vol. 34, No. 2, Fall 2009, pp. 7–45。

最后，在东亚地区，随着中国的经济崛起，逐渐形成一种地区经济关系与安全关系相互分离的二元格局。这一二元格局表现为，一方面，美国在东亚地区的联盟体系，阻碍了均势机制在东亚发挥作用，即使大国实力对比发生了较大程度的变化，本地区的联盟结构依然未发生实质性变化。在"重返亚太"的背景下，美国在地区安全格局中的中心地位依然十分稳固，甚至有所强化。另一方面，中国与东亚地区国家的经济关系具有日益突出的重要性，中国表现出逐渐获得东亚地区经济中心地位的势头。① 东亚二元格局，以一种非常特殊的方式，把中国、美国以及其他东亚国家结合在一起，形成一个具有内在张力的整体。这使中美之间、中美与其他东亚国家之间的经济、安全等方面的利益关系，以十分复杂的方式交织缠绕在一起。从利益角度，地区安全中心与经济中心之间，一方面存在难以回避的竞争关系，另一方面由于相互利益卷入的深度，以及利益在地域上波及面的广度，两者之间需要维持一个最低水平以上的合作关系，这既是稳定中美关系的需要，也是保持地区局势平稳发展的需要。

以上几个方面的因素，从不同的角度为中美新型大国关系的建设提供了不同的动力。

同时，阻力也是动力的一种形式，它是阻碍新型大国关系建设的一种反向的动力，因此也需要加以考虑。

中美新型大国关系建设的阻力主要来自以下几个方面：

首先是中美权势转移的进程，以及美国对这一进程一定程度的抵触情绪。美国的全球霸主地位体现的不仅是在世界各国的力量排序中处于第一的地位。与全球霸主地位相对应的，是美国在现有体系中超出其实力占比的影响力，以及美国凭借自身的实力和影响力推动建立和维护的对美有利的国际秩序安排，通过这一安排，美国一方面获取实时的利益，

---

① 关于东亚二元格局的深入讨论，参考周方银《中国崛起、东亚格局变迁与东亚秩序的发展方式》，《当代亚太》2012年第5期。关于中国崛起对国际体系的影响，另可参考阎学通《世界权力中心转移与国际体系转变》，《当代亚太》2012年第6期。

另一方面保证其长期利益的实现。① 从自身利益出发，美国并不希望中美权势转移的进程以对中国有利的方式平稳进行。

其次，是对国际地位的竞争。在国际社会中，国家不仅追求经济、安全等方面的利益，还追求国际地位。国际地位是一种位置商品（positional good），它的价值通过不同国家之间的相对地位来体现。高的国际具有内在稀缺性，国际地位的竞争从而具有零和博弈的性质。② 当然，如果国际地位可以通过多个维度来体现，则可以在一定程度冲淡或减轻其零和性质。某种程度上，美国认为自身的世界霸主地位是全方位的，它十分在意其他国家对其国际地位造成的冲击。

此外，与国际体系中的权势转移相伴随的，往往是体系中利益分配方式的变化，这比较多地体现在国际体系中的规则和秩序安排上，虽然中国崛起会因为国际秩序安排、国际规则的变化给美国造成多大的利益损失现在还看不清楚，但对美国来说，发生这样一种转移的可能性，也是它不愿看到的。从这个角度来说，首先，美国总体上不希望中美之间发生权势转移，其次，即使这一权势转移由于内在力量的推动不可避免，美国也会努力迟滞它的来临，并试图采取预防性措施，降低它给美国带来的利益损失。

对美国来说，比较理想的情况是，一方面对中国的发展加以限制，另一方面，又能通过有效的制度安排和规则制定，持续地从亚洲这个最重要的增长中心汲取力量。一味打压中国的遏制政策，和一味与中国合作而放弃打压、防范与限制的接触政策，都不符合美国的国

---

① 关于霸权与体系制度安排、霸权国自身的利益的讨论，可以参考 Robert Gilpin, *War and Change in World Politics*; Robert O. Keohane and Joseph S. Nye Jr., *Power and Interdependence: World Politics in Transition*, Boston: Little Brown, 1977; Stephen G. Brooks, G. John Ikenberry, and William C. Wohlforth, "Don't Come Home, America: The Case against Retrenchment," *International Security*, Vol. 37, No. 3, Winter 2012/13, pp. 7–51。有学者认为，霸权特征之一是为国际体系提供"公共"或"集体"产品，参见 Charles P. Kindleberger, *The World in Depression*, 1929–1939, Berkeley: University of California Press, 1973。霸权国通过提供集体产品可以给予服从其领导的国家一定的利益，但这并不是必不可少的霸权特征，它取决于霸权国本身的意愿。

② William C. Wohlforth, "Unipolarity, Status Competition, and Great Power War", *World Politics*, 61, No. 1, January 2009, 28–57. Deborah Welch Larson and Alexei Shevchenko, "Status Seeker: Chinese and Russian Responses to U. S. Primacy", *International Security*, Vol. 34, No. 4, Spring 2010, pp. 63–95.

家利益，也不足以反映中美关系利益构成的复杂性。随着中美竞争的长期化，为避免自身国际地位从长期上相对恶化，美国持续从亚洲地区汲取力量变得更加重要，与中国进行一定程度的合作，是美国难以避免的政策选项。

从中国的角度来说，所追求的目标也不是完全让美国放弃对中国的防范（毕竟这不太现实），而是一方面夯实中美合作的基础，另一方面对中美关系中竞争的一面加以有效的限制和管理，[①] 避免中美关系中竞争性因素的影响蔓延到中美关系的广泛领域，避免对立因素的扩大化特别是全面化。如果这一努力获得成功，将使中美两国对双边关系的发展形成更稳定的预期，并产生更大的信心，而不是在推进合作方面不敢或不能有所作为。

除以上几方面的因素之外，中国的和平意愿，中国外交政策的性质，对新型大国关系的建设也是一个积极因素。当人们认为中美可以建设新型大国关系时，其基础应该是不仅立足于国际环境的变化。如果中美新型大国关系建设仅仅取决于时代背景与国际体系等外部环境因素，那意味着不仅是中美，而且任意两个大国在当前的背景下都可以轻易建成新型大国关系。显然，中美新型大国关系的背后，还有一个支撑性的因素，即除了外部环境以外，中美自身的特殊性质。由于美国迄今并未与其他大国建设出新型大国关系，因此，中国自身的特殊性就显得相对重要。

虽然中国的特殊性究竟在什么地方，一直以来并未得到充分有效的论述，但我们总体上认为中国具有自身的特殊性。从传统上看，中国即使在自身实力处于优势的情况下，往往也只追求相对有限的对外目标。对于古代以儒家文化为主导的中原王朝的这一特性，即使是敌对政权也有比较清晰的认识。这方面一个颇为典型的例子，是西夏开国皇帝李元昊的临终遗言。李元昊与北宋征战多年，他善用阴谋诡计，在外交和军事方面是一个高度的现实主义者。他在临终遗言中叮嘱其子李谅祚说，"异日力弱势衰，宜附中国，不可专从契丹。盖契丹残虐，中国仁慈。

---

① 这种管理是在双方各自坚守自身底线的前提下进行的，而不是以牺牲一方利益来成全另一方利益的方式来进行。

顺中国则子孙安宁,又得岁赐、官爵。若为契丹所胁,则吾国危矣。"[①]这里的中国即指北宋。显然,李元昊关注的重点,不是北宋与契丹(辽国)的实力问题,而是认为北宋与契丹在国家性质上存在实质性差异,即使李元昊曾与北宋进行了多年相当残酷的战争,[②] 他依然认为北宋是一个"仁慈"的国家。这一事实表明,即使在现实主义者眼中,国家也是存在性质差异的。[③] 我们需要对中国的外交传统进行更深入的反思,对它进行吸收和借鉴,使之对当前的时代和国际背景具有更大的适应性。

中美新型大国关系的建设如何发展,是往积极的方向发展,还是往消极的方向发展,主要取决于动力与阻力相互抵消后的效果,即中美关系中的边际力量,是往积极的方向推动,还是往消极的方向牵引。这个边际力量即使在每一个时期显得相对微小,随着时间的累积,也会使中美关系的发展路径产生越来越大的方向性差异。

从发展趋势看,中美实力差距的逐渐缩小,会产生两方面的效果,一是进一步加大美国对中国的担忧心理和采取行动的紧迫感;同时,它也增强了中国与美讨价还价的实力基础,使美国在采取强硬行动方面有所顾虑。在实力差距缩小的情况下,美国采取同样力度的施压政策,所产生的政策效果将会逐渐降低,这或许导致美国进一步加大压力,以实现既定的政策效果,但也可能推动美国的政策往克制的方向发展。如果在这个过程中,中美能实现一定程度的战略上的相互谅解、相互保证,相互采取一定的安抚和善意政策,在动力和阻力的效应大体相当的情况下,就可以产生比较重要的效果,随着时间的积累,这一政策的效应将得到放大,新型大国关系的基础也会逐渐得到夯实。

---

① 吴广成(撰),龚世俊等(校):《西夏书事校正》卷十九,甘肃文化出版社1995年版,第219页。

② 李元昊在位期间,西夏与北宋的战争,无论是战争次数和战争持续的时间,都明显超过西夏与辽国的战争。可以参考军事科学院主编《中国军事通史》之《第十二卷 北宋辽夏军事史》(冯东礼、毛元佑著),军事科学出版社1998年版。

③ 关于中国文化特点及其在外交上的体现,可以参考周方银《中国的世界秩序理念与国际责任》,《国际经济评论》2011年第3期。

三 中美新型大国关系建设的路径与中国的策略选择

过去40年的中美关系总体上是成功的，中美关系并没有走上要不可逆转地走向敌对的路径，未来的可能性是多方面的。中美新型大国关系建设得顺利与否，很大程度上取决于以下几方面的因素：

1. 中美权势转移的速度和方式

中美之间的权势转移，到目前为止，主要还只是发生在经济领域。而且，即使在经济领域，中国也只是在缩小与美国的距离，离中国经济实力与美国大体旗鼓相当乃至超越美国，还比较遥远。在这样一种态势下形成的东亚经济与安全领域的二元格局，客观上为中美权势转移提供了一个缓冲和过渡的阶段和状态，也为中美提供了比较大的战略周旋空间。

随着中美实力对比的发展变化越来越接近"权势转移"的关键阶段，对双边关系进行管理的需求与压力将呈增大之势。一旦经济领域的权势转移更加具有决定性，或者，与经济领域相似的权势转移过程在军事安全领域也比较快速地展开，中美之间因权势转移而引发的内在紧张就有可能升级。为此，中国需要掌握好其中的变化节奏，避免这一过程以十分意外的方式发生，而保持这一过程的稳步性和可预期性。在这个过程中，中美可以通过较为有效的意图阐释、认知调整、行为改变以及制度安排领域的一些创新，与这个实力对比的变化过程进行有效适应，从而使它以更为平稳和对双方更少伤害的方式进行。

由于当前中美实力对比的变化还处在早期阶段，因此，中美新型大国关系的考验还没有真正来临。当前在中国周边地区围绕南海、钓鱼岛等方面的领土领海主权权益的争议，是对新型大国关系的一个初步考验。如果中美关系能平稳地通过这一考验，则意味着新型大国关系具有了初步的稳定性，并能使人们对它的建设产生更大信心。

2. 东亚地区格局的影响与制约

由于中美权势转移首先和到目前为止主要在经济领域进行，这使这一转移过程具有了与历史上不同的较大的柔和性和灵活性。与此同时，中国在维护自身核心利益方面十分坚定，使美国及其盟国试图在这些方面取得实质性突破十分困难。今后一个时期，美国在军事安全领域的实力优势地位无法阻止中国在亚太地区经济影响力的上升，中国经济实力和影响力的上升并不能抵消美国在军事安全领域的优势。中美任何一方试图在亚太地区获取经济、安全两方面综合优势的努力，都面临来自另一方应对措施的反作用，从而导致其政策效果很大程度上被抵消。其结果，如果中美把政策重点放在实力竞争的方面，则在相当长的时期内，中美在不同领域实力僵持的局面将难以改变。

近几年来，美国虽然通过再平衡战略加大对中国的战略压力，在中国周边地区形成一种看似对美有利的战略态势，但这些做法并不能从根本上扭转中美力量对比的长期走势。随着时间推移，以及中国采取一定的反制措施，美国亚太战略将越来越难以实现美国的战略需求，其效用呈下降趋势。另一方面，虽然美国要在军事安全领域大幅扩大其在亚太地区的优势并不容易，但即使美国的优势地位并不扩大，甚至有所减小，美在军事安全领域的优势地位依然不可动摇。因此，总体上说，即使有边际上的变化，东亚二元格局作为一种结构性的制约依然会保持稳定。

以相互竞争的逻辑，中美都无法打破东亚地区的二元格局。这样竞争僵局的存在，为中美建立新型大国关系提供了某种理性基础。从根本上说，在复杂利益结构的基础上，新型大国关系的建设，不会是中美之间不经过一定程度不同形式的较量，就积极主动相互示好的产物，这样的产物既不会轻易出现，从内在来说它也具有一定不稳定性。从现实上说，新型大国关系是中美一定程度上形成具有较强稳定性的战略僵持状态的结果，是中美任一方都无法实现自身理想意图的产物。没有美国霸权的相对衰落，以及美国对世界事务越来越力不从心的主观感受，以及中美对中国实力在未来比较长的时期将处于上升通道的战略预期，以及双方在这个过程中，逐步形成"中国在崛起后会保持比较高度的战略自我克制"这样一种判断，新型大国关系的建立对中美双方来说都将不可想象的。

3. 中美认识的汇聚

新型大国关系建设，从根本上说是中美如何在面临较为困难的战略竞争的局面下进行具有战略意义的合作的问题。这里的合作，在最基础的意义上,意味着利己主义者之间的互助行为。通过合作,中美双方都可以获得利益上的增量,这是中美之间的一种"给予我'我所需要'的,而你得到'你所需求'的"交换行为。① 从这个角度,中美需要以具有创造性的建设性态度明确双边关系中的一些有价值的交易点,并提出相对合理的合作解决方案,以此实现利益关系上的稳定平衡。

这样的合作,是自发性质的而非外力强制下的合作。为了使合作变得稳定,中美需要形成比较稳定的共同知识,这个共同知识意味着中国知道美国的偏好和战略(包括什么是美国可以接受的及其代价,什么是美国不能接受的),美国知道中国的偏好和战略(包括什么是中国可以接受的及其代价,什么是中国不能接受的),中国知道美国知道中国的偏好和战略,美国知道中国知道美国的偏好和战略,如此等等。这样一种稳定共同知识的形成,是中美一段时期博弈的产物,在美国较为集中地尝试了不同的具有现实性的对华政策,中国也尝试了对美政策的不同思路之后,辅以相对有效的双边沟通,中美的认知可能逐渐收敛和汇聚,这为新型大国关系所需要的最小共有知识集的形成奠定基础。② 如果没有比较稳定的共同知识,将造成中美关系比较明显的不稳定性。

4. 中美政策的推动

鉴于中美关系到目前为止所具有的内在脆弱性,新型大国关系建设的现实利益基础并不是十分坚实和深厚,它在很大程度上需要中美两国政府以较为连贯有力的政策加以配合。如果两国的政策不能实现相互配合,那么至少不要使双方关系的发展路径产生决定性的背离,使回到这一路径成为不可能。

从政策效用的角度来说,如果建设新型大国关系的动力和阻力相对平衡,则政策上的推动力可以起到影响和改变关系发展路径的效果;如果动力明显大于阻力,则政策推动是锦上添花,对关系的改善可以起到

---

① 当然,如果中美超越这种最基本的合作,而把合作本身理解为一种具有正当性的行为来追求,那将是一种更高层次的合作,但即使这样,合作仍然需要以最基本的利益关系为基础。参考何维·莫林《合作的微观经济学——一种博弈论的阐释》,童乙伦、梁碧译,格致出版社、上海三联书店、上海人民出版社 2011 年版,第 1 页。

② 对这一问题的讨论,可以参考 Norman Schofield, "Anarchy, Altruism and Cooperation: A Review," *Social Choice and Welfare*, Vol. 2, Issue. 3, 1985: 207 – 19。

加速作用；如果动力明显小于阻力，则政策推动不过是减缓中美关系的恶化速度。在动力与阻力大体相当的情况下，中美双方政策的作用最为明显，其长期效应具有相当的重要性。此时，如果政策不是有意去推动，反而对双边关系具有一定的破坏性作用，则会导致失去建立新型大国关系的时机。

中美新型大国关系既是战略僵持状态的结果，也是双方试图超越战略僵持状态而做出的政策努力的产物。僵局的价值在于，它可以为中美关系进一步的努力经常性地提供缓冲：如果中美新型大国关系的建设在某个阶段进展不顺利，则不过是退回僵局状态，并在这个过程中为中美关系的下一步发展积蓄能量。

中美之间的权势转移、中美行为模式的变化是渐进式的，新型大国关系的建设也将是渐进式的。它很难以戏剧性的方式在短期建成。在短期内以戏剧性方式建成的中美新型大国关系的基础也是不坚实的。即使新型大国关系建设初步走上良性轨道，由于其一开始所具有的脆弱性，因而不能认为它是不可逆转的。2009年美国总统奥巴马第一任期开始时中美关系的良好开局，很快为美国"重返亚太"的政策变化所替代，为此提供了一个鲜明的例子。在新型大国关系的发展过程中，它的稳定性会经受中美行为的测试和考验。新型大国关系的稳定意味着，即使发生微小的偏离，也会由于体系中内在的动力，而调整回来。在这个过程中，需要通过中美双方的政策努力，为之提供一定的动力。[1]

从当前的情况来说，中美关系的症结不在于机制的缺乏，而在于这些机制没有与之相称的内容来加以充实。在当前中美明显缺乏战略信任的情况下，采取一些既可解释为善意，也可解释为恶意的具有两面性的行为，很容易被对方把它的意图理解为是恶意的。为此，中美需要采取一些具有明确无误地展现善意的作用的行为。即使少量的这一性质的行为，对于稳定和改善双边关系也很有裨益。这方面较为明显的例子中美

---

[1] 即使在新型大国关系的框架下，中美两国仍然会试图追求对自身更有利的结果，这是一种很难改变的基本事实。此时，中美双方需要通过学习过程清晰地认知到，哪些事情是可以做的，哪些事情是不可以做的。如果这样，中美之间的竞争就不会动摇新型大国关系的整体框架。

2012 年举行的两次联合举行军事演习,① 这两次联合军事演习的实质性作用大小姑且不论,它的一个重要价值在于,人们可以从中解读出中美关系中存在着一些真实的积极因素,它们所发出的信息是明确无误的。

此外,中美需要通过共同的努力,规划出对双方来说都可接受的关于中美关系以及未来秩序的远景。如果无法提供这样的远景,中美政策努力的方向依然具有很大不确定性,人们依然不知道中美进行一定程度的战略协作是为了什么,两者之间的关系最终将走向何方。

5. 新型大国关系建设涉及中美之间的讨价还价过程

新型大国关系的一个重要含义,是中美双方通过这种形式的合作,都可以获得利益上的增量。中美新型大国关系建设的背后,涉及一个复杂的讨价还价过程,讨价还价的核心是美国愿意以什么样的价格实质性地接受中国的大国地位。

新型大国关系的建立,在中美实力不对等的情况下,内在地意味着美国对中国做出了比较重要的战略让步,或者至少美国决定对中国进行重要的和实质性的战略容忍。因为美国是全球霸主,唯一的超级大国,中美新型大国关系意味着美国变相接受中国具有与其大体对等的国际地位,这换句话说是承认美国在世界上独特地位某种程度的动摇或丧失。中美如果建立真正意义上的新型大国关系,在国际层面的含义是中国的崛起已基本成为事实。如果中美形成大体对等的大国地位,那么实际上美国已经做出了比较重大的让步,至少国际社会中的其他国家会这么看。

在新型大国关系的框架下,中美关系和平演化的结果,是随着中国实力的上升,中国在国际社会中的影响力进一步上升。从含义上说,新型大国关系必然是一个能够包容中国发展,从而为中国的发展和和平崛起提供空间的框架。如果美国以新型大国关系的方式承认中国的特殊大国地位,意味着美在政策上放弃以粗暴的方式打压或阻碍中国崛起,同意以和平和相对温和的方式在国际层面与中国展开合作与竞争。

这两方面的情况都意味着,如果中国不做出比较重大的让步,或者

---

① 包括中美海军 9 月在亚丁湾进行的联合反海盗演练,中美 12 月在成都联合举行的灾害影响军事演习。见 http://mil.news.sina.com.cn/2012-09-19/0914701399.html, http://mil.huanqiu.com/china/2012-12/3336588.html。

不给予美国比较重大的利益，美国很难对此真正乐见其成。美国必然十分关心能从新型大国关系中得到什么。如果中美相互不愿意或者无法提供对方满意的东西，那么，新型大国关系就可能成为空谈，双方会对此持观望与试探的态度，直到更有利的时机出现。对这个讨价还价过程，美国一方面不着急，会等待中国给出令其满意的价格，另一方面，随着时间的推移，以及与此相伴随的中国实力的持续上升，中国愿意付出的代价可能呈下降趋势，这会造成美国一定程度的内在焦虑，这构成美国立场中两难的地方。

从未来的趋势看，美国不得不与中国（以及其他一些新兴国家）分享权力，这是难以避免的战略走势。但在让中国分享什么权力，在什么时间、让中国分享多少等方面，美国必然斤斤计较，不会轻易相让。新型大国关系框架的稳定，需要使美国在这个框架下对中国实力和影响力的上升不至十分反感，这意味着中国需要对美国做出一定的战略安抚，使美国能够至少在一定程度上对中国实力的上升感到安心。未来一个时期，中美新型大国关系建设的顺利与否，很大程度上取决于中美博弈中的讨价还价过程。策略上说，中、美任一方都不应过分地追求对己有利的结果，"赢者通吃"的逻辑不利于双边关系的稳定。受双方欢迎、双方都能稳定地从中获得好处的结果才最能持久，而一方明显是赢家、另一方明显是输家的妥协是内在不稳定的。

在中美新型大国关系建设过程中，我们可以采取以下一些政策选择：

1. 未来5—10年，新型大国关系建设的进展，更多的是靠中美现实利益的约束和政治决断力的推动，而不是靠理念战胜现实利益，虽然理念也会发挥一定的作用，但不能带来具体现实利益的理念，最终很可能是苍白的。因此，我们需要更多地从现实利益的角度，为中美新型大国关系做一些基础性的工作。

新型大国关系的一个重要含义，是中美双方通过这种形式的合作，都可以获得利益上的增量。中美新型大国关系建设的背后，涉及一个复杂的讨价还价过程，讨价还价的核心是美国愿意以什么样的价格接受这个主张，并且有意愿在建设的过程中，不发生大幅度的偏离。中国既要通过一定的斗争，增大美国不建设新型大国关系的成本，也要通过适当的利益分配方式，增大美国建设新型大国关系的吸引力，让美国见到真实的利益，而不只是概念中的利益。

2. 新型大国关系的前景具有两面性。一方面，由于新型大国关系的每一步进展都有很强的现实利益考虑，因此，它每前进一步，都很不容易。另一方面，由于从宏观上说，它有符合中美两国以及国际社会整体利益的一面，要完全地否定它，也不大容易。这意味着，新型大国关系顺利地建设很难，其他国家要完全地破坏它，也不易。至少从10年、20年的尺度来看，是一个具有可持续性的概念。这可以为新型大国关系的建设提供时间空间和战略上的缓冲状态。我们不能因为一时半会没有取得进展而对它丧失信心。新型大国关系的建设本身符合中国的重大和长远利益，我们应在一定程度上加以推动。

3. 新型大国关系的建设在短期内难以取得重大成果，对此不应急于求成。急于求成反而会提高美国的胃口和价码，并不利于新型大国关系的建设。对于新型大国关系的建设，如果在心理上有太高的预期，反而会较快碰到现实挫折，这会挫伤建设新型大国关系的信心，导致欲速而不达的局面出现。我们应在原则上坚持新型大国关系提法的同时，在具体的行为上持相对审慎的态度，并适当地调低自身的预期。

4. 在新型大国关系建设中，应坚持以斗争求合作的策略。新型大国关系的建设和稳定，需要与美在某些领域进行比较坚定的斗争。不能让美形成一种预期：因为中国试图建立新型大国关系，因此对美方的一些无理和过分的做法不会做出强有力反击。中国对美国的不合理做法进行适度强硬的反击，在维护重要利益方面显示坚定性，有助于使美国以更为务实的态度处理中美关系，并对新型大国关系形成比较稳定、一致和切合实际的预期。斗争的目的，是为了让美国不敢轻易突破中国的底线，以维护我们的原则性利益；适度的妥协，是为了给中美关系提供一定的转圜之机，避免中美关系走上斗争螺旋式升级的轨道，最终导致两败俱伤的结果。在新型大国关系建设过程中，斗争与合作两方面的手段都不可少，不可偏废。

5. 从现实上说，中美关系中更大的难点在于军事安全领域，而不是经济领域。这意味着，仅仅扩大经济领域的合作，仅仅只是着力在经济领域寻找共同利益，并不足以为中美新型大国关系建设提供足够稳固的基础。中美需要在安全领域寻找合作空间，这既体现在中美安全关系上，也体现在中美共同为亚太地区提供稳定和可持续的安全架构，解决亚太地区面临的重要安全关切上。中美需要平衡经济与安全领域的合作，在安全领域采取更多建设性的行动。

6. 在推动建设新型大国关系过程中，应努力争取更多国际支持，这有助于提高这一主张在国际上的合法性和吸引力，在国际社会形成更大的支持力量。我们可以在亚太的一些地区机制内，推动对中美新型大国关系展开讨论，使之成为一个经常性的议题。逐渐在国际社会，培育对于新型大国关系更高程度的共识。

7. 新型大国关系建设的理论主张，可以与中国的传统文化、传统思维方式，以及中国历史上处理对外关系方面的历史经验相结合，这有助于增强这一主张的内涵深度和内容的丰富性，有助于提高这一主张的可信性和时间持久性。

四 结语

新型大国关系涉及中美相互定位的变化。中美对于各自在这一秩序中的未来定位是否能形成较为一致的预期，特别是是否愿意接受对方在地区秩序中的相应地位，是新型大国关系能否顺利发展的关键因素。中美实力对比的变化、中美政策互动的进程以及国际环境的演化，都会在一定程度上对其产生影响。

新型大国关系建设，将使中美双方相互对自身以及对方的行为目的、行为模式形成较为稳定的预期，使双边关系的发展方向具有更大的确定性和建设性。同时，它也会使亚太地区其他国家对中美关系的稳定具有更大的信心，从而为他们提供更大的战略与政策空间，也为地区合作的进一步深入发展提供更为良好的外部条件。这些因素相互作用的结果，将从根本上影响亚太地区秩序的整体结构和面貌。

不管是在全球层面，还是在地区层面，中美之间的课题不是传统的守成大国与新兴大国之间的关系问题，而是在新形势下，大国之间如何以和平的方式竞争，国际权力如何在和平的局面下进行交接和转移的问题。不过，新型大国关系不意味着在这一框架下，中美双方只能合作，不能竞争。合作与竞争是一种复杂交织的关系，中美可以在战略上合作，战术上竞争；或在战略上竞争，战术上合作，从理论上说，这都是可以想象的。新型大国关系只是意味着中美共同构建了一种在战略层面总体上具有合作性的关系，在这个大框架下，中美关系依然会保持其内在的丰富性和复杂性。

中美新型大国关系的建设，可能是一个先有远景，并逐渐填充内容的过程。从实质内容上说，新型大国关系有不同的层面，包括"就事论事"式的事务层面的新型大国关系，以及上升到对双边关系的认知和定位发生根本改变的关系层面的新型大国关系。这两者在一定程度上并行不悖。中美可以在这两个层面分别做出不同的努力，以渐进的方式协同地加以推进。在这个过程中，也可以让中国周边的一些国家逐渐从心理和行为上适应中美关系的变化。归根结底，我们要建设的是一种为周边邻国接受和欢迎，并能为他们带来实质利益的新型大国关系。

总体来说，新型大国关系具有重要的意义，但不可能一蹴而就地建成，它需要中美以及其他相关国家的共同努力，而且它有被意外事件、外部力量破坏的可能性。我们不能因为它的困难而松懈，而漫不经心。如果不去推动新型大国关系的建设，中美关系很可能在无意中滑入传统大国争霸的老路。我们需要有相互包容的、愿意做出战略和解的心态，并努力寻找和发现适当的时机，努力以代价相对较小、实际效果相对较好的方式，一点一点地向前推进，最终锁定中美关系的发展路径，为亚太地区创造一个光明和充满希望的未来。

亚太地缘政治新均衡与中美关系

赵明昊[*]

近年,由于中国实力快速增长、美国实施"亚太再平衡"战略等核心因素,亚太地缘政治格局正向一种新的均衡状态演进。地区国家面对中美竞合关系这一结构性挑战,大致出现两种典型的政策取向,即调和中美战略竞争与利用中美战略竞争。亚太地缘政治的新均衡还体现在印度洋与太平洋两大地缘政治板块互动的增强,以及亚太地区国家之间正因经济交往、安全合作等因素形成新的"权力网络"。在此背景下,中美两国均认识到构建新型大国关系首先要从亚太做起,特别是两国新领导层就任后有意识地调整各自对外战略、增强政策协调、拓展合作空间、把控潜在危机,管理以"竞争性共存"为基本性质的两国关系。[①] 然而,中美关系是影响亚太地区秩序的关键因素而非决定性因素,应对"经济靠中国、安全靠美国"的二元结构认知进行批判性反思,中美应共同促进建立包容的、公正的、开放的、以规则为基础的地区秩序。[②] 亚太地缘政治新均衡与中美关系之间的互动值得更加深入地思考。

---

[*] 赵明昊,中共中央对外联络部当代世界研究中心副研究员、亚太安全合作理事会(CSCAP)中国国家委员会委员。

① David Shambaugh, "Prospects for a 'New Type of Major Power Relationship'", the China-US Focus, March 7, 2013.

② Thomas Fingar, "China's Vision of World Order," *Strategic Asia* 2012 – 13, The National Bureau of Asian Research, 2012.

一 亚太地缘政治新均衡

当前和未来一个时期，亚太地缘政治正向一种新的均衡（equilibrium）演进，影响这一进程的三大核心因素包括：中国国家实力的快速增长及其对外战略取向，美国推进亚太再平衡战略，以及在前两项因素的促动下，日本、韩国、印度、澳大利亚等地区国家制定和实施自我版本的再平衡战略。

2008年金融危机发生后，中国仍保持快速增长，继续推进军事现代化建设，在国际事务中的影响力日益增强。[1] 从权力对比和外部认知两大维度观察，中国逐渐彰显一种"强中国"态势，并体现在其处理对外关系的诸多方面。[2] 在世界政治中成为强国绝非易事，权力的快速积聚常会带来"权力的困扰"，并在国家间关系层面引致"安全困境"。从中国近年周边外交看，无论是钓鱼岛问题，还是南中国海争端，纷至沓来的各类外交难题的背后，实际上都有一幅中国和外部世界正经历新的"权力相互适应"的大图景。[3]

不可否认的是，相对于近代以来长期积贫积弱的中国，一个经济繁荣、政治稳定、文化自信、军力日增的"强中国"给周边国家的政策心理带来一定程度的冲击。以中国为主要因素的地区安全问题凸显，一方面，中国维护和拓展自身利益的诉求、手段和实力不断增长；另一方面，地区国家对中国对外政策反应更加敏感。正如中国资深的亚洲问题专家张蕴岭教授所言，应对"强中国"成为很多地区国家的"准共识"，催生"准结盟"和"制华统一战线"的形成，中国主动构造周边环境的能力受到制约。[4]

---

[1] Ashley Tellis, "Uphill Challenges: China's Military Modernization and Asian Security," *Strategic Asia* 2012 – 2013, The National Bureau of Asian Research.

[2] Michael Swaine, "Perceptions of an Assertive China," *China Leadership Monitor*, No. 32, May 2010; Alastair Iain Johnston, "How New and Assertive is China's New Assertiveness?" *International Security*, Vol. 37, No. 4, Spring 2013.

[3] Zhao Minghao, "The Predicaments of Chinese Power," *The New York Times*, July 13, 2012.

[4] 张蕴岭：《中国周边环境的新变化与对策》，《思想战线》2012年第1期。

在有力制约和规范"中国崛起"等因素的考量下，奥巴马政府2009年上台后推进"亚太再平衡"战略。美国"亚太再平衡"战略旨在通过"重构"亚太地区的安全架构、经济体系和多边机制确保美国在该地区的绝对优势地位（primacy），从而促进美国经济繁荣和国力复苏，为美国在21世纪继续占据全球主导地位夯实基础。① 这一战略的核心内容是，着眼于"太平洋—印度洋"新两洋战略框架（原是"大西洋—太平洋"），推动亚太同盟体系由"毂辐模式"（hub-and-spoke system）转向"网状模式"（networked model），帮助提升盟国和伙伴的军事安全能力，扩展它们之间的联系，使之结成一个集体网络，能够迅速、有效地单独或联合展开行动，并大力推进兼顾防务、发展和民主的3D战略。② 应当说，美国的"亚太再平衡"并不是完全针对中国，更不必然是"遏制"（containment）和"围堵"（encirclement），它更多体现的是一种"防范"或曰"两面下注"（hedging）的目标。

虽然美国"亚太再平衡"战略并不以围堵中国为根本出发点，但这一战略在过去几年的实施过程中却出现四大缺陷。第一，虽然美国的"政策意图"未必是围堵中国，但其"政策态势"显露出过多的"反华""制华"取向，从而使该战略丧失了成功的根本要件——稳定、积极、合作的中美关系。第二，对自身承诺的"信誉度"是美国外交政策的一大考量，出于"安抚"亚太盟友和伙伴的考虑，美国过于高调地推销和渲染"亚太再平衡"战略，但往往口惠而实不至，这反而损害了美国的"信誉度"。第三，过于突出美国重返亚太的军事色彩，从而在相当程度上忽视或偏废了"亚太再平衡"中的经济发展等其他支柱。第四，偏离了美国在领土领海主权争端问题上长期坚持的"不采取立场"原则，国务卿克林顿在南海问题等方面作出的表态，不仅向有关国家释放了错误

---

① Hillary Clinton, "America's Pacific Century," *Foreign Policy*, October 11, 2011, http://www.foreignpolicy.com/articles/2011/10/11/americas_pacific_century; US Department of Defense, Sustaining US Global Leadership: Priorities for 21st Century Defense, January 2012, http://www.defense.gov/news/defense_strategic_guidance.pdf; Speech at Shangri-La Security Dialogue by Leon E. Panetta, June 2, 2012, http://www.defense.gov/speeches/speech.aspx?speechid=1681.

② 孙茹：《美国亚太同盟体系的网络化及前景》，《国际问题研究》2012年第4期；赵明昊：《"重返"还是"重构"：当前美国亚太战略调整》，《当代世界》2010年第12期。

信号，而且还大大增加了将美国自己卷入冲突的风险。①

毋庸置疑，美国近年持续推进"亚太再平衡"战略是导致中国周边战略环境趋紧的重要因素，但中国面临的更复杂、更长远挑战则是该地区各主要国家所展开的"再平衡"战略。在近年美国"转向亚太"的触动和刺激下，该地区国家的国家安全威胁认知出现变化，并由此对其地区政策做出积极调整。日本安倍政府谋求修改战后宪法和获取"集体自卫权"，大幅度修订《防卫计划大纲》；印度正谋划和推进"2.0版本的不结盟"战略，并日益从"向东看"（look east）变为"向东进"（go east）；韩国希望施展雄心勃勃的"中等国家外交"，力求在美日韩同盟外交和中美韩三国协调外交之间建立新的平衡；澳大利亚发布一系列有关亚洲政策和针对中日印等个别国家政策的白皮书，就如何处理澳美中三角关系持续展开国内辩论。

随着地区主要国家接连推出自我版本的"再平衡"战略，中国实际上正在承受着美国"转向亚太"所带来的衍生性冲击。可以毫不夸张地说，在亚太地区，再平衡的时代才刚刚开始，亚太地缘政治格局正向一种新的均衡状态演化。这种新均衡进程还有另外两大突出特征。一是越来越多的地区国家开始在"印度洋—太平洋"这一地缘框架中审视、修正和推进自己的对外战略，南中国海、东南亚和孟加拉湾成为印太亚洲的地缘重点。② 二是越来越多的地区国家倾向于采取一种"联而不盟"的对外策略，都希望在变动不居的亚太地区权力游戏中使自己获取实利的同时留有余地，最大限度地增加腾挪折冲的战略空间。

从中国的视角看，这种仍处于演变之中的新均衡就是，有些国家离中国远了一些，而有些国家则离中国近了一些；某些国家选择与中国展开对抗，某些国家则愿意考虑在平等互利基础上接纳一个"强中国"；一些国家谋求利用（甚至激化）中美之间的战略竞争，而另一些国家则希望在中美之间扮演"调和者"的角色。目前看，日本、菲律宾似乎是前

---

① Robert Ross, "The Problem with the Pivot: Obama's New Asia Policy is Unnecessary and Counterproductive," *Foreign Affairs*, Vol. 91, No. 6, 2012.

② Zhao Minghao, "The Emerging Strategic Triangle in Indo-Pacific Asia," *The Diplomat*, June 4, 2013, http://thediplomat.com/china-power/the-emerging-strategic-triangle-in-indo-pacific-asia/.

者，韩国、澳大利亚似乎是后者。

二 地区国家两种典型政策取向

亚太地区主要国家调整其对外战略的基点之一是应对中美关系的变化趋势及其带来的可能机遇和风险。中美关系的性质和走向可以说是影响亚太地区秩序演化的最关键因素之一。很多学者用"经济靠中国、安全靠美国"来描述亚太地区出现的两种等级结构（hierarchy），虽然这一概念是有缺陷的，但它相对清晰地体现了中美之间存在的战略竞争关系，以及以中国和美国各为中心的两种等级结构之间的张力。[①]

面对中美关系这一结构性因素的限制，亚太地区主要国家虽然在政策心理上有相似之处，但也基于各种因素做出不尽相同的政策反应。如布鲁金斯学会资深研究员李侃如所言，地区国家既不希望中美关系过于亲密，以至于不得不接受中美在亚太的"共治"（G2）；也不愿意看到中美形成激烈的战略对抗，从而使地区国家被迫在中美两国之间"选边站队"。然而，这只是对地区国家政策心理的一种普遍化描述，它们在政策选择和行为方面展现出两种典型化的取向，即倾向于利用中美对抗与倾向于缓和中美对抗。下面，以日本和澳大利亚为例简要阐析这两类政策取向。

笔者认为，日本正采取一种复杂而颇有风险的"双重对冲"（dual-hedging）战略，即一方面加大对中国的防范，另一方面则为未来美国实力的进一步衰落做准备，力求最终实现"自己的国家自己保卫"。日本很多战略界人士认为，对于日本而言，在经济、军事、政治方面都需要对中国保持戒心和警惕。例如，日本现在约20%的贸易依赖中国，2030年则将超过40%，"被迅猛发展的中国经济所吞没的不安感在日本有所增加"。根据一系列民调，超过30%的日本国民将中国视为军事威胁，超过70%的日本国民不信任中国。日本安全问题专家、京都大学教授中西辉政称，中国正在使用"三管齐下"的方式实施对日"反扑"：利诱日本经

[①] 约翰·伊肯伯里（G. John Ikenberry）：《地区秩序变革的四大核心议题》，赵明昊译，《国际政治研究》2011年第1期。

济界和企业，劝说日本抗拒由美国主导的"跨太平洋伙伴关系协定"（TPP）；对日本舆论和政界开展宣传攻势和"微笑外交"；用不断增强的军事手段对日采取"强硬恫吓"战术。① 中日关系因钓鱼岛问题陷入困境之后，上述负面的"中国观"在日本更为普遍了。而安倍政府自上台后，也在通过实施"民主安全菱形""价值观外交"等构想竭力推进一种具有围堵中国、孤立中国意味的地区战略。

日本战略界人士还有一种不愿明言、相对隐晦的普遍看法则是，美国已陷入难以挽回的相对衰落境地，迟早会与中国做交易从而抛弃日本，就像当年尼克松搞"越顶外交"一样，因此日本亟须凝聚国家安全战略共识、加紧提升军事应对能力，实现"自己的国家自己保卫"。例如，日本安全问题专家、桃山学院大学教授松村昌广呼吁，"日本领导人应该明白，日本在短期内还有仰仗美国的霸权，而从中长期角度看，应努力降低对美国的依赖，逐步实现脱离（对美）从属关系"。

由此，日本的国家安全战略正经历一种静悄悄的大转折，或如美国日本问题专家迈克尔·奥斯林（Michael Auslin）所言，日本正在觉醒，其在安全领域进行的转变正缓慢而平稳地进行，奉行了几十年的和平主义和安全思维正在崩解。② 日本的策略则是，紧紧抓住美国"重返亚太"的战略机遇实现"借船出海"，充分借助美国的力量以及地区安全环境的若干新变化实现自身调整对外安全战略的计划。不少日本战略界人士都感到，美国的"亚太再平衡"对日本来说是一种"福音"，日本需顺应和利用美国"重返亚太"，通过日本的更多主动变化来迎合与塑造美国亚太战略的走向。具体说来，日本希望利用驻日美军"再编""空海一体战"和美日合作推进反导系统建设等，盘整海空军事力量，突破军费限制，强化美日同盟"互操作性"，增强"机动防卫力"，行使"集体自卫权"等。③ 在这种情况下，如果中美关系的对抗性因素上升，日本在调整安全

---

① 佐桥亮：《亚太秩序的变化与日本的战略》，《中国国际战略评论2012》，世界知识出版社2012年版。

② Michael Auslin, "Japan Awakens," *Foreign Policy*, May 2, 2012, http：//www.foreignpolicy.com/articles/2012/05/02/japan_awakens?page=0, 2.

③ Patrick Cronin, Paul Giarra and Zachary Hosford, "The China Challenge：Military, Economic and Energy Choices Facing the US-Japan Alliance," CNAS, April 2012.

战略的过程中将会得到美国赋予的更大空间，而在国内也会凝聚更广泛、更有力的政策共识。[①]

与日本不同，澳大利亚和中国之间既没有复杂的历史恩怨，也不存在领土领海争端，澳大利亚在中美之间更加倾向于扮演一种"调和者"的角色。澳大利亚是亚太地区国家"经济靠中国、安全靠美国"的最好例证之一。1972年12月，在当时工党总理惠特拉姆的积极推动下，澳中建立正式外交关系。经过40多年的发展，中国已经成为澳洲最大的贸易伙伴，2011年至2012年双边贸易总额达到1280亿美元，是两国建交时的数千倍。

而另一方面，澳大利亚是美国在全球最密切、最忠诚的盟友之一。奥巴马上台后，陆克文（Kevin Rudd）政府很快决定将派遣阿富汗的澳兵员增加40%，成为阿富汗战争中北约之外的最大贡献者。据美国国家安全委员会前亚洲事务高级主任贝德透露，奥巴马和陆克文相互欣赏，在亚太局势、气候变化等问题上陆克文是奥巴马的"思想伴侣"。2010年6月陆克文被"逼宫"下台后，美国很快便与吉拉德政府建立密切关系，2011年3月吉拉德访美，当年11月奥巴马访澳并宣布美国海军陆战队将轮驻澳北部达尔文港。虽然美军实际驻扎人数不多，但这一举动具有重要的象征性意义，澳北部处于太平洋和印度洋的连接地带，是美国筹谋实施"印度洋—太平洋"新两洋战略的关键地域。

澳大利亚既不想惹怒中国从而影响自身经济发展，更不愿得罪美国从而失去安全保护。澳知名战略学者休·怀特（Hugh White）认为，随着中国实力的快速增长，美国需要与中国分享权力，而澳则不得不在中美之间做出选择。但更多人认为澳大利亚不必非要在中美间"选边站队"，澳外长鲍勃·卡尔（Bob Carr）多次表示，他对中美关系未来走上良性发展轨道有信心，澳洲无须在中美之间做选择题。澳智库洛伊国际政策研究所2013年6月进行的民调显示，61%受访者认为中国终将取代美国成为世界头号超级大国，41%认为未来20年中国将对澳洲构成军事

[①] 赵明昊：《美国亚太再平衡战略视野下的美日同盟转型》，《当代世界》2012年第10期。

威胁，87%认为澳有可能同时与中国和美国保持良好关系。①

实际上，这场争论的更大背景则是，澳大利亚谋求在"亚洲世纪"中制定和实施灵巧的"中等强国"外交战略。这一战略的核心问题在于，是更多考虑身处亚太这一地理因素，还是与美英文化和意识形态同源这一传统因素；是留恋过去，还是拥抱未来。或如悉尼大学中国问题研究中心执行主任克里·布朗（Kerry Brown）所言，澳大利亚灵魂深处的争论点在于，如何应对一个发展中国家（中国）首次成为全球增长重要引擎这一历史过渡时期。②

在融入亚洲的总体政策取向下，澳大利亚正在努力拉近与中国的距离。虽然因国家体量有限，澳不可能在中美之间发挥所谓居间平衡者的作用，但它仍然希望发挥一种"桥梁性作用"。吉拉德政府发布的《2013年国防白皮书》宣称，"澳大利亚欢迎中国崛起，因为这不仅给中国人民带来了社会和经济利益，而且澳大利亚意识到，这对全球各国都是有益的"，"澳政府不会将中国作为对手来对待。其政策旨在鼓励中国的和平崛起，并确保本地区的战略竞争不会导致冲突"。

三　中美在重新相互"走近"？

影响亚太地缘政治格局新均衡的最重要因素之一是中美关系的性质和发展趋势。对于地区国家来说，能否全面、准确、及时地把握中美关系的现状和动向，是制定和实施明智而灵巧的地区战略的基本前提。

首先，奥巴马政府在第二任期开始后对亚太再平衡战略进行了明确的调整。实际上，从一开始，美国决策层内部就对如何"重返亚太"存在争论和分歧。以总统国家安全事务助理多尼隆（Tom Donilon）、国家安全委员会亚洲事务高级主任贝德为代表的一派较为持重温和，而以国务卿克林顿、东亚事务助理国务卿坎贝尔（Kurt Campbell）为代表的一派

---

① The Lowy Institute Poll 2013, http://www.lowyinstitute.org/publications/lowy-institute-poll-2013.

② Kerry Brown, "Australia's China Challenge," The Diplomat, May 31, http://thediplomat.com/china-power/australias-china-challenge/.

较为激进强硬。后者更喜欢使用 Pivot（意为快速的转向），而前者则倾向于使用 Rebalance（再平衡）来描述美国的亚太战略。①

2013年3月11日，多尼隆在美国亚洲协会发表演讲，表示未来一个时期奥巴马政府的"亚太再平衡"战略将建立在五大支柱之上：一是加强与日本、韩国、澳大利亚等盟国的关系；二是深化与印度、印尼等新兴伙伴之间的关系；三是与中国建立稳定、富有成效和建设性的关系；四是强化东亚峰会等地区机制，防范安全冲突；五是加大对TPP的投入，建立覆盖亚太的区域经济结构。② 这表明，美国决策层认为与中国走向战略对抗不符合美国国家利益，也将导致美国"亚太再平衡"战略难以成功。此外，由于埃及局势突变、叙利亚危机深化等原因，奥巴马政府在中东地区面临"阿拉伯之冬"的尴尬，盟友朋友化、政治伊斯兰化等成为美国亟须应对的外交难题。奥巴马上任后首次外访即选择中东，而国务卿克里也已六次访问中东，这在一定程度上体现了美国政府外交议程上优先事项的变化。③

其次，中国新一届领导层以更加能动、更加务实的精神大力推动中美构建新型大国关系，并在朝鲜核危机、中美两军交流等诸多涉及亚太地区安全的重大问题上增进与美国的政策协调。党的十八大以来，以习近平同志为核心的新一届领导层在对外政策上彰显一种日益突出的进取精神和"战略明晰"，其要旨包括坚定维护核心利益、高度重视与发展中国家的关系、努力建立新型大国关系、发展好金砖国家等多边机制，积极参与全球经济治理等。习近平强调，"要加强战略思维，增强战略定力，更好统筹国内国际两个大局，坚持开放的发展、合作的发展、共赢的发展，通过争取和平国际环境发展自己，又以自身发展维护和促进世界和平"，"中国的和平发展道路能不能走得通，关键要看我们能否把世

---

① Kenneth Lieberthal, "The American Pivot to Asia: Why President Obama's Turn to the East Is Easier Said than Done," *Foreign Policy*, December 21, 2011, http://www.foreignpolicy.com/articles/2011/12/21/the_american_pivot_to_asia.

② Thomas Donilon at Asia Society New York, National Security Advisor to President Obama Discusses US Policy in the Asia-Pacific Region in 2013, http://asiasociety.org/new-york/complete-transcript-thomas-donilon-asia-society-new-york.

③ 赵明昊：《奥巴马政府外交战略的再平衡与中美关系》，《当代世界》2013年第4期。

界的机遇转变为中国机遇,能否把中国的机遇转变为世界的机遇"。①

与美国的关系是影响中国外部环境的关键因素,对于中国国内的改革和发展进程也影响甚大,构建以"不对抗、不冲突,相互尊重,合作共赢"为基本内涵的中美新型大国关系是当前和未来一个时期中国总体外交的最重要任务之一。② 2013年6月,习近平和奥巴马在美国加州举行"庄园会晤",这是一次打破外交常规和礼宾凡例的中美峰会,对于两国规划和把控未来数年双边关系发展走向,具有重大的历史意义。双方在会谈中不回避朝鲜核危机、网络安全等棘手问题,美方同意与中国探索"新的合作模式"。7月,中美在华盛顿举行第五轮战略与经济对话(SED),不仅双方会谈的实际时间要比以往长得多,而且就亚太地区合作、两军关系、气候变化、能源安全等达成180多项具体成果,SED"开始成为具有明确工作能力的持续进程"。③ 其中值得特别关注的是,中美双方决定积极探讨重大军事活动相互通报机制,继续研究有关中美海空军事安全行为准则问题,就网络空间国际规则加强对话,决定建立中美战略与经济对话两国元首特别代表热线,以便双方保持密切沟通。

中美加强在亚太地区的协调合作,突出体现在以更大力度共同应对朝鲜2013年年初进行第三次核试验后出现的半岛新一轮紧张局势。中美构建新型大国关系,首先要在亚太地区形成良性互动,关键是要合作破除有可能使两国陷入直接冲突的"爆点"。④ 2013年4月,国务卿克里、参谋长联席会议主席邓普西等美国高层相继访华,与中方就朝鲜半岛问题进行深入磋商。习近平和奥巴马在6月举行的"庄园会晤"中就朝鲜半岛问题"达成了相当程度的共识"。此外,中美韩三国之间的政策协调也较以往取得显著进展。

---

① 赵明昊:《再平衡时代与中国外交的"战略转进"》,《现代国际关系》2013年第4期。

② 达巍:《构建中美新型大国关系的路径选择》,《世界政治与经济》2013年第7期;周方银:《中美新型大国关系的动力、路径与前景》,《当代亚太》2013年第2期;袁鹏:《关于构建中美新型大国关系的战略思考》,《现代国际关系》2012年第5期。

③ A Conversation on the US-China Strategic and Economic Dialogue by Kenneth G. Lieberthal and Eswar Prasad, July 3, 2013, http://www.brookings.edu/research/interviews/2013/07/03-us-china-strategic-economic-dialogue-prasad-lieberthal.

④ 崔天凯、庞含兆:《新时期中国外交全局中的中美关系》,《中国国际战略评论2012》,世界知识出版社2012年版。

如果说，共同应对朝鲜半岛问题还具有"危机管理"的性质，那么，中国在亚太事务上进行的其他合作努力则展现出"机遇管理"的精神。根据在阿富汗和东帝汶三方合作的经验，中美将在其他第三国拓展新的联合发展项目。双方同意共同努力支持"伊斯坦布尔进程"等地区性合作倡议，在2014年美国从阿富汗撤军后维护该地区的稳定。中美还将加强在亚太经合组织、东亚峰会、东盟地区论坛等地区性多边框架下的沟通与协调，加强在太平洋岛国地区的合作。① 值得注意的是，中美就TPP、RCEP问题以及各自自贸区谈判也在进行持续交流，未来并不完全排除中方加入TPP谈判的可能。②

结语：中美关系与地区秩序的未来

"经济上靠中国、安全上靠美国"或者是"两个亚洲"是描绘亚太地区格局的一种流行说法，但它未能全面、深入地反映中美在该地区的角色作用和复杂关系。在一定程度上，"经济上靠中国、安全上靠美国"高估了中国在亚太地区的经济地位和影响力，低估了中国在亚太安全中的应有角色以及构建"合作性地区安全架构"的必要性和紧迫性。中国远不是亚太地区商品和服务的最大的最终消费市场，而亚洲经济一体化进程最初也是由日本推动。比如，美日经济要比中日经济更为相互依赖，至少从结构上看，中国对外经济关系的深度远未达到美日经济的水平。③ 未来经济一体化会否必然以中国为中心，这仍是一个开放的问题。此外，虽然目前亚太地区53%的贸易是在本地区内部进行，但区内国家之间深化经贸联系的驱动因素超出了本地区的范围。④

在地区安全问题上，显然不能仅是依赖以美国为中心的同盟安全

---

① 《第五轮中美战略与经济对话框架下战略对话具体成果清单》，2013年7月11日，新华网，http://news.xinhuanet.com/world/2013-07/13/c_116519095.htm.

② 李向阳：《跨太平洋伙伴关系协定：中国崛起过程中面临的重大挑战》，《国际经济评论》2012年第2期；Ding Yifan, "Should China join the TPP negotiation?", the China-US Focus, July 3, 2013, http://www.chinausfocus.com/finance-economy/should-china-join-the-tpp-negotiations/.

③ 钟飞腾：《联盟经济与中美日三边关系》，《当代世界》2012年第10期。

④ Evan A. Feigenbaum and Robert A. Manning, "A Tale of Two Asias," Foreign Policy, October 31, 2012, http://www.foreignpolicy.com/articles/2012/10/30/a_tale_of_two_asias.

体系，中国扮演什么角色将影响亚太地区安全的稳定性和持续性。[1]正如美国学者阿米塔夫·阿查亚（Amitav Achaya）所言，亚洲的安全需要的是"容纳中国的安全"，而不是"反对中国的安全"。[2]"两个亚洲"的负面影响在于，"本地区内部破坏性的安全竞争和尖锐的政治争端，使亚洲的经济活动和不断加强的整合面临风险"，而这种安全竞争和政治争端不仅出现在中国和美国之间，而且存在于亚洲主要经济体之间。

从这个意义上而言，亚太地区秩序的最好未来在于促进"两个亚洲"的相互融合。而这将在很大程度上取决于中美在亚太的互动关系模式。[3]中美在亚太地区的互动关系存在以下四种可能前景：一是冲突性，美国全面遏制中国崛起，而中国也决定"将美国赶出亚洲"，双方走向全面冲突；二是对抗型共处，中美展开地缘政治竞争，甚至爆发局部冲突；三是竞合型共处，一些中等国家和地区集团（东盟）在地区事务中发挥重要作用，对中美既形成一定牵制，又能缓解两者的竞争；四是合作型共处，中美实现良好的政策协调，合理分享权力和责任，合作提供地区公共产品；五是权力和平转移，美国走向衰落，中国在亚太地区扮演首要大国角色。应该说，最可能出现同时也是相对理想的一种前景即是中美竞合型共处。[4]

最后，影响中美在亚太互动关系走向的主要包括三个层面的因素：一是中美如何处理与朝核危机、台湾问题、东海和南海争端、阿富汗地区局势等相关的危机型议题；二是两国如何以全球性视野和长远利益考量，创造性地应对海上安全、能源安全、可持续发展等公共型议题；三是中美如何与其他地区主要国家合作，解决地区经济一体化、地区安全机制等架构型议题。这三个层面的因素是相互密切联系的，并将充分体

---

[1] Victor Cha, "Complex Patchworks: US Alliances as Part of Asia's Regional Architecture," *Asia Policy*, No.11, 2011.

[2] Amitav Achaya, "Why two Asias may better than none", *The East Asia Forum*, January 21, 2013, http://www.eastasiaforum.org/2013/01/21/why-two-asias-may-be-better-than-none/.

[3] 赵全胜：《中美关系与亚太地区的"双领导体制"》，《美国研究》2012年第1期；祁怀高：《中美制度均势与东亚两种体系的兼容并存》，《当代亚太》2011年第6期。

[4] 吴心伯：《奥巴马政府与亚太地区秩序》，《世界经济与政治》2013年第8期。

现中美关系未来数十年"竞争性共存"的基本性质,也是对两国如何以"共同进化"(co-evolution)的方式实现"不对抗、不冲突,相互尊重,合作共赢"的复杂而艰巨的考验。[①]

[①] David M. Lampton, "A New Type of Major-Power Relationship: Seeking a Durable Foundation for US-China Ties," *Asia Policy*, No.16, 2013;王鸿刚:《"共同进化"对中美在亚太关系模式的再思考》,《现代国际关系》2013年第1期。

新兴多极世界中的中美关系

克利福德·克雷柯夫[*]

在未来的十年里构建稳健的双边关系符合中美双方的国家利益。然而，这一过程面临着诸多挑战。本章将讨论美国的对外政策及其与中国的关系。

展望未来十年，中国在2013年更换了领导层并将在未来十年里保持稳定。另一方面，在由强大的游说力量主导的高度极化的国内政治背景下，美国将分别于2016年和2020年举行总统大选。尽管大多数选民都期望变革，奥巴马政府的第一任期缺乏醒目的成就，而在第二任期的进展可能更加糟糕。

在未来十年里，美国的对外政策可能会变得更加复杂多变，当然其国内政策也将如此。在对外政策方面，华盛顿尚未调整好以应对兴起中的多极国际环境。相反，许多政客和官僚仍然僵化地保持冷战的思维，并依此制定外交和军事政策。在官方层面一直没有产生严肃的对外政策新思维，而且政策依旧导向于一种追求"卓越地位"（primacy）——美国人也称之为"主导"或"全球领导者"——这让捉摸不定的目标。

当前美国为了追求其领导优势的国家战略，重点在于加强与欧盟、北约以及日本的联盟关系，正如其在冷战时期所做的那样。其中关键是

---

[*] 作者克利福德·克雷柯夫博士（Dr. Clifford A. Kiracofe, Jr.）是弗吉尼亚军事学院历史系副教授、国际研究和政治科学系副教授；华盛顿和李大学（Washington & Lee University）政治系客座教授；新世界研究所（New World Institute）高级研究员，曾任美国参议院外交和法律事务助理和美国对外关系委员会高级职员等。本文由中国社科院亚太与全球战略研究院谢来辉博士翻译。

与英国的特殊关系。管理中国的崛起是一个核心考虑，而这对于其军事战略和军力部署，还有外交和经济政策，都有着决定性的影响。

美国的政策可以视作是正和博弈和零和博弈因素的混合体。零和博弈因素包括硬实力遏制。美国政策的目标是维持主导，这因此会在国家间合作与竞争的模式中很可能会引向竞争激化这一方面，导致日益紧张的国际关系。而对合作的强调会降低这一可能性。

美国总统富兰克林·罗斯福关于二战后的国际体系观中包括有两个要素：（1）联合国；（2）当时的主要大国（美、英、苏、中）之间的合作。中国被纳入其中是因为中国具有的历史地位、人口以及发展潜力。罗斯福总统以极高的远见认识到：中国人民不日将走上复兴之路。罗斯福总统的蓝图一度曾被冷战打破，但是无疑仍将坚实有力。

在1991年苏联解体之后，美国对外政策和国家战略面临多种选项。在主要大国间维持和平的概念本来可以复兴。但是相反，华盛顿选择了一种主导和单边主义的政策。

自二战以来，美国一直与英语国家保持紧密联盟关系：英国、加拿大、澳大利亚以及新西兰。例如，在情报领域等方面的深入合作，团结起来所谓的"盎格鲁—撒克逊集团"，而最近披露的美国电子情报活动正好揭示出这种联系。

目前，华盛顿的那些以一种硬实力的视角观察亚太地区的政治家和战略家们认为，遏制中国的最好做法是通过以《美日安保条约》为核心，加上《澳新美安全条约》，以及北约在此地区的扩张来实现。在这一结构之内，与地区安全伙伴长期存在的"毂辐"（hub and spokes）联盟关系正在得以强化。分化金砖国家或使其保持中立也是一个考虑，这使得一些人相信可以使印度与中国为敌，并且相信可以争取俄罗斯倒向西方。

除了上述外交和战略活动以外，华盛顿也正在积极推动"跨太平洋伙伴关系"（Trans-Pacific Partnership，TPP）作为一个经济集团来在太平洋地区推行"华盛顿共识"政策。美国国家战略的这一经济部分旨在遏制中国的经济发展模式，并且防止区域内国家采纳中国模式的要素。这一伙伴计划也有助于维持二战后建立的国际金融构架的优势地位。

尽管华盛顿会在口头上回应构建一种新型大国关系的提议，但是主导美国政策的依然是旧思维。冷战的零和博弈心理以及由哈尔福德·麦金德爵士（Sir Halford Mackinder）和尼古拉斯·斯派克曼（Nicholas Spykman）提出的旧式地缘政治概念具有强大的影响力，尚未被适应21世纪的新思维所取代。正是这些概念在引领国家安全规划、外交以及防卫计划。比如，当前的"空海战"计划就是源于这种地缘政治视角和旧思维。

当然，对于华盛顿当下的这种霸权政策，美国大部分公众以及一些政治界、学术界以及文化界人士是持反对立场的。因此，以一种加强文化理解与合作的理念，加强这些人士与中国的人文交流，对于构建稳定的双边关系的坚实基础是非常必要的。

本章将从历史的背景下来讨论中美关系。其结构安排如下：美国霸权主义与对华政策；中国的认知与美国的历史经验；当前美国的对外和国家战略；中美关系；华盛顿的"印太"概念；缅甸与美国重返亚太；中国、美国以及美洲。

一　美国霸权主义与对华政策

自1784年美国商船"中国皇后号"开往清朝以后，美国在亚太地区一直维持其存在。[1] 自此以后，在近两个世纪的时间里，除了1950—1972年以外，双边关系一直在维系并且处于良好状态。

美国的首位"太平洋总统"是共和党人托马斯·杰斐逊（1801—1809）。他曾派遣著名的刘易斯和克拉克远征军去开拓新的路易斯安那领地。其目的是为了发现通往太平洋的入口，从而为美国在太平洋地区的商贸活动奠定基础。随后，詹姆斯·波尔克总统（1845—1849年）通过获得加利福尼亚以及俄勒冈问题的有利解决，因而进一步坚定地确立了美国在太平洋地区的存在。这是美国在独立战争后战略远见的一部分，其中特别是波尔克总统有力地将其推进。[2]

后来，生于加利福尼亚、并曾在二战期间服务于太平洋海军的尼克

---

[1] 关于早期中美关系的精彩分析，可参见 Te-kong TONG, *United States Diplomacy in China*, 1844–1860, Seattle: University of Washington Press, 1964。

[2] Norman Graebner, *Empire on the Pacific*, New York: The Ronald Press, 1955.

松总统,勇敢地延续了美国在太平洋地区的存在并对中国进行历史性的开放。卡特总统对中美关系正常化做出了重要贡献,并一直高度重视双边关系。

美国传统的核心价值理念,正如乔治·华盛顿的《告别演说》中体现的那样,是强调在一个由尊重国际法的各主权国家组成的国际体系中,开展国际合作、互利和互惠。

在过去十年里,由于中国的崛起,美国的外交政策和国家战略发生了一个不祥的转变。结果,奥巴马政府乃至可预见的未来时期内的美国政府,其对华政策将是一种新版遏制政策,其中包括所谓的涉及军事力量的"硬遏制"。胁迫性外交与政治、心理和经济手段,都将是强化这种包括硬实力和软实力的新版遏制政策。这一政策最初称作"重返亚太",现在叫作"再平衡"。"对冲"(hedging)一词常被使用,以代指硬实力的内容。

华盛顿并没有接受罗斯福的理念而致力于推动在一个多极世界中各大国合作走向协同。相反,当今美国采取的是一种霸权视角,通过组织和控制一个所谓的"民主国家的合奏",以施加某种新的世界秩序。① 在此,"秩序"的基础是维持并扩大二战后的国际经济构架。

这种霸权理念是美国政治中可被称为"帝国派"(imperial faction)的政策的核心内容。该派崛起于1898年,当时正值其所推动的美西战争期间。该派同时包括民主党与共和党两党成员。若要全面了解当前华盛顿的外交政策和国家战略,必须认真分析这一集团的运作方式。

40多年前,费正清教授在其名著《美国与中国》一书中写道:"为了共存,我们必须在亚洲的现实和我们自己的侵略性中寻求一种新的认识。"在笔者看来,费正清教授所提及的侵略性存在于美国政治中的"帝国派"(imperial faction)当中。

在美国,其实有相互竞争的两种外交政策观点。一方面是"帝国派"

---

① 精英们的政策共识体现在普林斯顿项目发表的最终报告中。"Concert of Democracies", pp. 25 – 26, http://www.princeton.edu/~ppns/report/FinalReport.pdf. 古希腊的霸权概念理解需要区别两种类型,一种是自愿参与的国家拥护在一个霸权周围,另一种情况是通过武力来强加的霸权。雅典帝国包括了这两种情况。参见 Raphael Sealey, *A History of the Greek City States* 700 – 38 *BC*, Berkeley: University of California Press, 1976。

所主张的霸权视角,它倡导一种实质上是将世界视作"单极"的、由华盛顿来"领导"的主导型(也称"首要地位")外交政策。①

另一方面是美国传统的视角,认为当前是一个新兴的多极世界,其中主权、互利互惠以及相互尊重必须作为主要原则,为此应该倡议一种和平、发展与合作的政策。

二战后,霸权政策视角在杜鲁门政府时期再度兴起,当时美国的"帝国派"决定继承前大英帝国的全球角色,并加强与英国的政策协调。这一旨在扮演全球帝国主义角色的决定,导致了美国外交政策错误的以及不必要的军事化,其起源是1950年国家安全委员会的第68号报告(NSC-68)对全球战略的规划。② 在过去这些年里,全世界已经看到了这一决定在诸如朝鲜战争、越南战争、伊拉克战争以及阿富汗战争中所产生的结果。

与这种霸权主义视角相反,基于美国历史的传统视角会强调主权独立和经济福利的目标,以及包围、内战和分裂的危险。自从合众国建立以来,美国的核心利益就包括国际贸易的自由,以及由此衍生的海洋通航的自由。这里所说的自由贸易,指的并非英国的"自由贸易"理论。相反,它是指对美国人来说的一个实际问题,即在互利互惠的基础上与外国合作伙伴进行贸易的自由。这种自由还包括"公海"(mare liberum)开放通航的概念。因此,当美国第一次与外国列强缔约时,它们主要关注贸易和通航。

二 中国的认知与美国的历史经验

中国拥有漫长的历史,而且很自然地也希望外国人在意这一点。但是,中国人在意美国的历史吗?每一方都应该努力在历史背景下理解另一方。相互理解可以增进和平的希望。因为中美双方都曾经是欧洲和日

---

① 外事委员会(The Council on Foreign Relations)于1919年成立于纽约,扮演着帝国派在美国的办事处的角色。该委员会也是英国皇家国际事务研究院的一个分支。

② 关于杜鲁门政府对这一政策的推进情况的有价值的分析,可参看 Steven Casey, "Selling NSC 68", LSE Research Online < http://eprints.lse.ac.uk/735/1/Selling_ NSC68-DH.pdf >。

本殖民主义在内的残酷殖民政策的受害者，在共同的历史背景下双方存在一个相互理解的基础。

下面是从地缘政治的语境下总结的与美国历史相关的十个要点。

第一，从1609年到1776年的殖民统治时期证明，后来构成美利坚合众国的各殖民地并非完全被"孤立"于世界政治之外。事实上，美国的安全面临着挑战，因为各小块殖民地均为大西洋所环抱，处于强大的帝国主义列强的包围中：北面是法国和英国，西面和南面是西班牙（以及后来的法国）。欧洲的政治、外交和战争对这些殖民地的安全和福祉都有直接影响。因此，美国从来不曾从世界政治中脱离。

第二，从1756年到1763年间的"七年战争"期间，英帝国击败了殖民地北面的法国殖民者。因为失去了在加拿大的潜在盟友，这些殖民地处于英帝国主义威胁下更加弱势的地位。结果，英帝国加大了对美国人民的合法权利以及在经济发展和地理扩张潜力等方面的限制。这是引发美国革命的原因。

第三，美国人民在1812年战争中的胜利，阻止了英国试图扭转革命进程的阴谋。因此，美国能够增加人口并发展自己，并在1850年成为仅次于大英帝国和法兰西帝国的世界第三大工业强国。然而，英国和法国的反动分子们多年来也在寻找一种方法以打破美利坚联盟（the American Union），从而消除美国对这两个帝国的经济威胁。

第四，英国和法国密谋通过内战分裂南方和北方来实现"分而治之"。法国人将奥地利马克西米利安大公置于墨西哥皇帝的宝座上。英国人则两边下注，资助南方分裂主义分子和北方极端废奴主义者。一种可能情景是，将得克萨斯州独立出来，成为位于南北双方以及在南方邦联和墨西哥之间的一个"缓冲国家"。另一种可能情况是，将得克萨斯州和美国其他领土合并进来成立一个扩大版的墨西哥。但是，由于林肯总统的领导以及联邦军队取得的胜利，这种阴谋最终失败，美国联邦政府得以保留。

第五，在美国内战后，前殖民势力又启动了另一个方案。在德国崛起与英、德帝国竞争的背景下，前殖民势力试图通过易受英国影响的各界精英来争取美国的支持。与此同时，美国的某些精英受鼓励去建立一种对伦敦有利的帝国，而不仅仅是保持一个强大而独立的共和国。

第六，1898年，美国的"帝国派"对西班牙推行了完全不必要的战争，把菲律宾变成了自己的殖民地。英国悄悄地支持这一行动，因为它估计这将制约德国在太平洋扩大影响，并会促进英帝国和美国之间更加密切的关系。这种关系对于英国在后来的欧洲战争中将是有益的。

美国"帝国派"的崛起和建立主导优势，发生在1898年"美西战争"之后。在1900年全国选举期间，作为美国外交政策的"帝国主义"已经成为一个全国性的政治议题，当时民主党对共和党公然的帝国主义外交政策发起了挑战。那些帝国主义的反对者在媒体上被称为"孤立主义分子"。两党在这一问题上均处于分裂状态，因为各自内部都有派系支持帝国主义的政策，同时都是人反对这种政策。

第七，在伍德罗·威尔逊总统的带领下，民主党很快也成了"帝国派"。这是民主党意识形态的一个重大转变。美国外交政策上的这种转变背后，显然有华尔街的影响力，也有英国影响力的渗透。对于民主党而言是如此，而共和党更是自不待言。[①] 在威尔逊时期，所谓的"软实力"的使用开始和硬实力的使用结合起来。政治、心理和经济战在"使世界安全从而民主"的面具背后开展，在适当的时候也使用军事力量。

第八，在1991年由苏联解体导致的冷战结束以后，美国的外交政策和国家战略面临一个历史性的选择。"帝国派"建议的是一种自负和不可持续的政策，以在他们寻求建立的一个所谓单极世界中成为全球霸主。传统派人士则建议，作为一个强大的共和国和负责任的大国，美国应该在尊重主权和国际法的新兴多极化世界中，与各国和平共处。

第九，小布什政府不必要地发动了灾难性的伊拉克战争和阿富汗战争。而据估计，两场战争将耗费美国（截至2020年）共计5万亿美元。[②] "帝国派"未曾从不必要的和昂贵的朝鲜战争和越南战争的失败中吸取任何教训。事实上，从政策和人事方面来看，在历史上的反共"中国游说团"及朝鲜战争和越南战争，到伊拉克和阿富汗战争，再到现行的"管

---

① 爱德华·曼德尔·豪斯（Edward Mandel House），威尔逊总统的外交政策顾问，是体现大英帝国影响的主要代表。

② 关于"帝国过度扩张"（imperial overstretch）的讨论参看 Paul Kennedy, *The Rise and Fall of the Great Powers. Economic Change and Military Conflict from 1500 to 2000*, New York: Random House, 1987。

制中国崛起"政策中,都存在着明显的连续性。①

第十,奥巴马政府的第一和第二任期都维持了布什政府对外政策的大体方向。美国外交政策的一个新特征,是在其第一任期时增加了"重返"亚太。

三 当前的美国外交政策与国家战略

所谓"重返亚太政策"并不是由奥巴马总统设计的。事实上,美国外交政策和国家战略的更新过程始于 2005 年,当时仍在伊拉克战争和布什政府期间。这一更新是由包括共和党人和民主党人组成的政策精英圈子共同完成,构成了奥巴马政府重返亚太政策的基石。重返亚太政策现在又被更名为"再平衡"政策。

当第一次进行政策更新之时,美国正在被毫无必要地困在伊拉克和阿富汗,而国际舆论正急剧转向反对华盛顿。同时,中国的崛起正在进行之中。因此,帝国派采取措施提前计划了在 2008 年总统选举周期之后实现在亚洲太平洋地区的政策转变。

这一政策转变所设想的正是管理中国崛起的战略。重返亚太政策被视为一个复杂和长期的过程。华盛顿的官员以及许多学术圈子,都反复强调新的战略并非旨在遏制。他们提出了新的概念比如"对冲"来掩饰政策的硬实力的军事层面。

美国外交政策和国家战略这一更新努力的重要组成部分体现于"普林斯顿大学国家安全项目"。该项目的领衔者在共和党一边是前国务卿乔治·舒尔茨(George Shultz),而民主党人方面则是安东尼·莱克(Anthony Lake)。这一项目集合了美国许多跨党派的政策专家,而且奇怪的是,也有大量来自欧洲、日本、澳大利亚和其他地方的外国专家。

该项目使得无论哪个政党赢得 2008 年大选,更新的既定外交政策和国家战略都能准备到位。② 因此,关于 2008 年大选后美国外交政策和国

---

① 有关历史背景可参看,例如 Lewis McCarroll Purifoy, *Harry Truman's China Policy. McCarthyism and the Diplomacy of Hysteria 1947 – 1951*, New York: New Viewpoints, 1976。

② 中文摘要可见:http://www.princeton.edu/~ppns/report/execsummchinese.pdf。

家战略的基本轮廓,在当时就已经形成了新的跨党派政治共识。美国各种有影响力的智库和研究中心在加入自身强调重点的同时,都积极响应这一共识。

奥巴马政府上任后采用了"普林斯顿项目"的政策建议,作为其外交政策的基础。曾任该项目主要负责人的玛丽—安妮·斯劳特(Marie-Anne Slaughter)成为国务院政策规划司的司长,成为国务卿希拉里·克林顿的顾问。普林斯顿大学项目成员约翰·伊肯伯里教授在1月发表于《外交事务》杂志这本纽约对外关系理事会会刊上的文章,简洁和权威地表达了这种对中国的政策。[1]

当前"帝国派"的外交政策和国家战略的这种政策共识的核心取决于两个部分的战略:第一,加强美国作为成员并且是作为领袖的"西方秩序";其次,将中国纳入这一西方秩序。该战略可以概括三个要点:

首先,美国将继续是全球霸权并将相应地组织其"领导"下的国际体系。这意味着,在二战后由西方确立并在冷战期间维持的所谓"自由主义国际秩序",将得到坚决的捍卫。

"西方价值观"以及"规则"将支撑全球秩序,所有国家要么选择接受,要么将受制于政治和心理战、强迫外交以及包括预防性战争在内的武力威胁。类似涉及财政和经济事务的"华盛顿共识"等规则将被推行和强制实施。

将要"管理"中国崛起的是美国与北约力量的组合,美国在亚太地区将发挥更大作用,与区域盟国的军事关系将得到加强,形成一个全球民主国家联盟,以及一个民主国家的跨太平洋联盟。在未来,全球民主国家联盟和民主国家的跨太平洋联盟都将融入美国领导的全球安全联盟。

其次,美国会逐渐从伊拉克战争和阿富汗战争中退出,以便能够重新关注亚洲以及亚太地区,尤其是,通过一项沿着冷战 NSC-68 号路线制定和更新的进攻遏制政策,以"管理中国的崛起"。重返亚太被认为是一项延续未来数十年的长远政策。

因此,在地缘政治意义上,在美国占主导地位的帝国派正继续以修

---

[1] G. John Ikenberry, "The Rise of China and the Future of the West: Can the Liberal System Survive?", *Foreign Affairs* 87, No.1, January-February 2008, pp.23 – 37.

改版的形式推进冷战国安会 68 号文件的进攻遏制政策。早在 19 世纪，这种类型的"进攻政策"（forward policy）出现在英国的帝国地缘政治学之中，当时是哈尔福德·麦金德教授（Halford Mackinder）为"管理"欧亚大陆而设计的。尼古拉斯·斯皮克曼教授（Nicholas Spykman），一位荷兰移民，为美国的决策者提供了一个麦金德政策的翻版。我们再看看美国目前关于中国和俄罗斯的战略，就可以得出结论：麦金德和斯皮克曼的思想又回来了，而且还补充了美国 19 世纪的海权主义者马汉（Admiral Mahan）将军的思想。[①]

冷战以一种翻版的形式回归，这次是体现为一种"民主国家"对抗"非民主国家"的公式，而这在本质上正是冷战时的集团政治。

为了要实施的所谓"自由主义国际秩序"，基于国家主权的长期国际法原则将会变得无效。威斯特伐利亚体系剩余的规范预计也将被消灭殆尽，因为"塑造"所谓的"自由主义的国际秩序"需要越来越多地使用预防性战争和军事干预。例如，最近几年流行的所谓"保护责任"（Responsibility to Protect）概念就有这种意图，相关的例证包括有克林顿政府对南斯拉夫的干预、布什政府对伊拉克和阿富汗的干预以及奥巴马政府对利比亚和叙利亚的干预等。

为了强制推行所谓的"自由主义国际秩序"，有人主张美国应该无视造成阻碍的国际法和联合国作为国际法执行机构的地位。因此，若要在实施所希望的国际秩序时将联合国系统搁置一边，就要求建立各种由美国"领导"的"自愿联盟"（包括特设的和制度化的）。比如在巴尔干地区和最近在北非地区的利比亚战争中，北约已经在以这种方式发挥作用。预防性战争是华盛顿在对叙利亚和伊朗问题上广为讨论的一个选项，而截至目前为止对叙利亚问题的处理一直都是通过代理人。

在帝国派内部，关于何时使用军事力量以及使用多少也存在着一些差异。作为帝国派的新保守主义一支，好战分子和犹太复国主义者，在

[①] 例如参看 Zbigniew Brzezinski, *The Grand Chessboard*, New York: Basic Books, 1997。其中指出了从克林顿政府到布什直到奥巴马政府的相关战略概念存在的连续性。也参看 Thomas Barnett, *The Pentagon's New Map*, *War and Peace in the Twenty-First Century*, New York: Berkley Books, 2004。

使用强迫外交、军事力量和预防性战争,以及拒绝国际法律规范方面,总是多数派。今天,共和党几乎完全是在新保守主义者的影响下。这应在评估美国即将到来的2016年至2020年选举时应当予以充分考虑。

四 中美关系

现行的美国霸权政策的逻辑必然导致以"管理中国的崛起"作为一种新形式的遏制政策。

因此,以奥巴马总统第一次访问亚洲太平洋地区为信号表明,美国和中国之间的关系会加剧紧张。在华盛顿的密切观察人士表示,在奥巴马总统的第一任期内,白宫曾进行了一次重要的对华政策评估。这在观察人士看来,这次评估使得白宫更多强调人权问题,导致了在太平洋强调我们的海军和空军军事建设的加紧遏制政策的提出,导致了促进与欧洲的经济联系以及促进与亚洲的经济联系新形式的政策方向。各种智库、学术团体成员以及新闻媒体都被动员起来,以支持这种政策转变。[①]

华盛顿对华政策的共识可以总结为以下五点。

第一,根据霸权主义政策的逻辑,中国必须被迫接受华盛顿所谓的"自由主义国际秩序"。所谓"自由主义国际秩序"据说是代表了"西方的"和"民主的"价值观。根据这种逻辑,亚洲的替代模式和思想将被排除在外,而西方的模式将会盛行。"自由主义国际秩序"的逻辑要求西方国家新制造的比如所谓"保护责任"等法律概念,去替换传统的国际法。

第二,在美国目前的政治局势下,在共和党和民主党内的主导派系都公开倡导通过一种新形式的遏制政策来管理中国的崛起。在国会,"空海战"的战略方针获得了强烈的支持。

第三,尽管官方层面予以了否认,但在硬实力方面的新版遏制政策,

---

① 例如,美国企业研究所(位于华盛顿特区)、传统基金会以及"2049项目"研究所。"2049项目"与澳大利亚的洛伊国际政策研究所所长安德鲁·希勒(Andrew Shearer)有关,他曾在澳大利亚政府担任高级职位并参与了普林斯顿项目。当前在美国的学术界正在进行一场推动国家战略研究的重要动员,这可以理解为普林斯顿项目包含的概念的风向标。

在以下事实中得到了明确的体现：美国基于驻阿富汗基地的包围战略、在澳大利亚的新军事基地、美国—印度—日本三国联盟的讨论，与东盟国家的密集外交活动、对台军售、新的"空海战"军事理论以及增加在太平洋地区的军事存在。美国对华的遏制政策是与对俄罗斯的升级版遏制相并列的，尽管一些战略家希望离间俄罗斯与中国的密切关系。

第四，对于美国的帝国派而言，遏制中国政策还包括资源战争。例如，全世界都已经见识了美国制裁苏丹和制裁伊朗的政策。制裁苏丹的政策有两方面的作用：首先，潜在地通过石油问题向中国施压；其次，对埃及进行包围和战略上的削弱。这一积极的包围政策，试图通过解除埃及对尼罗河盆地的影响，从而在战略上使各国产生对埃及在控制水的供应（即尼罗河）方面的质疑，进而遏制和削弱埃及和苏丹。最近在埃塞俄比亚的项目就是这种地缘政治设计的信号。

华盛顿制裁伊朗的政策，可能因为以色列而触发一场战争。[①] 美国并不能控制以色列，对此美国参谋长联席会议主席已经坦率地发出警告。而在华盛顿，以色列具有两个最具影响力的外国游说团体之一。[②] 其中有些人就希望发动一场对伊朗的战争，并以此为一种手段来限制中国的影响力以及对中东资源的分享。

第五，来自美国的反华言论所反映的，并不如某些人所认为的那样，仅仅是美国"国内政治"无关紧要的噪声。[③] 正如前面所述，它反映的是帝国派的外交政策和国家战略转移。

五 华盛顿的"印太"概念

"重返亚太"或者"亚太再平衡"也包括新近流行的"印太"战略

[①] 相关背景可参看：Trita Parsi, *Treacherous Alliance, The Secret Dealings of Israel, Iran, and the U.S.*, New Haven: Yale University Press, 2007。

[②] 参见例如：John J. Mearsheimer and Stephen M. Walt, *The Israel Lobby and American Foreign Policy*, New York: Farrar, Strauss and Giraux, 2007。也参见：Clifford A. Kiracofe, *Dark Crusade: Christian Zionism and US Foreign Policy*, London: I. B. Tauris, 2009。

[③] 关于美国政治现状的背景资料可参见：例如 Kevin Phillips, *American Theocracy, The Peril and Politics of Radical Religion, Oil, and Borrowed Money*, New York: Viking, 2006。

概念吗？近十多年来，华盛顿一直关注中国和印度的崛起。这一新的战略概念对于倡导遏制中国的人们富有吸引力。

早在2001年，我曾到在美国国务院参加了一个为期两天的会议，那是一系列旨在解释小布什新政府观点和政策的介绍会。在其中一场会议中，副国务卿理查德·阿米蒂奇（Richard Armitage）指出，美国外交政策的主要挑战是要"管理中国和印度的崛起"。

美国官员和学者使出浑身解数来否认华盛顿有任何遏制中国的意图。但是美国确实给人一种鲜明印象，那就是美国采取了一种类似围剿和压制的造势活动作为其管理策略。批评者认为，这样的活动使用了军事硬实力和经济软实力的组合。在硬实力方面是旨在战略上实现军事遏制，而经济软实力方面则旨在抑制中国发展模式，阻碍其被其他亚洲国家接受。

美国军事力量的结构、部署和战略概念，如进攻性的和不必要的"空海战"概念，都被认为是硬实力围堵的证据。在软实力方面，跨太平洋伙伴关系计划（Trans Pacific Partnership）被认为试图压制中国经济发展模式的证据。这些努力通常都以亚太地区作为重点。但最近提倡的以"印太"为重点体现为一种新的方法和战略的眼光，最终将取代亚太的视角。

在军事方面，这一概念考虑的是美国—印度—中国的三角关系，特别是从海军的角度。可以基于这一概念，通过更充分地连接印度洋盆地，以扩大目前以东亚地区为重点的"空海战"规划。对经过马六甲海峡和龙目海峡的海上交通线安全的考虑已经作为重要内容，被纳入所谓的"空海战"概念。

倡导者打算将澳大利亚和日本带进这个更为广泛的新概念，因为他们目前已经构成"空海战"概念的核心要素。特别是澳大利亚被视为"印度洋—太平洋"概念必不可少的组成部分，因为它被视为囊括日本的东亚南北轴以及包括印度的印度洋 太平洋的东西轴的十字路口或者战略节点。

在经济方面，"印太"概念在美国国务院的政策中已经根深蒂固。华盛顿的"印度洋—太平洋经济走廊项目"（Indo-Pacific Economic Corridor project）的设想，是将货物从钦奈穿越孟加拉湾，通过缅甸，然后经陆路运送到泰国、柬埔寨和越南。

虽然海上链接试图连接南亚和东亚地区，但是地面运输路线仍要发挥至关重要的作用。例如，从缅甸的德木，途经卡里瓦，再到卡莱地区的公路（Tamu-Kalewa-Kaleymyo road）建成后，将把印度曼尼普尔邦与缅甸的仰光和曼德勒连接起来。另外美国也提出要修建一条从曼尼普尔邦通往泰国甚至更远地方的公路。

时任国务卿希拉里·克林顿在2012年11月访问新加坡时解释了美国介入南亚和东南亚地区事务的政策。她说，以保持美国在该地区的战略领导地位，美国必须加强其在经济方面的领导。奥巴马总统在泰国、缅甸和柬埔寨的旋风式访问也是为了表明华盛顿在该地区的承诺以及远期战略。

鉴于美国重返亚洲，发生重大战略错误的可能性正在出现。驱动美国外交政策精英们的这种地缘政治的自恋，可能在亚洲—太平洋地区和印度—太平洋地区导致紧张关系恶化，以及基于不必要的和挑衅性的地缘政治的对抗。美国外交政策的积极构想，必须包括坚持遵守非干预的原则，以及共享由中国和印度所提出的和平共处五项原则的价值理念。

六 缅甸与美国重返亚太

2013年缅甸总统吴登盛对美国的访问有望会加强双方的合作和商务，但华盛顿的一些人不切实际地将这个国家看作为一种遏制中国崛起的工具。当然，在发展与缅甸的商业关系以及帮助促进缅甸的现代化进程，对于美国也存在相当的利益。从2009年开始，华盛顿已采取行动与内比都发展一种新的和建设性的关系。

但一些美国战略家超越经济关系，而是给缅甸分配了一个地缘政治角色，把其当作美国重返亚太战略的一部分。这种战略家们的概念基础是中国威胁论。在小布什的国防部（DOD）工作的一些危言耸听的人们，炮制了所谓北京正在建造从中国到苏丹港的海上"珍珠链"的概念。美国国防部官员称这所谓的"珍珠链"将威胁全球重要的海上交通线。在地理上，海上的维度包括以下这种战略"掐点"，包括龙目海峡、巽他海峡、马六甲海峡、霍尔木兹海峡以及曼德海峡。

根据 2005 年美国国防部的一份报告，所谓的威胁包括中国与巴基斯坦、索马里、孟加拉国、斯里兰卡和马尔代夫等国所构建的经贸、军事以及外交关系，北京与缅甸的关系也被视为此类。

虽然一个想要在全球范围内建立经济和其他关系的大国而言，扩大商业和外交活动是再正常不过的事，但是中国的这种活动却为美国军事工业复合体倡导霸权战略和增加军费开支提供了理由。

在历史上，印度洋几千年来一直都是很多文化交往的十字路口。古埃及和印度的哈拉帕文明进行贸易。熟练的马来水手曾前往马达加斯加和非洲东海岸。在 15 世纪，中国著名的海军将领郑和的远航广泛横跨印度洋，与阿拉伯、非洲和其他文明进行接触。一个世纪前，人们还在斯里兰卡发现了他留下的石碑。

今天，中国在印度洋区域的建设性地参与引起了华盛顿的神经过敏，激发了官方和智库战略家们的地缘政治幻想。结果，新的学说，比如"空海战"和"印太"等概念不必要地推动了太平洋和印度洋盆地的安全化。在这种情况下必须对美国与缅甸的关系进行反思。缅甸与中国云南省接壤，其位置处在印度洋边上。当美国背弃缅甸时，正是它的邻居中国伸出了援助之手。

北京和内比都在运输基础设施和其他发展项目上都有很多重大的合作机会。现在，这种基础设施包括海运石油经缅甸通往中国的管道。但是，一些美国官员和战略家担心，中国与缅甸的这种管道项目会破坏他们的"防御"方案和规划的概念，例如切断中国的海上油气供应路线的设想。

然而，缅甸并不是美国地缘政治焦虑的唯一对象。由美国战略家表达的类似这种担忧，还包括关于泰国雄心勃勃的卡拉运河工程（会绕过马六甲海峡），以及在柬埔寨有中国参与的主要的铁路和港口项目。

尽管非常明显，在缅甸和东南亚的这种重大基础设施项目是对国际发展和商业的历史性重大贡献，但是在华盛顿一些官员仍然接受消极的地缘政治观。

尽管美国促进与缅甸和平合作与发展关系的做法值得赞扬，但是利用缅甸作为"重返亚太"的地缘政治筹码却将适得其反。

七　中国、美国与美洲

中美关系的重点是在亚太地区，但是美洲也应该纳入双方的考虑范围之内。双方必须共同具有一个广阔的"太平洋共同体"的远景。由于地理、历史和文化方面的原因，中国对于亚太地区尤其敏感。类似地，美国对于美洲具有深刻的核心利益。因此双方都必须努力促进理解，达成考虑各自核心利益的协议。在拉美的合作不仅必要而且可能。

中国在美洲地区不断扩大其经济和外交关系，对于全球化时代的一个大国而言是正常的。2013年习近平主席访问了哥斯达黎加、特尼达和多巴哥以及墨西哥，将中国在美洲地区的建设性参与政策翻开了新的一页。

不过，在华盛顿也有一些人对中国在北美、中美洲以及南美的商业和外交活动忧心忡忡。这些批评者仍深陷冷战思维，认为所谓的"中国威胁"不仅存在于中美和南美洲，而且也存在于加拿大。在这种他们所认为的经济和外交威胁之外，还有中国与比如委内瑞拉等不合美国口味的左翼政府的关系。中国与作为金砖国家集团一员的巴西之间的关系，也引起了华盛顿的高度关注。

确实，美国在19世纪具有一种独占西半球的想法，将所谓的"新世界"与"旧世界"分离和区别开来。门罗主义体现了这种两个半球的想法，目的是为了遏阻当时正陷于无止境的王朝斗争和权力政治之中的欧洲帝国主义势力，防止其将经济和政治影响力拓展到美洲。

但是，这仅仅是当时19世纪美国的领导人们战略视野的一部分，他们认为，美国的未来不仅限于在美洲的合作关系，也还要包括与亚太地区的中国、日本以及俄罗斯的合作关系。不幸的是，这种远见被搁置一旁了。

自1898年美西战争之后，华盛顿在处理墨西哥、中美洲和南美洲、以及加勒比地区事务时，都采取了专横跋扈的强硬手段。在此后的一个多世纪里，美国介入了该地区许多国家的内部政治事务，结果许多国家都因为美国的帝国主义政策而相互疏远。

在20世纪，华盛顿的目光锁定在大西洋两岸，美国深深纠缠于"旧世界政治"。与此同时,华盛顿对日本人、纳粹分子以及共产党在美洲的渗透产生了担忧。除了对美洲各国内部事务的干涉以外,华盛顿经常因为忙于处理中东和其他热点地区的事务而忽略该区域。今天,华盛顿在伊拉克和阿富汗无谓的战争,以及其在利比亚和叙利亚的政策,损害美国在美洲以及在全球的声誉。

因此,也难怪美洲国家正在与中国和欧洲联盟寻求深化经济关系和参与。中国虽然作为一个发展中国家,但却是一个在全球范围内具有经济影响的大国。因此,可以理解,在美洲很多人今天希望与中国开展合作,特别是在经济领域。巴西和墨西哥是中国的重要贸易伙伴,而且中国正在与加拿大加强合作关系,尤其是在能源部门。习近平主席在美洲的访问并没有忽视较小的国家,他和加勒比共同体的领导人的会晤,因此很自然受到了他们的欢迎。

显然中国在美洲的存在为华盛顿提出了一系列的问题。但冷战思维是适得其反。所需要的是华盛顿在思维方面发生重大变化。目前在华盛顿占主导地位的战略远景是同"旧世界"(欧盟和北约)和日本加强关系以"遏制"中国。非洲和拉丁美洲并不是如少数政治家和战略家们眼中的那样,仅仅是与中国竞争和开展"资源战"的场所。与此同时,美国在中东地区一如平常仍陷于泥潭,而且还在使得情况更糟糕。

对美国政策和策略建设性的重新评估,要求与当前有严重缺陷的战略眼光进行彻底的决裂。回归到美国传统的世界观,在美洲和太平洋与中国、日本和俄罗斯合作,才是美国政策的远期愿景。没有理由认为中国和美国,在这一积极的构想下,就不能在双赢的基础上就美洲及太平洋的未来开展合作。但是问题的关键在于,在当前美国国内高度复杂的政治气候下改变华盛顿的视角和政策。

八 美国与钓鱼岛争端

美国接触钓鱼岛及其附属岛屿的事务,可以追溯到一个半世纪以前。但是,随着时间的流逝,特别是第二次世界大战以及冷战的结束,许多人对历史的记忆已经模糊。今天,华盛顿的政策制定者的主要任务必须是置身于纠纷之外,采取严格公正的立场,并鼓励双方要通过和平外交手段解决争端。

自18世纪以来，就一直有美国商人前往中国和日本。特别是在第二次世界大战期间，美国在太平洋战区采取了较多行动，因此美国人对于该区域的地理当然不会是无知的。美国海军准将马修·佩里（1794—1858年）率领的著名远征军曾在1852年和1854年期间两次访问了日本。众所周知，正是这次历史性的航行打开了日本的大门，为此在1854年美国和日本签署了《神奈川条约》。

然而，已经被人遗忘的是，这位海军准将佩里在1854年还与当时被称作"Lew Chew"的琉球王国谈判了一项公约。自中世纪以来，琉球王国在东亚的历史上是众所周知的。同样广为人知的是，钓鱼岛及其附属岛屿并不是历史上的琉球王国的一部分。当海军准将佩里航行到日本时，他经过了钓鱼岛及其附属岛屿，然后接着来到了单独的琉球群岛链。他选择的航线在东亚地区的中世纪历史上被称为"指南针航线"（Compass Route）。

简单来说，西方的概念和国际法的实践完全不同于传统的东亚体系。东亚体系（被称为朝贡制度）具有一种不同于西方的历史和文化基础。因此，当时双方对琉球群岛状况的认知完全不同。

历史记录清楚地表明，根据当时亚洲的秩序条款，这个王国具有一种复杂的依附关系。从亚洲的角度来看，一方面，琉球王国是处在以中国为中心的传统的东亚朝贡体系之内。另一方面，在中世纪时期该王国曾遭受了日本军阀的入侵并因此付钱给军阀。海军准将佩里和美国承认这种观点上的差异。佩里远征就琉球王国和单独的钓鱼岛及其附属岛屿的情况为美国提供了第一手经验。它大大增加了美国对该地区的地理和科学知识。这次远征在航行期间以及之后绘制了详细的航海图表。

佩里远征的官方成果，包括详细的海图和航海记录，被汇编成三卷本的综合报告正式出版，最终为美国国会乃至全世界所知。佩里远征给美国政府和美国人民的关于琉球岛链的详细地图和海图中，并不包括钓鱼岛及其附属岛屿。这是一个重要的历史时刻，因为以后有人提出了一种虚假和不正当的观点，认为美国在历史上就将钓鱼岛及其附属岛屿视为琉球岛链的一部分。美国在1854年与琉球订立的公约以及佩里远征所做的深入的地理研究都已经确凿无疑地证明，在19

世纪美国就认为钓鱼岛及其附属岛屿群与琉球王国相分离，前者并不是后者的一部分。

今天，在人们对钓鱼岛及其附属岛屿归属进行激烈争论的时候，华盛顿本可以仔细地回顾美国在太平洋地区的历史互动，包括佩里远征。华盛顿必须远离这一长期争端，并且保持严格公正，这样中国和日本可能会通过外交手段以和平方式解决它们的分歧。

九　中美互为敌人吗？

美国和中国互为仇敌吗？有些人可能会这样认为，但现实却是它们在当下并非互为仇敌。根据2012年一份由"百人委员会"（the Committee of 100）——一个杰出美国华裔公民的组织，所赞助完成的报告，今天中美两国彼此都对双方抱有好感。这份题为《美国与中国的公众认知研究》的报告，使用了来自美国和中国的民意测验数据来得出结论。民意调查分别由一家在美国和一个在中国的专业调查公司完成。他们还将2012年的民调与2007年的类似民调结果进行了比较。

研究结果表明，大多数美国公众对中国都抱有好感。对美国有好感的在中国公众中也是真正的大多数。双方的商界领袖和政策专家也大多对对方国家持积极的看法。所以从这份报告来看，在这两个国家如此清晰的看法和意见，都不认为中国和美国互为敌人。实际上，来自美国的民调数据显示，2012年美国公众对于中国作为一个潜在的威胁，与在2007年时相比，更不关心。然而，美国政客在竞选和国会活动时可能会给人以不同的印象。对许多政客来说，抨击中国和以喧嚣的姿态反对中国是他们的拿手好戏。

亨利·基辛格早在半个世纪前就指出，第二次世界大战之后的世界战略环境最终趋向于发展成一个多极化的世界。他说，冷战的两极世界会让位给五个大国的多极结构：美国、俄罗斯、中国、欧洲、日本。很难说今天的世界并没有反映这一多极化的进程。印度和巴西现在也可以增加进来，正如金砖国家的概念所暗示的那样。

正是这一战略环境最终走向多极化的愿景，使得理查德·尼克松总统明智地与中国开展友好关系。在一个多极体系中，国家并不会自然成为敌人。相反，它们可以是竞争对手。这是截然不同的问题。通过适当的外交接触、对话和协商，竞争对手之间可以调节彼此的分歧和消除摩擦。通过娴熟的外交、交流观点和共同的愿景，战争可望得以避免。在世界历史的关键时刻，尼克松总统和亨利·基辛格曾推进的正是这种类型的外交。对他们来说，苏联和中国都不是主动的敌人（active enemies）。

当前对建设性关系的挑战在于美国的领导精英阶层，他们接受的是非建设性的观点，其中带有不合时宜的地缘政治思维的冷战思维。这种圈子里有一个"遏制"欧亚大陆（即俄罗斯和中国）的概念，而且使用的是在19世纪英国帝国战略家哈尔福德·麦金德（Halford Mackinder）的方法。一些人想要把北约纳入这个项目中去。关于新兴的多极世界和美国与亚太地区的关系，在美国有影响力的智库提出了一系列看法。[①]

已经明确无疑的是，不必要的挑衅行动将会制造出敌人，甚至可以导致战争。因此，在太平洋地区不必要的安全化，正如在美国、欧洲和亚洲—太平洋地区的某些圈子所希望的那样，将会造成紧张局势并且可能会在未来引发战争。中国是一个崛起中的大国，而美国是一个试图在迅速变化的世界中保持其地位的大国。

但是有一些西方学者认为，这种情况会自动产生所谓的"安全困境"。这种观点是机械论的，将会产生误导和潜在的危险。历史由人类的力量——包括领导者和广大人民——推动向前的，其发展受到历史和文化的制约。它并非仅仅是一些与世隔绝的象牙塔里的政治科学家们的数学模型。

这种形势要求最高领导人的政治艺术。美国领导人是否具有远见和意愿去开展合作，以建立一种新型的大国关系呢？国内的因素不能低估。美国正面临着严峻的内部挑战，如转移人口统计数据，在联邦和州两级的巨额债务、臃肿的国防预算、无谓的战争、教育系统的挑战、已趋于解体的制造基地以及失业问题等。强大的游说团正在影响华盛顿的政策，

---

① 例如：Carnegie Endowment for International Peace, "China's Military and the US-Japan Alliance in 2030: A Strategic Net Assessment", May, 2013 and Atlantic Council, "Envisioning 2030: A US Strategy for a Post Western World", 2012。

反华网络在国会山非常活跃。①

当前，美国和中国并非互为敌人。但在未来的 10 到 15 年间，也许存在一个机会窗口两个大国可能以和平和果断的方式进行相互调适。在此期间，两国必须建立起各种和平竞争与合作的模式。关于一个公正与和谐的世界的共同愿景，以及建设性的对话和外交，都是必不可少的。美国总统富兰克林·罗斯福当年的远见卓识——即通过联合国和主要大国间的合作使得未来世界更为和平与富有合作性——在当今瞬息万变的国际体系下不仅依然有益，而且也更为必要。

十 避免"修昔底德陷阱"

中美关系必须避免"修昔底德陷阱"和推动双边关系向前发展。2012 年 5 月 1 日，马丁·邓普西（Martin Dempsey）将军在华盛顿特区的卡内基国际和平基金会发言时提出的这一命题，显然非常重要。

在双边关系层面，"中美战略与经济对话"（S&ED）进程对于两国建立一种新型的大国关系是必不可少的。这一进程必须面向和平、发展与合作。特别重要的是，在 2013 年 6 月习近平主席和奥巴马总统举行的首脑会议上，双方都已经表示支持上述目标。

近年来，如上所述，美国的一些政客和官员提出了中美关系对抗论。因为受那些认定国际关系是零和博弈的政治科学家和战略家们理论的毒害，他们呼吁通过硬实力来遏制中国。

反对这项政策的人则试图在外交、安全和经济等领域通过合作来寻求双赢的解决方案。他们还呼吁加强人文交流和文化联系，从而为长期的友谊与合作奠定良好的基础。

硬实力遏制论的倡导者则经常引用崛起大国与守成大国之间的碰撞可以导致战争的理论。西方学术理论界和战略家们所指的是在古代雅典与斯巴达之间产生冲突的例子。

---

① 例如新保守主义政策网络。该网络的一个代表性作品是：Bill Gertz, "China's High Tech Military Threat," *Commentary*, April 2012, Online at: http://www.commentarymagazine.com/article/chinas-high-tech-military-threat/。

他们的理论借鉴的是历史学家修昔底德（公元前460—前395年）以及他的书中对伯罗奔尼撒战争（公元前431—前404年）的解释。雅典和斯巴达以及它们的盟友之间的这场战争发生在希腊人与波斯人在波斯战争（公元前499—前449年）的胜利之后。

在波斯战争期间，希腊城邦成立了一个称为"德里安联盟"（Delian League）的军事同盟军，并且由雅典负责指挥。当战争结束时，联盟成员想要回归到各自独立的状态。但是雅典却试图像主宰其他城邦一样主宰这些盟友，并施加它的霸权。雅典的这一帝国主义政策和其他城邦的反抗，可以说正是在斯巴达加入对抗雅典时爆发伯罗奔尼撒战争的根本原因。

在作为一个雅典人的修昔底德的笔下，正是恐惧使得斯巴达走向对抗雅典，他同时也指出了雅典的一些挑衅行动。现代西方理论家和战略家基于这场古老的战争，创建了一个假定主要大国之间冲突不可避免的模型。尽管他们也提出了不同的解释，但无一例外都包含了冲突不可避免的宿命论。

这种理论具有重要的后果，因为它们可以为一场军备竞赛提供理由，而且更为糟糕的是它们可能被转化成国家战略。参与政策设计的政客们和特殊利益集团可以利用它们来设立不必要的军费预算，以及非建设性的外交政策，而这最终会导致战争。

非常重要的是，目前担任美国参谋长联席会议主席的马丁·邓普西将军呼吁，在中美关系问题上必须避免所谓的"修昔底德陷阱"。他曾在多个场合公开表示，并且向高级文职领导人建议：他不希望因为仅仅对中国的恐惧而使得发动战争不可避免。他本人是资深的美国军事领导人，并且可以向作为美国军队的总司令的总统直接报告。

所以在中美经济与战略对话进程中，特别是在军事和外交问题的讨论中，这种避免战争的观点不仅必须得以明确阐述，而且也应该给出具体的形式。比如，除了讨论的手段以外，还应该包括：建立信任和信心，深化咨询，扩大务实合作，发展处理特殊问题的机制，以及就重大的地缘政治意义的问题做出安排等。

必须有一种比亚太地区更宽广的视野。这种更广阔的视野必须纳入一种更大范围的"太平洋共同体"的概念，它不仅涉及亚太地区，也包括美洲。

双方都必须考虑到历史敏感问题，双方都必须朝着达成能够解决对方各自正当关切的协议的方向努力。在这种正确的相互理解基础上，其他主要大国比如俄罗斯和日本等也可以包含在内，从而为长期和平与合作达成某种程度的共识，较小的国家不应获准在核时代破坏稳定。

十一 未来的方向

任何一种认真的关系都需要通过持续不断的努力予以加强。战略与经济对话进程就是中美关系中的这种基本要素之一。中国和美国之间的互动必须在所有层面上向前迈进。虽然对话和协商得到了加强，务实合作也应加强。必须为广义上理解的太平洋地区的未来发展构建一个共同愿景。这个太平洋共同体将包括亚洲—太平洋地区，以及美国人（北美、中美以及南美洲）。必须在中美之间广泛建立谅解和安排，以促进和平、合作与发展，以避免在敏感地区"踩到别人的脚趾"。

2013年在加利福尼亚州举行的习奥会具有重要的意义。其中一个重要的方面就是美国方面同意与中方着手发展一种新型的大国关系。这一概念在过去的几年里由中方提出。鉴于这种共识只是发生在领导层面，对于官员和学者们而言，仍然需要深入地思考新型大国关系这一概念，进而在理论和实践层面赋予其内涵。

显然，为此必须加强学术互动，在人文交流的基础上将领导决策向前推进。这种学术互动可以采取各种形式，比如访问、研讨会、大型会议以及联合研究项目等。通过这种方式，中国的观点和建议可以鼓励美国方面超越冷战思维，而自20世纪50年代以来，美国在学术层面和官方层面已太多受到各种发端于结构现实主义的国际关系理论的影响。在今天新兴的多极体系中，许多学者相信，比如建构主义等其他理论观点正越来越与现实相符。联合学术研究可以产生新的理论见解，而这反过来又可以帮助决策者和官员采取建设性的行动来建设一种新型的大国关系。

在新兴的多极国际体系中，中国和美国可以而且确实必须合作，同时与其他大国协调；不仅是在亚太议题及其他区域性问题上，而且也要在各种全球性问题上合作。在当前这样一个世界上,通过双边以及多边的手段,包括国家的和国际性的组织,可以实现互利的合作。这样的一个世界上,比如中国之前提出的"和平共处"五项原则等健全的原则可以得到体现。积极的中美关系,中国对于建设一个新的和多极化世界的积极参与,对于我们的时代至关重要。为了世界的和平、发展与合作,"太平洋共同体"的概念可以成为我们的一个目标。

安倍外交的特征

——以"祖父遗传"为中心的解读

若宫启文[*]

日本首相安倍晋三的外交安保政策,既继承了自民党的基本外交政策,也具有以下的自己的特色。

第一,以日美同盟关系为外交的坚定基轴。

第二,举起"俯览地球仪的外交"口号,尤其是重视对东南亚地区的外交。

第三,高唱自由、民主、人权、法治等"普遍价值观"。

第四,强调日本的自尊心,不在历史问题上正面提出对亚洲国家的谢罪。

第五,加强安全保障体制,争取行使集体自卫权,最终实现修宪。

第六,领土问题上,采取整体上的强硬态度。

这些都可以说,日本安倍政权强烈意识到中国的高速经济增长和日益强硬的反日态势,而且逐渐加强海洋军事强国意图。同时,也可以看到,安倍晋三深刻受到自己最尊敬的祖父——日本前首相岸信介的影响。本文从继承"祖父遗传"的视角,解释安倍的外交安保政策。

---

[*] 若宫启文,1970年东京大学法学部毕业后,成为朝日新闻社记者。历任政治部部长,布鲁金斯研究所客座研究员。2008年起任朝日新闻社专栏作家,此外还担任东京大学研究生院客座教授,韩国东西大学客座教授。

1. 岸信介与安倍晋三

岸信介在1896年出生于明治维新过程中担当主要作用的山口县（当时长洲）的名门家庭。他在"伪满洲国"建国时期就任高官，回国之后作为东条英机内阁的商工大臣，参与了对美开战的决策。日本战败后，作为甲级战犯嫌疑人而被捕，但东条等被处刑以后，1948年12月获得了释放。之后，岸信介逐渐恢复了公职，1957年终于当选为日本首相。

岸信介获释的原因，至今没有完全明确，但是在东西方冷战背景下，美国把对日方针转变为"要加强日本的反共势力"，为此积极利用岸信介等保守势力。对此，岸信介也意识到美国的方针，就成为"亲美保守"的代表人物。

岸信介一边作为亚洲的反共基地而加强日美同盟，同时建立"自主宪法制定国民会议"等提出了修宪主张。但是，在任期中主要把修改《日美安全保障条约》为自己的使命，1960年终于修改了该条约。之后，岸信介面临反对修改日美安保条约的学生运动，以此为归咎而辞任首相一职。

1954年9月，安倍晋三出生，父亲是安倍晋太郎（前自民党干事长、外相），母亲是岸信介的长女。安倍晋三深受外祖父岸信介的影响。安倍既坚持日美同盟，又提出修改美军占领时期制定的宪法，那是因为他继承了祖父的意愿。另外，目前安倍所强调的安保体制，也是岸信介所主张的所谓"日美之间的平等关系"的延长。换言之，安倍继承了祖父岸信介所内在的"作为民族主义者的亲美"矛盾。

对目前的安倍政权来说，中国的崛起及围绕钓鱼岛问题的强硬态度就成了一种"良机"。那是因为，日本的"鹰派"支持安倍，并推动安倍重新当上首相。另外，对安倍主张的修宪和行使集体自卫权，中国和朝鲜就起到一种"提供环境"的作用。

2. "修宪"和加强"安保"

2012年4月，自民党修宪案的最大特征，就是修改宪法第九条，主张"创建国防军"。但是，必须要得到国会两院2/3以上的同意。因此，安倍政权并不急于修宪，而是逐步推行安全保障政策的调整。

(1) 修改《防卫大纲》

2013年7月,日本防卫省发表的《防卫力量现状分析的中期报告》,强调朝鲜的核、导弹开发的深刻性,并对中国也进行了从未有过的批判性记述。例如,"军事现代化的现状、目的及未来方向并没有明确,透明度也十分不明确","中国的军事动向,包括围绕利害关系问题的高压性应对,就成了日本及国际社会安全保障的悬念"等。基于这种认识而新制定的防卫大纲将明确记入,拥有对敌基地的攻击能力、为防卫钓鱼岛等西南列岛而新编水陆两用准备队(例如,类似于美国的海军陆战队),引进超高度滞空型无人侦察机(美国的全球鹰)等具体对策。总而言之,除了朝鲜的威胁以外,虽然是对中国海军积极推行海洋发展的对抗措施,明显带有大大改变日本以往的基本安全保障政策的特征。

(2) 解禁对集体自卫权的行使

迄今为止,根据《宪法》第九条日本被禁止行使集体自卫权。但是,安倍修改这种宪法的解释,提出要解禁对集体自卫权的行使。2013年7月,参议院选举后的记者会见上,安倍举到在日本近海防卫中的美国舰船受到导弹攻击之例,"如果附近公海上的日本宙斯盾舰能够击落那些导弹的时候未能击落,那么能维持日美同盟关系吗"。安倍为了准备改变宪法解释,就更换了内阁法制局长官,而且积极推行政府的"重新构筑安全保障法律基础恳谈会"的议论。

(3) 新设国家安全保障委员会(日本版NSC)

目前的国家安保会议参加的阁僚人数较多而流于形式,所以到2014年年初为止重新改编为新的安保委员会,其成员原则上确定为首相、官房长官、外相、防卫相4人。同时,在内阁官方属下新设100人规模的事务局,集中分析各部门的信息。其目的是在首相主导下制定外交与防卫政策。

3. 推行"普遍价值观"外交

安倍就任首相以后,到2013年8月底为止,一共访问来了16个国家。安倍外交的一个重大推动力是中国的积极作为。1月访问了越南、泰国、印尼,5月访问了缅甸,7月访问了马来西亚、新加坡、菲律宾。就这样访问了东盟十国中的七个国家。在访问东盟国家的时候,多次强调了"日美同盟"和"普遍价值观",并发表了《日本外交的五项原则》

("对东盟外交五项原则")。

第一，强调思想、表现及言论的自由等人类的普遍价值。

第二，提倡"海洋是公共物品，并不以力量而通过法和规则的支配"，欢迎美国的介入。

第三，提出自由而开放的经济合作。

第四，文化交流。

第五，青年人之间的交流。

在这五项原则中，第一条和第二条是核心。虽然参与政策制定的谷内正太郎（前外交事务次官）对一系列的日本外交进行说明，"这些绝不是敌视中国而形成对华包围圈，而是为构筑价值共有国家之间的伙伴关系"，但在围绕南海岛屿争端中国和菲律宾的对立的情况下，还向菲律宾提供十艘巡视船，这些毫无疑问是强烈警惕中国而表现出来的。

4. 强调民族自尊心

安倍政权在"恢复强大日本"的口号下，复活经济发展，同时强调民族自尊心。在8月15日战死人员追悼仪式上，安倍并没有提及亚洲国家，反而强调了民族色彩。虽然安倍今年没有参拜靖国神社，但今后仍有可能去参拜。安倍之所以对"侵略"和"殖民统治"责任采取消极态度，是因为祖父岸信介曾经担任过"伪满洲国"的高官，必有一定的联系。同时，拥护甲级战犯合祀于靖国神社的主张，也难以否定关系到甲级战犯嫌疑的祖父的事实。

今年5月预定在韩国举行的中日韩三国峰会被延期，韩国新任总统朴槿惠没有访日，就进行了访华，而且受到了欢迎。这就意味着中韩关系的急速发展，而且这可能导致围绕日本的历史问题而中韩两国的共同对应。虽然安倍以"自由、民主"等价值，主张修复日韩关系。但是两国之间不仅存在着围绕竹岛的主权，而且从军慰安妇和征用劳动者的补偿等历史认识问题，因此一时难以打开日韩之间的困难局面。

5. 结语

当今时代虽然不同于岸信介时代，但是随着中国的崛起，一些人主张"中美新冷战"的到来，与此同时"中日友好"时代却渐行渐远，因此很有必要将岸信介和安倍晋三联结起来分析。当然，目前中美之间密切的经济关系，截然不同于美苏冷战时期，这就是最大的时代区别。另外，中日之间的经济上的相互依存关系，已经达到了从未想象到的水平。如果考虑到环境、粮食、能源等领域，与竞争相比中日之间合作的机会更加广阔。因此，安倍外交也不得不考虑到中日之间的这种密切关系，正谋求同中国进行对话。

安倍政权的外交政策与中日关系

李成日[*]

2012年12月16日,日本进行了众议院选举,自民党获胜,时隔3年后重新掌权。12月26日,自民党政府正式上台,安倍晋三"梅开二度",时隔6年再次出任日本首相。他是战后继吉田茂之后第二位再度任首相的政治家,正式开启了"安倍2.0时代"。

安倍晋三普遍被称为日本新生代政治家,鹰派色彩非常鲜明,强烈主张修宪,赋予日本自卫队更多参与国际维和部队的行动自由。而且,积极提倡爱国主义教育,支持修订历史教科书,希望教科书不再以日本战争期间侵略暴行为重点,教育学生"以国家而感到自豪"。他在2012年10月17日参拜靖国神社,表示"参拜靖国神社是为了表达对为国捐躯的英灵的尊敬,上次担任首相时未能参拜,我悔恨之至"。11月21日,发布自民党竞选纲领时,还声称欲在钓鱼岛常驻公务人员,提出要修改"和平宪法",赋予日本更多的集体自卫权,提升自卫队为"国防军"。由此,安倍政权的登场就引起了中国及亚洲一些国家的高度关注。

从明治维新到20世纪90年代为止,日本的发展虽然经历了二战战败,但在亚洲仍然长期处于领先地位。而现今截然不同,安倍政权所面临的国内外环境异常复杂和严峻,东亚的中国和韩国都在崛起,东南亚各国也都在积极谋求发展;而日本经济长期处于低迷。日本未来何去何从,如何自我定位,选择何种国家发展战略,都亟须运筹帷幄。新任首

---

[*] 李成日,中国社会科学院亚太与全球战略研究院助理研究员。

相安倍会否修改"和平宪法"？在加强日美同盟的时候，如何行使集体自卫权？另外，2010年年底中国首次在经济规模上超过日本以后，中日之间实力比较日益扩大，两国关系也面临新局面，即中日之间的"1972年体制"今后转向何方？在中日关系问题上，能否改善对华关系？还是在领土问题、历史问题上继续挑衅中国？

一 日本企图实现"正常国家"

2006年7月，安倍晋三曾写过一本书——《致美丽的祖国》，对战后日本和德国的发展路径进行了比较。其结论是，德国通过参加北约（NATO）等地区安全组织，既没有耽误经济的复苏和发展，同时又恢复了政治地位和军事上的权利。安倍所想做的一切，无非是为了挣脱二战后国际秩序的束缚，使日本在政治和军事上成为"正常国家"。其实，进入20世纪以来日本政界曾出现过两条截然不同的政治外交路线，即安倍晋三等保守派所主张的"正常国家论"及对外战略上的"新脱亚论"和以鸠山由纪夫主张的构建"东亚共同体"为代表的"亚洲重视论"。

在日本人眼中，"正常国家"意味着拥有军队，可以行使集体自卫权。近年来，日本国内要求修改宪法和行使集体自卫权的呼声日益高涨。而力主修宪的安倍再度出任首相，自然修宪也将再度成为热门话题。目前自民党与公明党在众议院的议席合计超过2/3。如果自民党和公明党都支持修宪或者行驶集体自卫权，那么安倍政权就可能会在修改宪法的程序上做出很大改动，实现行使"集体自卫权"的企图。

安倍当选首相后，首先明确提出了"重视美国，牵制中国"的外交战略。为此，2013年1月13日安倍在日本NHK电视节目上表明，"关于行使集体自卫权的宪法解释的修改是自民党政权的一大方针"。之后安倍在1月20日日本防卫省举行参加戈兰高地联合国维和行动自卫队员的欢迎仪式上称，近几年"日本周边的安全保障环境更加严峻"，必须加强日本的防卫力量。紧接着1月27日在决定修改2010年制定的《防卫大纲》和《中期防卫力整备计划》（2011—2015年），并提出，"要与美国的新国防战略相联系，加强自卫队的职责，并扩充自卫队装备及人员"。新大纲的制定将主要着眼于中国军力的扩充及朝鲜核武器和导弹开发等涉日本周边安全形势的变化上,其焦点集中于提高自卫队的岛屿防卫能力,应对不断"侵犯"钓鱼岛周边"领空"和"领海"的中国。预计,随着安倍内阁修改《防卫大纲》和《中期防卫力整备计划》,日本将会大幅提高军费开支,进一步购买最新高端武器,并扩充自卫队的人数。

根据日本和平研究所2013年1月提出的政策建议,为了面对国内外威胁和危机,应立足于2008年6月《关于再构筑安全保障法律基础的恳谈会》的报告,实现现行宪法解释的变更,确保行使集体自卫权,主要考虑针对公海上向美国舰船的攻击和迎击打向美国领土的弹道导弹。与此同时,为构筑基于共同价值之上的"海洋型同盟",不仅加深日美同盟,而且加快与澳大利亚、印度、东盟等之间的联合,并积极参加联合国维和活动。除此之外,为了加强首相官邸的外交安全领域司令塔功能,争取年底制定2007年曾经被提到的《国家安全保障会议设置法改正案(NSC设置法)》,尽早成立日本版"国家安全保障会议"。

安倍为了急于摆脱民主党政权留下的外交上的被动局面,积极开展所谓"价值观外交"。他在去年12月28日接受《读卖新闻》专访时表示:"同在亚洲拥有共同价值观的澳大利亚和印度以及战略地位重要的越南等国家构建信赖关系,可给中日关系带来新的转变",表明其欲通过与中国周边国家加强关系谋求促进改善中日关系。安倍政权近期在外交安保问题上的一系列动作和表态,明显地带有围堵、遏制中国的意图,事实上安倍所提出的"战略性外交"是回归到其上一次执政时期所提出的"自由与繁荣之弧"的政策思路上。这一政策是指从东南亚经由中东到中欧及东欧,连成一条弧线包围着欧亚大陆,支持拥有与日本"相同价值观"的国家,曾被广泛解读为"围堵中国"的政策。

二 力推"重美遏中",建设"强大日本"

当前,安倍政权正积极配合美国的"重返亚太"战略,加强同东南亚国家之间的合作关系,推动形成对华"包围圈"。安倍在12月16日自民党总裁竞选成功当天就明确表示,将把恢复日美同盟信赖关系作为最优先目标;17日会见记者时又重申强化日美同盟的重要性;18日与美国总统奥巴马通电话,试图加强美日关系。他把日本目前的外交困境全部归结于日美同盟不够稳固而造成的,只要强化日美同盟,就能解决一切问题。

2013年1月17日,日美两国政府在东京举行关于修改《日美防卫合作指针》的首次事务级磋商,讨论修改指针事宜,目的是谋求进一步加强美军和自卫队之间的军事合作。日美双方正考虑修改日美防卫合作指针,促使美军和日本自卫队在东亚地区开展更有效的合作,这是双方15年来首次修订《日美防卫合作指针》。据媒体报道,日美双方此次针对该方针进行再次修改,主要为了应对中国带来的"新威胁"。1978年11月,日美两国曾经制定了日美防卫合作指针,以推进两国在军事方面的合作。1997年9月,日美首次修改日美防卫合作指针。1999年5月,日本国会通过了《周边事态法案》《自卫队法修改案》和《日美物品劳役相互提供协定修改案》等相关法案,明确日美之间的作用和分工,加强了军事合作关系。

2011年11月,美国宣言"回归亚太"以后,正极力推进TPP的进程,并且敦促日本参加。但是日本国内对是否参加TPP议论纷纷,自民党更是在这一问题上持消极态度。所以美国希望通过安倍访美,在TPP问题上获取日本的配合。另外,就驻日美军基地问题,尤其是普天间机场迁移问题,由于日本国内的强烈反对,日本政府迟迟拿不出有效的解决办法,致使美军在亚太地区的军事部署(包括向关岛的部队转移)等长期没有进展。因此,美国一方面积极拉拢安倍政权牵制中国,另一方面对安倍政权在TPP问题和美军基地等问题上将施加一定压力。除此之外,安倍晋三曾发言,要对以前日本作为政府正式表态所做的三个讲话(有关日本侵略历史的"村山讲话"、有关慰安妇问题的"河野讲话"、有关历史教科书问题的"宫泽讲话")进行修改,试图否认日本的侵略历史和在二战时期所犯下的罪行。这些右翼、鹰派言行使美国也感到不安。

安倍就任首相之后,把首选出访国家选为东南亚,1月16日至19日访问越南、泰国、印尼,并发表了所谓"安倍主义",显示出牵制中国的意图。之前1月2日至5日,安倍派出副首相兼财务相麻生太郎访问缅甸,1月9日至14日又派外相岸田文雄访问菲律宾、新加坡、文莱、澳大利亚,积极拉拢东南亚国家,尤其是南海问题上的一些声索国。

在东南亚访问期间,安倍特意阐述了日本与东盟之间的所谓"外交五原则"。第一，日本要与东盟国家共同创造并扩大自由、民主、基本人权等普遍价值观。第二，由法律而非力量支配的自由、开放的海洋是公共财产，日本愿与东盟国家全力维护海洋权益和航行自由，欢迎美国重视亚洲的政策。第三，积极推进日本与东盟国家的经贸合作，促进投资，推动日本经济复苏，并与东盟各国共同繁荣。第四，与东盟共同发展并维护亚洲文化和传统的多样性。第五，进一步促进日本与东盟各国年轻人之间的交流。与此同时，为了改善因"独岛"（日本称"竹岛"）争端而恶化的日韩关系，安倍一边宣布暂停"竹岛日"活动，一边派前财务大臣额贺福志郎作为特使，向韩国总统当选人朴槿惠转交亲笔信，试图拉拢韩国。这些都是实际上为了复活第一次安倍内阁时代的"自由与繁荣之弧"的政策构想，积极拉拢东亚国家，牵制中国。

三 中日关系能否会"回暖"

目前中国是日本最大的贸易伙伴，日本将钓鱼岛"国有化"以来，给日本经济，尤其是以汽车为首的制造业造成了重创；而试图赖以维持经济增长的旅游业，也因中国游客的急剧减少，遭受沉重打击。最近由于中日关系处于低谷，日本正急欲扩大东南亚市场。由于日本对东南亚的外交一直是"经济挂帅"，所以日本的这一举动可以说具有优势。目前中国在东南亚地区也有大量的投资，日本对东南亚的举动在客观上可能给中国带来一定的压力。

2012年12月31日安倍在接受采访时表示，"中日关系是最重要的双边关系之一，即便是在国家利益产生冲突时，重要的是要保持冷静不使经济关系受损，要以世界范围的角度来审视中日关系"。岸田文雄外相也在2013年1月27日记者会上称，"中日关系作为战略互惠关系，是重要的双边关系"，显示出恢复和改善中日关系的意图。中日之间的战略互惠关系，是2006年安倍第一次组阁以后，闪电访问中国之后而达成共识的。但是，他最近对华强硬发言和政治倾向，要引起高度关注和警惕。

中日之间的"政冷经冷"关系或将是当前一段时期的主脉，在此背景下日方能否真有诚意行动使中日关系恢复，人们将拭目以待。目前，安倍正巧妙地玩弄两手：一边展示军事上日本的野心，另一边又"放低姿态"想改善中日关系。安倍的修宪扩军在短期内兴许能转移国内民众在经济发展问题上对政府强烈不满情绪的视线,但长期来看,会给中日关系造成不可预估的后果。

安倍上台以后,鸠山由纪夫前首相、公明党党首山口那津男、村山富市前首相等日本政要相继访问中国,试图恢复和改善中日关系。1月25日,中共中央总书记习近平会见安倍首相特使——日本公明党党首山口那津男时强调,要保持中日关系长期健康稳定发展,必须着眼于大局,及时妥善处理好两国间存在的敏感问题,并通过对话磋商找到妥善管控和解决问题的有效办法。目前,中日之间围绕钓鱼岛问题的紧张局势在继续恶化,很难预测事态的发展变化,如何打破中日僵局改善两国关系,关键在于安倍政权的诚意和具体行动,目前难以乐观。

四 结论

从最近情况来看,日本首相安倍一方面示意改善对华关系,一方面并不改变其在钓鱼岛问题上的强硬立场,表现出非常矛盾而焦虑的心态,反映了其在对华关系问题上进退两难的境地。尽管如此,在日本迈向所谓"正常国家"的进程上,安倍沿袭2006年第一次执政时期的政策大方向,将向"正常国家"的实现迈出较大的步伐。例如修改宪法解释,行使集体自卫权,修订《自卫队法》,重新制定《防卫大纲》,优先加强日美同盟,推动所谓"价值观外交",企图牵制中国的和平崛起。因此,应该从中日关系大局、中国的周边战略、构建新型大国关系等综合角度考虑中日关系的发展方向。

第一,积极利用日本国内希望改善中日关系的愿望和倾向,创造条件推动两国之间的民间交流,争取改善中日关系。

第二,不断深化中美之间新兴大国关系,加强在维护东亚地区和平和稳定问题上的合作,同时明确表明在维护主权等核心利益问题上的立场,坚决反对美国干涉中日之间的领土争端,牵制美国利用和扶植日本。

第三,要全面推动对东南亚国家的周边外交,加深双边或多边合作关系。要采取多样化手段,一方面对越南、菲律宾等周边声索国采取强有力的牵制和反制,另一方面积极扩大经济投入,加强经济渗透,有效扩大地区影响力。

第四，从应对TPP角度上，积极推动中日韩自由贸易区（FTA）谈判，尤其利用和加强中韩战略合作伙伴关系，优先推动中韩自贸区谈判，尽早使之成功，从而防止加深美日韩军事安全合作。

"战略互惠关系"的定位：
中日比较的视角[*]

邱 静[**]

2008年5月，胡锦涛主席和福田康夫首相签署了《中日关于全面推进战略互惠关系的联合声明》，中日两国正式将双边关系定位为"战略互惠关系"。三年来，中日"战略互惠关系"既时常闪现亮点，又不断经历考验。在最初两年中，虽然日本政坛更迭频繁，长期执政的自民党也被民主党所取代，但中日两国关系的大局基本保持了平稳态势。然而，自2010年9月中日钓鱼岛撞船事件后，两国关系骤然紧张，对于中日"战略互惠关系"的未来也出现了很多质疑的声音，甚至有观点认为，"中日关系从战略互惠走向战略对抗"。从2011年年初开始，中日关系的紧张局面随撞船事件的解决渐趋缓和。2011年3月，日本东北地区发生特大震灾后，中国立即给予日本慰问，并向地震灾区派遣国际救援队，提供大批救援物资和赈灾款。2011年5月，在中日韩第四次领导人会议正式开始前，经中方倡议，中韩两国领导人先行访问日本宫城县、福岛县地震灾区。温家宝总理表示，中国将支持日本的灾后重建，恢复和扩大赴日旅游，并在确保安全的前提下放松从日本进口食品的限制。5月22日，中日韩三国发表了第四次领导人会议宣言，确认了三国友好合作的共识。菅直人首相在当天与温家宝总理举行会谈时表示，"希望今后进一步深

---

[*] 本文原文发表于《外交评论》2012年第1期，感谢作者惠允编入本书。
[**] 邱静，中国人民大学国际关系学院副教授。

化、发展战略互惠关系。"① ①这些交流和共识无疑意味着中日两国关系的恢复和发展。2011年12月，野田佳彦首相访华。在中日两国关系正常化40周年之际，两国领导人再次重申要增进政治互信、扩大交流合作，共同开创中日战略互惠关系的新局面。

纵观三年来中日战略互惠关系的发展可以发现，中日关系并未因确立"战略互惠关系"而自动实现良性互动。领土问题、东海问题、历史问题、教科书问题等长期困扰中日关系的症结仍未消失，在"战略互惠关系"下尚未发展出解决这些问题的新机制，相反，"战略互惠关系"的发展仍然受到这些因素的制约。例如，就在中日两国积极开展震灾救援合作的背景下，2011年3月30日，日本文部省公布了新版教科书审定结果，全部七家出版社发行的社会科教科书均声称钓鱼岛是日本领土，中国外交部对此向日方提出了严正交涉。此外，人们对于中日关系的认识能如此容易地在"战略互惠"与"战略对抗"间循环，这本身也是一个值得深思的问题。上述情况表明，中日战略互惠关系仍然需要探索进一步巩固和发展的模式。笔者认为，造成这种情况的原因之一是中日两国对于战略互惠关系的理解和定位不尽相同。虽然中日两国关系不断取得突破，但为了避免今后再次出现反复，有必要以更长远的眼光审视中日"战略互惠关系"的内涵，在把握中日定位差异的基础上，思考"战略互惠关系"的实现方式。

一 中国：从"和平友好"到"战略互惠"

新中国对中日关系的定位是以"和平友好"为基调的。一方面，"和平共处"是中国同所有国家发展对外关系的原则，"睦邻友好"是中国处理与周边国家关系的原则。而另一方面，中国对中日关系的定位与同其他国家的关系有所不同。尤其是在20世纪90年代之前，在两国主张友好的政界、民间人士的努力下，中日关系的许多原则和实践都体现了两国间更加紧密的联系。早在1962年（中日邦交正常化10年之前），中国的

---

① 《菅直人望深化日中战略互惠关系》，共同网，2011年5月22日。http://china.kyodonews.jp/news/2011/05/9477.html。

杭州市和日本的岐阜市就互换了"日中不再战"和"中日两国人民世世代代友好下去"的纪念碑。这里所体现的和平友好关系实际已经不只是"不敌对"和"和平共处",而更接近于一种真诚的友情,是比一般的"友好"更加"友好"的关系。虽然日本在历史上发动了侵略中国的残酷战争,但中国始终强调两国有长期友好交往的历史,作为在地理和文化上都有紧密联系的"一衣带水"的邻邦,应当以史为鉴、面向未来,发展两国的友好关系。最有代表性的是,在1972年实现两国邦交正常化的《中日联合声明》中,中国方面提出:"为了中日两国人民的友好,放弃对日本国的战争赔偿要求。"① 在此,"友好"是一种目标而不只是一种手段,在某种程度上甚至可以超越对于简单"利益"或"战略"的追求。1998年11月25日,江泽民主席对日本进行正式访问,这是中国国家元首首次访问日本,双方发表中日联合宣言,宣布两国建立"致力于和平与发展的友好合作伙伴关系"。在此,"友好"仍然是中国定位两国关系的关键词。

20世纪90年代以来,中国外交政策有所调整。中日关系也从"致力于和平与发展的友好合作伙伴关系"发展到目前的"战略互惠关系",由强调"友好"开始转向了强调"战略互惠"。但是,从中国方面来看,无论是构建战略互惠关系的出发点,还是推动这种关系的实际努力,都没有完全脱离最初的"和平友好"基调。

首先,从构建战略互惠关系的出发点来看,对中日关系而言,"战略"本身就具有和平友好的使命感和责任感的内涵。事实上,从1997年开始,中国就已经开始考虑以"战略"定位21世纪的中日关系。当时,中国在定位中俄、中美关系时都使用了"战略"的提法,因此考虑中日关系的定位也使用"战略"一词。1998年,江泽民主席访问日本时,中日双方曾讨论过相关问题,但由于日本方面意见不一,最终没有采用这一提法。② 当时,中日关系的基本定位仍是此前的"和平""友好""发

---

① 虽然放弃战争赔偿要求的决策受20世纪70年代国际形势变化和新中国外交政策调整的影响,但在分析时不能忽视当时中国外交决策的特点,即不仅仅看重利益或战略,也注重道德和意识形态因素。

② 《中日关系将调整定位》,《世界新闻报》,2007年4月11日。http://gb.cri.cn/12764/2007/04/11/2225@1541033.htm。

展",这种基调在十年后"战略互惠关系"成为两国共识时并没有消失。正如原中国外交部副部长、前驻日本大使徐敦信所指出的那样:"中国在对外关系中,先后同包括周边邻国在内的多个国家建立了战略伙伴关系,尽管文字表述不尽相同,但这种新型的战略合作关系既不同于冷战时期的结盟,也不针对任何第三方,更没有所谓的'假想敌'。中日互为重要近邻,中方当然希望从战略高度和长远角度同日本发展睦邻友好,在更高层次加强互利合作,走共同发展、共同繁荣之路。"[1] 徐大使还特别强调:"中日战略互惠关系是中日睦邻友好关系的继承和发展,中日关系不仅是重要的双边关系,也是面向地区和世界负有重大责任的关系。在日本有一种把战略互惠同睦邻友好、日中友好割裂开来,甚至对立起来的说法,在我看,这不仅不符合构筑战略互惠关系的本意,而且也是对中日关系历史的无知。"[2]

其次,从推动战略互惠关系的实际努力来看,中国方面始终强调在互利和共同发展的同时,要以发展两国友好关系为目标,并认为友好本身是战略互惠关系的重要内涵。

中国国家领导人在论及中日战略互惠关系时,反复强调"友好"是两国关系发展的目标、基础和重要内容。例如,2009年4月29日,温家宝总理在会见麻生太郎首相时表示:"中日友好是大势所趋,人心所向。"[3] 2009年9月21日,胡锦涛主席在会见鸠山由纪夫首相时强调:"中国始终从战略高度和长远角度看待和发展中日关系,我们将继续奉行中日友好政策,同日方一道致力于实现两国和平共处、世代友好、互利合作、共同发展的大目标。"[4] 2010年5月31日,温家宝总理与鸠山由纪夫首相会谈时指出:"双方要牢牢把握中日战略互惠关系发展的大方向,坚持中日四个政治文件的各项原则和精神,增进战略互信,确保和平、

---

[1] 徐敦信:《关于中日战略互惠关系的由来、内涵和面临的课题——在复旦大学日本研究中心成立20周年庆典暨第20届国际学术研讨会上的演讲》,《日本研究集刊》2010年下半年刊,第1页。

[2] 同上书,第2页。

[3] 《温家宝在人民大会堂与日本首相麻生太郎举行会谈》,中华人民共和国驻日本大使馆主页,2009年4月29日。http://www.china-embassy.or.jp/chn/zrgx/t559778.htm。

[4] 《国家主席胡锦涛会见日本首相鸠山由纪夫》,新华网,2009年9月21日。http://www.china-embassy.or.jp/chn/zrgx/t592177.htm。

友好、合作始终成为两国关系的主流……中国坚持和平发展道路,奉行睦邻友好政策。中国在战略上将日本视为伙伴,而不是对手,更不是敌手。两国作为近邻和亚洲大国,都应以这样的心态看待对方,看待对方的发展,真正实现和平共处、世代友好、共同发展。"[1] 2010年6月27日,胡锦涛主席在会见菅直人首相时也指出:"发展长期稳定、睦邻友好的中日关系符合两国和两国人民根本利益,也是国际社会普遍期待。"[2] 2011年5月21日,温家宝总理在慰问日本重灾区时发表讲话说:"我们要加强抗灾救灾领域的合作,同时促进中日关系的进一步改善。中日两国人民世代友好,从根本上有利于两国人民的根本利益,也有利于亚洲乃至整个世界的和平与繁荣。"[3] 2011年8月30日,温家宝总理致贺电给日本新任首相野田佳彦,指出:"中日互为重要近邻,都是亚洲和世界具有重要影响的国家。发展长期稳定、睦邻友好的中日关系,符合两国和两国人民的根本利益,也有利于亚洲乃至世界的和平、稳定与繁荣。"[4]

20世纪90年代以来,处于中日关系最前沿的历任驻日大使在论及中日战略关系时,均反复提及"友好",认为"中日两国既是友好的近邻,同时经济互补性也很强",[5] "中日两国国情各异,社会体制不一样是正常的,这不应影响我们之间的友好交往",[6] "合作、友好相处会使两国都能受益",[7] "应该共同努力使两国人民世世代代友好下去。"[8] 现任驻日大

---

[1] 《温家宝同日本首相鸠山由纪夫会谈》,中华人民共和国外交部主页,2010年5月31日。http://www.china-embassy.or.jp/chn/zrgx/t705323.htm。
[2] 《胡锦涛会见日本首相菅直人》,中华人民共和国外交部主页,2010年6月27日。http://www.china-embassy.or.jp/chn/zrgx/t712043.htm。
[3] 《温家宝抵达日本重灾区慰问并在废墟上发表讲话》,中华人民共和国外交部主页,2011年5月22日。http://www.china-embassy.or.jp/chn/zrgx/t824335.htm。
[4] 《温家宝总理电贺野田佳彦当选日本首相》,中华人民共和国驻日本大使馆主页,2011年8月31日。http://www.china-embassy.or.jp/chn/zrgx/t853747.htm。
[5] 《陈健会长2010年10月接受东方时空采访录音整理稿》,中国联合国协会主页,http://www.unachina.org/hczs/hzft/267556.shtml。
[6] 《中国7位大使揭外交内幕:王毅称中日打开僵局》,《环球》2006年12月11日。http://news.hsw.cn/system/2006/12/11/004959616.shtml。
[7] 《中国驻日本大使崔天凯谈周边外交、中日关系》,新华网,2009年7月22日。http://www.xinhuanet.com/xhft/20090722/wz.htm。
[8] 《武大伟副部长谈中日就东海问题达成原则共识》,中华人民共和国驻日本大使馆主页,2008年6月20日。http://www.china-embassy.or.jp/chn/zrgx/t467119.htm。

使程永华表示:"当前国际地区形势正在经历深刻而复杂的变化。在此背景下,中日两国也都迎来了各自改革发展的重要历史时期。全面推进战略互惠关系日益成为双方共同面临的重要紧迫问题。站在新的历史起点上,中日双方应着眼于实现两国和平共处、世代友好、互利合作、共同发展的大目标,不断增进政治互信、不断加强各领域交流合作、不断扩大共同利益。"①

此外,中国在防灾救灾、清洁能源、可再生能源、绿色低碳、循环经济、高科技、防务交流等领域注重同日本开展合作的同时,始终强调推动中日友好关系的发展,尤其是加强中日民间友好交往。这是中国的一贯立场。2011年5月23日,温家宝总理在会见菅直人首相时再次表示,中方将邀请500名日本灾区学生来中国休养交流,将与日方一道办好两国"影视周""动漫节"活动和4000名青少年互访活动,巩固中日友好的民意基础。② 10月24日,在会见第五届中日友好21世纪委员会第三次会议双方委员时,温家宝总理再次强调:"中日友好的根基在民意,在两国的国民感情。"③ 可以看到,在中国方面看来,在进入"战略互惠关系"的新阶段后,中日关系依然并不仅仅是以"利益"为出发点的,"友好"仍然是两国关系发展的重要基础、内容和目标。

二 日本:从"政经分离"到"战略互惠"

与此相对,日本方面对"战略互惠关系"的认识似乎与中国有所不同。战后初期,中日两国关系经历了非正常化阶段。从战后初期到20世纪80年代,日本虽然长期由保守势力掌权,但民间对于和平民主的呼声高涨,很多进步人士要求与社会主义新中国加强关系,很多日本国民也热情支持两国世代和平友好。在中日邦交正常化和战后50周年等时期,

---

① 《新任驻日大使:推动中日战略互惠关系深入向前发展》,新华网,2010年4月13日。http://news.xinhuanet.com/world/2010-04/13/c_1231241.htm。

② 《温家宝与日本首相菅直人举行会谈》,中华人民共和国外交部主页,2011年5月23日。http://www.china-embassy.or.jp/chn/zrgx/t824465.htm。

③ 《温家宝称中日关系总体形势友好根基在民意》,中华人民共和国驻日本大使馆主页,2011年10月24日。http://www.china-embassy.or.jp/chn/zrgx/t870060.htm。

几任日本内阁都表现出了重视中日友好的态度。到了20世纪90年代，日本保守化、"右倾化"思想急剧抬头，[①] 日本政界开始追求"正常国家化"，许多言论和行为损害了与包括中国在内的亚洲国家的关系。在这样的背景下，中日关系在曲折中向前发展。自20世纪90年代中期开始，在很长一段时间里，"政冷经热"是两国关系的突出特点，而形成这一局面的主要原因之一，则是几任日本内阁对中日关系的定位越来越明显地变成了"政经分离"，"友好"已经相当淡化，而"利益"日益凸显为最大的诉求。

如前所述，"战略互惠关系"的定位早在1998年前后就开始酝酿了，但由于当时日本各界对于"战略"一词比较敏感，最终双方没有采用这个提法。而从2006年开始，日本主动提出要与中国发展"战略互惠关系"。这一次，日本方面的考虑是："如果只提'友好'，即使双方对某些问题存在异议也不好直说，好像说了就会影响'友好'。可是中日关系绝对不是只谈友好就可以真正好起来的，比如东海问题、钓鱼岛问题乃至历史观问题等等，这些都需要双方平等协商，才能真正互相了解，最终达成共识。日本希望和中国形成'一种可以直抒胸臆的关系'。"[②] 基于这样的认识，日本改变了拘泥于将"战略"一词理解为"同盟"关系的做法，而将其视为全面合作，开始推动建立中日"战略互惠关系"。可以看到，日本方面对"战略互惠"的理解经历了一个变化的过程，而这种理解与"友好"存在一定距离，甚至在某种意义上是对"友好"这一定位的替代。

"战略互惠关系"的实际构建始于安倍晋三内阁时期，但安倍内阁对中日关系的定位并非"和平友好"，而是"政经分离"。虽然安倍上台后即访问中、韩，并多次强调要修复与亚洲邻国的关系，但在历史问题上，安倍自担任官房长官时起，就一面赞同前首相村山富市的道歉声明，一

[①] 事实上，日本保守思潮并非20世纪90年代才突然高涨，而是和平民主思潮的衰退导致日本缺乏对保守势力的制衡。虽然人们通常认为，和平民主思潮衰退的原因在于日本国内社会结构的变化和以苏东剧变为代表的国际环境的变化，但是仅凭这些背景无法解释思想界迅速的"转向"。一个典型的例子就是经济增长和经济衰退都曾被用来解释日本政治思潮的右倾化，这不得不使人认为，在客观背景变化之外，还需要关注更深层的思想背景。

[②] 发言者为日本外务省国际报道官，参见《中日关系将调整定位》。

面否认东京审判、否认"战犯民众二分论";一面避免"正式参拜"靖国神社,一面暗中参拜,并认为邻国不应因参拜问题停止互访。实际上,解读这种"暧昧"政策的关键词,恰恰是小泉纯一郎内阁时期已经开始实践的"政经分离"。安倍在当选前后多次提出要以"政经分离"界定中日关系。例如,围绕参拜靖国神社问题,他强调,不应让政治问题影响互惠关系。但是,这与"不应让参拜问题影响互访"一样,并非意味着要改善政治关系,而是强调要保障经济关系。他希望"将与中国建立起比现在更为紧密的、经济性、互惠关系"。① 但是,这种关系实际并非对"政冷经热"的改善,而是对"政冷经热"的维持。

"政经分离"虽然并非日本历届内阁一贯的明确主张,但能够代表日本国内一些人的看法。目前中日关系的定位已从"政经分离"过渡到"战略互惠",但日本方面对于"战略互惠关系"的认识仍不同于中国"和平友好"的基调。对此,从日本历任内阁在谈及"战略互惠关系"时的主要内容可以略见一斑。

安倍晋三内阁辞职后,中日"战略互惠关系"在福田康夫首相任内正式确定。在 2008 年 5 月的《中日两国政府关于加强交流与合作的联合新闻公报》中,除了涉及"青少年友好交流"等具体事项,并没有写入"友好"的定位。② 日本历届内阁领导人在提及"战略互惠关系"时,对于"友好"的强调也远远少于中国。例如,在前述 2008 年以来中日领导人历次会晤中,日本领导人虽然表示重视两国关系,但更强调的是"中日两国有责任为亚洲乃至世界和平与发展做出努力,为此双方应不断增进了解、增强互信、加强互惠合作"③ 的基调。除了时有提及"增进两国人民的感情",并在个别情况下谈到"和平友好条约的精神"或"积极鼓励青少年交往,增进两国民间友好",日本方面在谈及"战略互惠关系"

---

① 参见安倍晋三"美しい国へ"(文藝春秋、2006 年)第五章。
② 《中日两国政府关于加强交流与合作的联合新闻公报》,中华人民共和国外交部主页,2008 年 5 月 12 日。http://www.china-embassy.or.jp/chn/zrgx/t451605.htm。公报中使用"友好"一词仅限于提及"新一届中日友好 21 世纪委员会"和"青少年友好交流",以及"为增进中日两国人民的友好感情,中方同意向日方提供一对大熊猫"。
③ "胡錦濤中国国家主席の訪日(日中首脳会談の概要)",日本国外務省 HP,2008 年 5 月 7 日。http://www.mofa.go.jp/mofaj/area/china/visit/0805_sk.html。

时都基本上没有使用"友好"的提法。①

　　2009年9月,日本政坛由民主党取代长期执政的自民党主掌政权,以小泽一郎在党首选举中失利为标志,民主党内部也开始体现出新老交替的气象。但此前占政界主流的保守思想虽然受到一定的挑战,却未发生根本性的改变。2010年6月11日,菅直人首相在施政演说中表示,他的构想是以现实主义而非意识形态为基调推进外交,具体说来,就是要"以日美同盟为基础,同时加强与亚洲各国的合作"。关于中国,其施政演说主要提到了"深化战略互惠关系",但对于如何深化这种关系并没有具体展开。不过,他的演说中有一些相关之处:一方面,日本要在"观光立国"的方针下,在鸠山内阁的基础上大幅放宽对签证的限制,吸引更多的中国游客;另一方面,日本要"同以亚洲国家为主的周边国家强化政治、经济、文化等各个方面的关系,未来构想建立东亚共同体"。②从这些原则来看,日本并没有像当年那样只强调经济,但仍然在对华外交中重视现实的经济关系。

　　在2010年9月发生钓鱼岛撞船事件后,中日关系一度陷入僵局。中国对日方违反国际法的行为提出了严正交涉。此后,中国注意到日方改善两国关系的表态,表示愿与日方共同维护和推进战略互惠关系,希望日方以实际行动体现诚意。2010年11月13日,胡锦涛主席在出席亚太经合组织第十八次领导人非正式会议期间,应约同菅直人首相会晤。胡锦涛主席强调:"中日两国走和平、友好、合作之路是符合两国和两国人民根本利益的正确选择。双方应该从战略高度和长远角度,恪守中日四个政治文件确定的各项原则,牢牢把握中日关系发展的正确方向,努力推动中日战略互惠关系沿着健康稳定的轨道向前发展。双方应共同努力,持之以恒开展民间和人文交流,增进两国人民相互了解和友好感情。中日互为主要经贸合作伙伴,双方应继续深化双边互利合作,在国际事务

---

　　① 参见日本外务省和中国外交部对2008年以来两国领导人会晤的相关报道。
　　② 以上施政演说内容均出自"菅内閣総理大臣の所信についての演説"(第174回国会本会議第35号会議録、平成22年6月11日)。http://www.shugiin.go.jp/itdb_kaigiroku.nsf/html/kaigiroku/000117420100611035.htm? OpenDocument。

中加强对话协调，共同致力于亚洲振兴，共同应对全球性挑战。"① 在此，"友好"仍然是中国方面强调的定位。对此，根据中国方面的报道，"菅直人首相表示完全赞同胡锦涛主席关于中日关系发展的意见，希望双方加强各领域交流合作，推动两国关系进一步改善和发展。"② 但在日本外务省关于此次会谈的概要中，没有直接写明关于菅直人首相完全赞同中方意见的内容。根据日本方面的报道，菅直人首相表示要强化两国的战略互惠关系，但并未使用"友好"的提法。③

在2011年3月日本东北地区发生严重地震灾害之后，中国开展了援助和慰问行动，日本对此表示感谢，两国关系进一步发展。2011年4月12日，温家宝总理与菅直人首相通电话。对于菅直人首相的谈话内容，日本方面的报道为："双方一致认为，借今年辛亥革命100周年、明年日中邦交正常化40周年这些重要时机，两国在以下三个方面致力于切实积累具体成果，以充实'战略互惠关系'和改善国民感情。（一）开展防灾、核安全、环保领域的合作；（二）为使东海成为'和平、合作、友好之海'而共同努力；（三）进一步加强人文交流。"④ 而中国方面的报道为："菅直人说，日中两国是一衣带水的友好邻邦，日方高度重视日中关系，愿同中方共同努力，加强两国在防灾救灾、核安全、清洁能源、人文等领域的交流与合作，推动日中战略互惠关系向前发展。"⑤ 2011年5月22日，温家宝总理和菅直人首相举行会谈。对于菅直人首相的谈话内容，中国方面的报道为："菅直人表示，日本特大地震海啸灾害发生后，中国政府和人民立即表示亲切慰问并提供宝贵援助。温家宝总理一抵达日本就专程赴灾区慰问，使日本人民深受感动和鼓舞，有力增进了两国人民之间的友好感情。他感谢中方有关进一步支持日方救灾和灾后重建

---

① 《胡锦涛同日本首相菅直人会晤》，中华人民共和国外交部主页，2010年11月13日。http://www.china-embassy.or.jp/chn/zrgx/t768907.htm。
② 同上。
③ "横浜APEC首脳会議の際の日中首脳会談（概要）"，日本国外务省HP，2010年11月13日。http://www.mofa.go.jp/mofaj/kaidan/s_kan/apec_10/china_sk.html。
④ 《日中首脑电话会谈》，日本驻华大使馆主页，2011年4月12日。http://www.cn.emb-japan.go.jp/fpolicy/j-c110412.htm。
⑤ 《温家宝同日本首相菅直人通电话》，新华网，2011年4月12日。http://www.china-embassy.or.jp/chn/zrgx/t814556.htm。

的措施和建议,表示这将有力支持日本的灾后重建工作。日方愿进一步密切两国高层交往和各级别磋商,加强经贸、节能环保、旅游、人文等领域的交流合作,推动两国战略互惠关系向前发展。"① 而日本外务省在关于此次会谈的概要中没有写明上述关于"友好"的内容,只记载了菅直人表示应落实两国关于东海成为"和平、合作、友好之海"的建议。②

可以看到,中国方面的报道重视日本关于"友好"的说法,而日本方面的报道并不将涉及"友好"的言论当作最值得关注的内容。这本身也可以说明两国在"友好"这一定位方面的差异。此外,虽然中日两国的相关报道显示菅直人首相曾多次提及"友好",但从他发言的内容来看,他主要强调的仍然是两国的互利合作。

2011年8月,日本政坛再次发生变动,民主党的野田佳彦出任首相。野田曾多次在接受媒体采访时表示,为迎接2012年日中邦交正常化40周年,将深化两国的战略互惠关系。③ 在谈及2010年9月发生的钓鱼岛撞船事件时,野田表示:"(日中)两国构筑防止冲突的危机管理联络机制是十分重要的。同时也很有必要建立与中国的复合型人脉关系,增加两国的相互信赖。"④ 就钓鱼岛和历史认识等问题,他还指出:"虽然有时会发生难解的问题,但为了不影响日中关系全局,双方都必须从大局出发做出努力。"⑤ 这些言论都表明,日本新内阁主张继承中日"战略互惠关系"的定位,并强调两国的相互信赖和大局意识。但与此同时,野田在提及中日关系时,主要的着眼点仍是中日两国的具体合作。2011年9月13日,野田在日本众议院发表就职后的首次施政演说,指出日美同盟是日本"外交和安全保障基轴"。在中日关系方面,"在来年中日邦交正常化四十周年之际,将在各个领域推进两国的具体合作,在促使中国作为

---

① 《温家宝与日本首相菅直人举行会谈》。
② "日中首脑会谈(概要)"、日本国外务省 HP、2011 年 5 月 23 日。http://www.mofa.go.jp/mofaj/area/jck/summit2011/jc_gaiyo.html。
③ 《日本新首相野田佳彦直指中国军事透明》,《环球时报》,2011 年 9 月 22 日;《日本首相野田佳彦表示将深化日中战略互惠关系》,人民网,2011 年 9 月 25 日。
④ 《日本新首相野田佳彦直指中国军事透明》。
⑤ 《日本首相野田佳彦表示将深化日中战略互惠关系》。

国际社会负责任一员、进一步提高透明度、承担相应任务的同时,深化两国的战略互惠关系"。① 在接受美国媒体采访时,野田还强调:"中国提高军事力量透明度是第一重要的事。在海军方面也是,国际社会都在期待中国进一步说清自己的情况。"② 同时,他还提出,就朝鲜绑架日本人问题,日本将促使中国向朝鲜施加更大的影响力。③ 可以看到,野田在论及两国关系时,首先被提及的是"两国的具体合作"和"促使中国提高透明度"。"从大局出发做出努力"的目标虽然是"日中关系的全局",但"大局"的含义是战略高度还是避免冲突,"全局"的含义是超越现状还是维持现状,这些都需要拭目以待。

2011年12月25日至26日,野田对中国进行了为期两天的正式访问。这是民主党执政后日本首相首次访华。在两国领导人会谈中,胡锦涛主席和温家宝总理都表示:"中日两国坚持走和平、友好、合作之路,不断巩固和发展战略互惠关系,有利于实现互利双赢、共同发展,也有利于亚洲和世界的和平、稳定与发展、繁荣。"2012年将迎来中日邦交正常化40周年。中方愿同日方一道,高举中日友好旗帜,精心筹划和办好各项纪念活动和"中日国民交流友好年"活动,"按照中日四个政治文件确定的各项原则和双方达成的一系列重要共识,本着以史为鉴、面向未来的精神,增进政治互信,扩大交流合作,共同开创中日战略互惠关系的新局面。"④ 野田表示:"双方要以明年日中邦交正常化40周年为契机,加强政治互信和高层交往,促进两国国民交流,提升两国经济互惠关系,加强经贸、环境、金融、旅游等领域合作,促进亚太地区和平与繁荣,不断深化日中战略互惠关系。"⑤ 在此仍然可以看到,虽然两国共同确认了深化战略互惠关系的方向,但中国方面的"友好"基调仍然比日本方

---

① 「野田内閣総理大臣の所信についての演説」、衆議院本会議会議録、第178回(臨時会)第1号、2011年9月13日。http://www.shugiin.go.jp/index.nsf/html/index_kaigiroku.htm.
② 《日本新首相野田佳彦直指中国军事透明》。
③ 《日本首相野田佳彦表示将深化日中战略互惠关系》。
④ 参见《温家宝与日本首相野田佳彦举行会谈》,日本驻华大使馆主页,2011年12月25日。http://www.fmprc.gov.cn/chn/pds/gjhdq/gj/yz/1206_25/xgxw/t890333.htm;《胡锦涛会见日本首相野田佳彦》,新华网,2011年12月26日。http://www.china-embassy.or.jp/chn/zrdt/t890581.htm.
⑤ 《胡锦涛会见日本首相野田佳彦》。

面更加浓厚。

综上，虽然2011年中日关系取得了重大进展，但并不足以说明"友好"也将开始成为日本对中日"战略互惠关系"的定位，日本在对华关系方面仍强调实际的经济互利和具体合作。在这个意义上，可以说日本对"战略互惠关系"的定位主要是"互惠"而不是"战略"，日本对两国关系的理解也与中国理解的"和平友好"基调存在差异。在日本未来对华关系的实践中，到底"互惠"和"战略"这两方面的权重将如何体现，这对于中日战略互惠关系的发展将十分重要。

三 中国与日本对于"战略"的不同认识

需要强调的是，在谈及"战略互惠关系"时，中日两国措辞的差异并不只是两国政府或领导人的用语习惯问题，而是反映了两国对于战略互惠关系的理解和定位。总体而言，中日两国虽然已经就构筑"战略互惠关系"达成共识，但到目前为止，两国对于"战略互惠关系"的定位并不完全一致。相比较而言，中国更强调"战略"，而日本更强调"互惠"。中国的基调仍然没有脱离"和平友好"，而日本的基调更倾向于"互利合作"。这种定位上的差异正是造成两国"战略互惠关系"出现波折，造成人们对中日关系预期在两个极端摇摆的原因之一。

那么，应当如何认识中日两国在"战略互惠关系"上的定位差异？如前所述，这种差异并不是孤立的现象，在一定程度上都延续了各自对于两国关系的历史定位。可以说，这种延续是与两国的整体战略思想的特征相联系的。两国整体战略思想的比较需要在具体、全面、历史地研究中日两国相关思想的基础上进行，并非本文所能完成的任务，因此将在其他文章中专门讨论。但这里想要指出的是，中日两国在"战略互惠关系"上的定位差异无法以现有的"国家利益不同"或"战略文化不同"等说法进行简单解释，两国对于"战略"本身的认识差异也值得充分关注。

首先，中日两国在"战略互惠关系"上的定位差异无法简单归因于"国家利益不同"。一方面，中日两国既存在分歧，也存在共同利益，"战略互惠关系"作为中日关系发展的未来方针，本身就是希望在上述前提下推动两国在各个领域内的互利合作、共同发展。两国国家利益的不同无疑将影响两国推进互利合作的方式和进程，但国家利益的不同并不必然决定两国对"战略互惠"关系的定位差异。如果以国家利益为由拒绝发展两国关系，就不再是定位差异的问题，而是对战略互惠关系的违背。另一方面，中日两国建立战略互惠关系的着眼点并非只在于"国家利益"的层面。其中，正如前文所指出的那样，中国方面强调"和平友好"的考虑尤其不能简单地以"利益"来概括。

其次，中日两国在"战略互惠关系"上的定位差异无法以"战略文化不同"进行简单解释。目前已有国内学者从"战略文化"的角度分析了两国的安全战略、对外战略。这种视角关注战略思想对具体政策和关系的影响，本身是值得肯定的。但是，许多现有研究对于"战略文化"的叙述尚停留在标签式的特征描述，需要进一步准确和深化。在运用"战略文化"的分析视角时，必须充分注意战略思想和相关历史的复杂性，尤其不能以对一国"战略文化"的片面概括作为判断的标准。例如，日本在各个历史时期存在各种与战略相关的思想，其思想内涵需要具体分析。"从尊王攘夷到尊王扩张"与"尚武""军国主义"看似相同，实际却存在一定差别。而当代的"经济现实主义""普通国家论"，甚至某些"和平主义""国际贡献论"，看似与上述思想大不相同，实际却可能有相似之处。应当说，日本在战略文化方面所体现的合理主义、实用主义等特征，确实对其内外政策有重大影响。但是，如果只是贴标签式地描述"战略文化"，不论是"中国爱好和平、日本尚武"，还是"日本爱好和平，中国是一种威胁"，都不足以全面概括两国战略思想的特征，因此也难以澄清两国为何在"战略互惠关系"的定位上存在差异。

事实上，要认识中日两国在"战略互惠关系"上的定位差异，还需要充分关注两国对于"战略"本身的认识差异。

在中国，"战略"堪称学术讨论的热点词汇。仅以日本研究为例，就涉及日本的"安全战略""文化战略""大国战略""东亚战略""东亚合作战略""战略合作""战略回应""战略文化""战略意愿""国家战略""国家安全战略""国家发展战略"等。考察具体研究则不难看出，这些"战略"的含义并不都处于同一个层面，有些指的是"大战略"，有些指的是"战略性高度",有些则等同于"政策"甚至"对策"。在现代汉语中,"战略"的基本含义已不限于军事领域,而是与"政策"相对、高于"政策"的。与此相对,在日本,"战略"一词主要与军事、战争等相关,其转义则多以克服困难、解决问题的含义为主。根据《广辞苑》的解释,"战略"指的是"比'战术'更加广泛的作战计划,统合各种战斗、从全局出发进行战争的方法。作为转义,指在政治社会运动等过程中,确定主要敌人及应当采取的应对方法等内容。例如,'销售战略'"。也就是说,"战略"是与"战术"相对、广于"战术"的。在野田佳彦首相就职后的首次施政演说中,除了中日"战略互惠关系"之外,还提到了"能源战略""经济增长战略""震后复兴战略",以及"战略性推进""经济合作"和"周边海域、宇宙空间开发"等。① 可以看出,在日本,"战略"的含义主要是"解决问题的综合性方案",但也有"全面性、长期性"的含义。

在中日"战略互惠关系"中,中日双方对于"战略"的认识也存在具体的差异。这种差异在中日两国构筑"战略互惠关系"的过程中已经有所显现。如前所述,中国从1997年就已经开始考虑以"战略"定位21世纪的中日关系,但由于当时日本各界对于"战略"一词比较敏感,最终双方没有采用这个提法。造成这一情况的原因之一正是双方对于"战略"的认识差异:中国的"战略"提法侧重于"战略高度"和"大局"。而日本拒绝这一提法的原因,一方面是考虑到与美国的关系,另一方面就是"战略"一词在日本多被理解为有军事方面的意义,并被认为接近"同盟"而非"全面合作"。② 从2006年始,日本开始转变对于"战略"的认识,不再认为其必然与"军事"或"同盟"相关,两国"战略互惠关系"得以开展。但是,日本方面的认识仍然与"战略高度""大局"有一定的距离。

需要指出的是,中日两国对"战略互惠关系"中"战略"的认识差异也并不是单纯的语言问题,而是与双方对两国关系的认识相关。在

---

① "野田内閣総理大臣の所信についての演説"、衆議院本会議会議録、第178回(臨時会)第1号、2011年9月13日。http://www.shugiin.go.jp/index.nsf/html/index_kaigiroku.htm.
② 发言者为日本外务省国际报道官,参见《中日关系将调整定位》。

"战略互惠关系"中,中日两国对"战略"的理解既有重合的部分,也有明显的分歧。具体而言,在中国方面看来,"战略互惠关系"是具有层次性的,既包括"战略目标",又包括"战略实现方式"。与此相对,到目前为止,日本方面在提及"战略互惠关系"时则主要侧重于"实现方式"。目前中日双方虽然在"战略实现方式"的层面上达成了共识,但中国方面同时强调"战略目标"层面的"战略性""战略高度",而日本方面的认识主要停留在"战略实现方式"层面,缺乏对"战略目标"层面的充分注意。

四 中日关系:推进"战略互惠",警惕"政冷经热"

应当认识到,中日两国"战略互惠关系"既包括具体的战略实现方式,也当然包括长期的战略目标。在这样的关系框架下,两国在各个领域的具体合作不应当是静态、孤立的,而应当是动态的,符合两国友好的未来发展方向。虽然中日两国在各个领域加强务实合作是实现战略互惠关系的主要途径,但如果脱离了"和平友好"这一长期目标,两国间在许多领域的互信与合作就很难真正实现。只强调各自的经济利益而忽视改善两国的政治、社会关系,甚至还有可能再次使两国关系回到"政冷经热"局面,导致"战略互惠关系"难有实质性的进展,这对于两国关系的长期稳定和发展无疑是不利的。

有观点认为,鉴于日本的种种表现,中国应该放弃对日本的"幻想",只谈利益,不谈友好。但笔者认为,长期以来中日两国人民对于中日关系"和平友好"的定位基调值得珍视,从真正的战略高度去发展中日关系也是正确的方向。世界各国已经开始面对越来越多的共同挑战,需要人们用更长远的眼光去认识和解决问题。而这一方面需要人们去寻找和捍卫共同的战略利益;另一方面也需要人们超越某些短期利益,向建构长期关系的方向努力。发展中日关系仅靠强调共同利益难以实现突破,即使是为了双方共同的战略利益,也不应该放弃对友好的追求。中国领导人曾多次指出,中日友好的基础在民间。中日两国人民都乐于看到两国实现真正长期稳定的关系,实现真正的和平友好。这种真诚的声音是无法被忽视的。[①]

　　与此同时，鉴于中日两国目前对于"战略互惠关系"的定位并不完全相同，不能完全排除日本向"政经分离"摇摆的可能性。正如蒋立峰教授所指出的，"'战略互惠'关系，绝不是低层次的封闭性经济互利关系，而是全面合作、实现共赢的高层次的开放性战略性关系"，但日本国内仍有许多人对此缺乏足够的认识，甚至片面强调"单惠"。[②] 此外，中日关系中一些长期存在的问题并未消失。例如，除了钓鱼岛问题、东海问题和教科书问题，"大家一起来参拜靖国神社国会议员之会"等组织仍然存在，其成员近年来曾多次（包括2011年8月和10月）参拜靖国神社，其中不乏日本政界知名人士，如自民党总裁谷垣祯一、前首相安倍晋三、前首相森喜朗、国民新党党首龟井静香和十多名民主党现任议员等。在此情况下，中国应当意识到中日两国对"战略互惠关系"的定位有可能存在差异，应关注日本的定位与实践的变化。尤其是，中国需要对那些想使两国关系长期固定于"政冷经热"的行为保持警觉。具体而言，一方面应在开展中日各个领域务实合作的同时，继续加强高层和民间友好往来，争取使日本方面进一步认识到和平友好和信赖关系对于两国的重要意义。另一方面，应正视中日关系存在的问题，对日方损害中日两国关系基础的行为予以坚决回应。对于历史问题、教科书问题、东海问题等，既要以战略的眼光看待，又不能在原则问题上让步，从真正的战略高度出发，注意避免"战略互惠"成为实际上的"政冷经热"。

[①] 根据两国近年来的舆论调查，中日两国民间对对方国家的好感度并不令人乐观。但中日两国多数人民期待两国友好也是不容忽视的事实。例如，虽然未经严密调查，笔者曾在大学多个课堂询问中国学生是否认为未来中日关系的定位应坚持"和平友好"，而不仅仅是强调"利益"，每次询问赞成意见均占大多数。

[②] 蒋立峰：《战略互惠、合作共赢：中日关系发展新阶段》，《日本学刊》2008年第4期。

基于澳大利亚视角下的
新型大国关系

贾斯廷·V. 黑斯廷斯[*]

引 言

中华人民共和国主席习近平提出"新型大国关系",以表达他对中美关系未来发展的期望。这一事件引发了大规模的讨论,但是至今为止对其进行的专门研究并不多见。在本文中,作者将概述讨论中一种不太常见的观点,即澳大利亚的观点。此外,因为澳大利亚是一个多元化的民主国家,国内有许多不同意见,有些澳大利亚学者主张与美国外交降级[①],甚至与美国解除同盟关系[②]。所以本文仅仅是作者个人对国际形势的分析。然而,通过分析澳大利亚在亚太地区国际关系结构中的地位,分析澳大利亚作为处于中美关系边缘、具有相关利益的观察者对东亚大国关系的传统认知,我们可以为美国和中国提供一些有用的视角和观点。在本文第一部分中,作者将讨论作为中等国家的澳大利亚,并且这个地位是怎样塑造了历史上澳大利亚在亚太地区扮演的战略角色。然后在第二部分中,作者将继续讨论澳大利亚在其国际关系中的优势与限制,尤

---

[*] 贾斯廷·V. 黑斯廷斯(Justin V. Hastings),澳大利亚悉尼大学政府研究与国际关系学系副教授。

[①] Hugh White, "Power shift: rethinking Australia's place in the Asian century," *Australian Journal of International Affairs* 65, No. 1, 2011: 81 – 93.

[②] Malcolm Fraser, *Dangerous Allies*, Melbourne: Melbourne University Press, 2014.

其是在美澳关系与中澳关系中的优势与限制。在第三部分中，作者将讨论澳大利亚对美国和中国的传统认知，以及在此影响下的美澳关系与中澳关系。在最后一部分中，作者将把各个观点结合起来，讨论澳大利亚在大国关系新型思考模式中会有什么样的独到想法，以及在实现习近平提出的新型大国关系过程中澳大利亚会扮演什么样的角色。

作为中等国家的澳大利亚

澳大利亚是中等国家的一个典型范例①，是全球经济的主要参与者。2013年，根据购买力评价法和国内生产总值来计算，澳大利亚是世界第十七大经济体；东亚第五大经济体，排在中国、日本、韩国和印度尼西亚之后，这几个国家的人口都至少有澳大利亚的两倍之多②。虽然就数量上来说，澳大利亚军队规模较小，但是科技先进，打击能力强，近年来在海外远离本土进行过多次作战任务。然而就像许多中等国家一样，澳大利亚的经济和军事实力意味着它不会像小国一般完全由大国摆布，但是它还是没有足够的资产和影响力，能与该地区的大国相竞争，或者完全不考虑该地区的大国而自行其是。

加拿大也是一个典型中等国家，毫无争议地位于北美洲，并且是北大西洋公约组织的成员国，而澳大利亚的情况则与之不同。澳大利亚的处境非常尴尬：或是大洋洲的地区主导者（从某种方面而言算是地区"超级大国"，新西兰也同样），或是东亚地区（或者更准确地说是东南亚地区）一个相对次要的参与者。如果选择前者，从全球范围来考虑，澳大利亚只是世界最边缘地区的参与者。如果选择后者，澳大利亚的影响力则相对较弱，并且被许多国家看作是一个外围国家，甚至根本不是东亚的一部分。

因此，长期以来，澳大利亚实行推进（甚至建立）多边安全制度以

---

① Mark Beeson, "Can Australia save the world? The limits and possibilities of middle power diplomacy," *Australian Journal of International Affairs* 65, No. 5, 2011: 563–77.
② "Report for Selected Countries and Subjects (PPP valuation of country GDP)," Washington, DC: International Monetary Fund, April 2014.

及经济制度，并在其中扮演中心角色，或者至少是参与其中。比如说，1974年，澳大利亚成为东盟第一个对话伙伴。1989年，澳大利亚提出就环太平洋地区的国家开展一次国际会议，而刚开始这个提议遭到一些东盟国家的反对，因为当时它们不想让澳大利亚这样的"非亚洲"国家参与其中；随后这一会议发展成为亚太经合组织[1]。2002年，经过长期的辩论和争吵，澳大利亚被邀请参与第一届东亚峰会。近几年来，澳大利亚致力于推进"印太"这一概念，将其作为具有战略重要性的战区，强调经过印度洋和太平洋进行贸易往来的重要性，以及战略联系日益密切的大国在该地区发挥的作用，包括印度、中国、日本和美国；尽管地理上它们并不处于印太地区（这一点其实亦取决于印太地区的定义），但是它们在该地区拥有相关的利益以及资产[2]。而澳大利亚正处于公认的印太超级区域的中央，因此澳大利亚在这一地区具有较大的战略相关性，甚于其他任何一个地缘战略结构。

澳大利亚的优势

在处理与亚太地区大国的关系方面，澳大利亚具有众多优势。第一，澳大利亚位于东亚边缘。虽然澳大利亚人因此十分担忧本国在世界大事中的边缘位置，以及在东亚地区的外围地位，但却使得澳大利亚免于卷入东亚潜在的各种冲突之中，并且也远离大国，所以比起其他与地区大国有关的中小型国家而言，澳大利亚在战略上更加安全。换句话说，澳大利亚不能芬兰化，像芬兰一样屈从于地区大国。澳大利亚并不会像小国一样做出交易——部分屈从于大国的影响力，改变自己的外交政策，从而在强邻的脚边保住自己的国家主权[3]。"芬兰化"并不完全等于积极

---

[1] Richard Higgott and Richard Stubbs, "Competing conceptions of economic regionalism: APEC versus EAEC in the Asia Pacific," *Review of International Political Economy* 2, No. 3, 1995: 516-35.

[2] 参见 "Defence White Paper 2013", Canberra: Department of Defence, Australian Government, 2013。

[3] 芬兰化本身也并非坏事，但它的确限制了较小国家的外交政策灵活性。参见 Bruce Gilley, "Not so dire straits: how the Finlandization of Taiwan benefits US security," *Foreign Affairs*, 89, 2010: 44。

地搭便车，附和强大邻国，但至少意味着在某一地区对大国关系采取中立态度，当然也排除了与其他大国结盟的可能。澳大利亚的遥远距离能使其免受地区大国的影响；并且比起那些与大国更近、各方面实力更弱的国家而言，这样的距离能使其在战略关系上（以及在其采取的战略立场上）享有一定程度的自由。

第二，澳大利亚受益于一定数量上的路径依赖。在过去的10年里，东亚各国加强相互之间的联系，但是却不愿发展为正式的军事条约同盟。无论是小国还是大国，都倾向于更加灵活、更加非正式的协议，有时采取多边机构的形式，比如上海合作组织；有时采取另一种形式，将权利与扩展的军事合作基于操作层面，比如说美国和新加坡之间的合作。这些协议的优势在于，由于它们是非正式的，它们不会引发在正式条约与协议下发生的类似问题。各国更易将这一类协议设计成不是非常重要（当然也没有敌意）的安全合作，并且尤其是对于没有加入这一协议的相关国家而言，不是非常重要。的确，东南亚的中小型国家尤其依赖于非正式安全协议，以便避免进入被强迫的境地，做出非美国即中国的选择（并且预先消除被迫做如此选择的可能性）。

与此同时，非正式性也意味着这些国家享有的安全保障会少于参与一个正式的条约组织所带来的保障，比如说北大西洋公约组织。在东亚地区，签订负有双向防务义务的新条约很有可能会创造出排外的国家联盟，疏远联盟外的国家，从而面临风险。因此，澳大利亚与美国在1951年结盟，当时正处在冷战时期签订结盟条约的高峰，这样的结盟实际上是一种现状安全协议；该地区的其他国家很难能再复制这一协议，除非现状遭到破坏。澳大利亚在美澳联盟中做出的改变，在包括新加坡与马来西亚的《五国协议》中做出的改变，在冷战后正式性稍减的联盟（包括与韩国、日本总体上非常友好的关系）中做出的改变，对于现状而言，只是非常微小的改变，而不是像建立新联盟一般的全面重组。也许这就是为什么，比如说，澳大利亚能够与美国签订条约，允许美国在澳大利亚北部海岸达尔文驻扎海军几千人，没有重大的反对意见，而美军在越南建立新军事基地则有可能让中国（以及其他很多东南亚国家）提高警惕。

最后一点，东亚的大小国家之间有着历史和政治的包袱，而澳大利亚则不存在这样的问题。这样的包袱使东亚各国之间的关系更加复杂，并且很有可能会引发冲突，降低双方的信任，导致冲突更易升级，缓解冲突更加困难，迫使政府关注国内观众成本，进而在国际关系中引发一系列并非最优的结果。澳大利亚与中国、韩国、朝鲜和日本并无"历史问题"，因此就没有历史问题导致的分歧。澳大利亚在韩国没有驻扎防朝鲜侵略的军队。澳大利亚在中国南海与东海也没有领土争端，从而不会引发冲突。因为没有这些方面的瓜葛，因在外交上澳大利亚比各个大国更具灵活性。澳大利亚与1972年与中华人民共和国建交，而美国于7年之后才与中国建交。澳大利亚自1974年起就与朝鲜保持着正式的外交关系（在堪培拉还有朝鲜驻澳大利亚大使馆，不过自从2008年起它就关闭了），而美国在政治上不可能做到这一点。实际上，某种程度上由于美国的请求，澳大利亚与朝鲜（从20世纪末21世纪初非常低的水平上）增进了相互之间的关系，以奖励朝鲜在当时的优良表现，而美国则不可能做到这点。

澳大利亚的局限

另一方面，澳大利亚也面临着很多限制。第一，与东亚国家相比，澳大利亚只有非常少的2400万人口（大约与马来西亚、中国台湾地区的人口相当），并且人口分散在广阔大陆（世界第六大国家）的各个角落。难以抵御重大侵略或军事渗透，这一点对澳大利亚会很不利[1]。澳大利亚地理上的偏远位置在一定程度上补偿了它的弱势，但这也意味着澳大利亚的长期外交政策就是依赖远距离的大国，以保障本国安全，二战前英国是澳大利亚的"保护者"，二战以及二战后美国接替了这个职位。是否真正需要这样一个大国保护者，许多分析家在此问题上意见不一，但是这样的联盟很可能已阻碍了澳大利亚的自治行动，并且迫使其在有争议问题上（比如说台湾问题）采取了其本身并不愿采取的立场[2]。

---

[1] 参见"Defence White Paper 2013", p.28。

[2] William T Tow, "Sino-American relations and the 'Australian factor': inflated expectations or discriminate engagement?", *Australian Journal of International Affairs* 59, No.4, 2005, 451–67.

第二，虽然澳大利亚是一个大型经济体，人民生活水平高，但是澳大利亚的经济发展主要依靠对外贸易实现。这种情况为澳大利亚带来一些负面影响：澳大利亚的生活成本普遍较高；澳元波动剧烈，并且经常是逆周期的，这意味着出口对经济增长非常重要，但是澳大利亚的货币则过强，这两者之间形成了矛盾。对出口的依赖同时也意味着澳大利亚要与有意愿购买商品的国家保持良好关系。这些国家会对澳大利亚运用它们的经济实力，强迫澳大利亚采取某种立场，或至少是在一些对它们很重要但对澳大利亚来说不太重要的争议问题上保持中立。经济胁迫（或威慑）战略包括以下几个方面：威胁对澳大利亚商品收取关税，对澳大利亚进口商品进行更严格的审查，与澳大利亚公司取消合同，对澳大利亚海外商人进行合法骚扰。为了预防其他国家有能力（或有想法）运用经济手段胁迫澳大利亚，澳大利亚长久以来实行参与多边贸易机构的政策，这些贸易机构能使澳大利亚的贸易伙伴更加多样化，这样澳大利亚就能与经贸伙伴发展自由贸易协议，以降低关税并且获得更大程度的市场准入，并且适当注意有多少外国公司是怎样能够在澳大利亚投资的。澳大利亚的市场总体上来说是一个自由市场，但是在政府对进出口的控制方面还是有一些限制。

第三，澳大利亚作为中等国家的地位，以及其相对于东南亚（更别说东亚）的地理和文化距离，意味着澳大利亚在亚太地区将一直扮演一个尴尬的角色。澳大利亚离东南亚较远，因而很难完全被接受为地区事务的参与者（更别说有可能东盟的一员），并且东亚国家会不可避免地对其产生怀疑，将其视作干涉东亚事务的国家。虽然不可能忽视澳大利亚这样一个中等国家，但是澳大利亚还是不够大——要想制衡地区中的其他大国，一定需要与其他国家保持友好关系或至少结盟，否则就不可能实现。换句话说，澳大利亚不是东亚大国；澳大利亚作为中等国家的地位，对自身、对该地区的很多国家可能都没有太大用处。

澳大利亚对于亚太地区大国关系的认知

澳大利亚作为地区中等国家的地位，及其带来的优势与限制，还有澳大利亚与东亚其他国家的地理与文化距离塑造了对于亚太地区大国关系的认知。传统的观点是澳大利亚处于中美两个大国之间。从战略水平上讲,澳大利亚必须小心保持平衡,处理美澳关系和中澳关系,而不是加入某一方(在军事或其他方面上)制衡另一方。澳大利亚并不想被迫做出非此即彼的决定,实际上,澳大利亚政府的官方说法长期以来都是不必做出非此即彼的选择,至少是在现在[1]。澳大利亚学术圈和战略圈中的讨论,关注澳大利亚是否会在未来的某个时刻在中美两国之间做出选择[2]。现在正在争论的是对以下的认知:澳大利亚与中国有着密切的经济利益,与美国有密切的政治利益,这种情况造成了经济利益与政治利益的分离,并且这种分离一年正在扩大。有些中国分析家也注意到了这个问题[3]。

澳大利亚对于本国有这样的认知:一个小国,位于偏远(并有可能危险)的世界一角。这种认知使澳大利亚相继寻求与之结盟的保护者。当英国加入第二次世界大战,迎战德国之时,众所周知的是,澳大利亚并没有单独向德国正式宣战,因为它认为它的利益与英国的利益紧紧联系在一起,并且如果英国战败,澳大利亚很有可能抵挡不住日本的进攻。这个想法体现在新加坡战略中,即英国在新加坡停靠的舰艇能够保护澳大利亚不受日本侵犯。然而1942年年初日军侵占新加坡,该项战略完全失败,澳大利亚向美国请求保护,于1951年与美国(以及新西兰)签署了《太平洋安全保障条约》,某种程度上作为防止日本有可能军事化并威胁澳大利亚的保障。自此,澳大利亚与美国的军事联盟有着非常密切的合作,程度之深,以至于澳大利亚会在地区冲突中派兵帮助美国,比如说在越南和伊拉克,而其他很多美国的盟友则不愿派兵帮助美国。

虽然在澳大利亚社会中的某些圈子里存在着反美主义的观点,总的来说,任何一个想要赢得选举的执政党都不会置疑美澳联盟存在的正当合理性。几年前工党政府与美国签署了一项协定,允许美国在达尔文部

---

[1] 参见,例如,关于霍华德、陆克文、吉拉德和阿博特政府(不一定成功的)中美战略之讨论,Jingdong Yuan, "A rising power looks down under: Chinese perspectives on Australia," Canberra: Australian Strategic Policy Institute, March 2014。

[2] Hugh White, *The China Choice: why America should share power*, Collingwood, Victoria, Australia: Black Inc., 2012.

[3] Yuan, "A rising power looks down under: Chinese perspectives on Australia."

署海军，当时的反对党——自由党和国家党——支持这项协定的签署，自由党上台之后这项协定也继续生效。路径依赖也加固了美澳联盟；这样的路径依赖虽然出现过一些小问题，但是它已经持续了70多年。同时美国与澳大利亚的许多共同点也加固了美澳联盟。两国的语言都是传承自英国的英语，因此两国的文化也有很大程度上的重叠与融合，两国也都有代议民主制的共同传统（以及相应的价值取向）。换句话说，出于两国便利结成的联盟会发生变化，随着均势的转变也可能会完全消失，但是美澳之间的关系比单单一个联盟要深厚得多。

对于澳大利亚来说，美国在地理上并不处于亚太地区，将美国作为自己的主要政治伙伴有优势也有劣势。因为美国在亚太地区没有领土（除了关岛这块比较外围的领土），所以美军建立亚太基地要依赖于其他国家的意愿，需要其他国家的许可，比如说日本、韩国、新加坡还有澳大利亚。所以这些国家凭借自己的地理优势能获得一定程度的影响力；没有它们，美国就几乎不可能成为亚太地区的积极参与者。虽然的确美国的盟友们依赖美国的安全保障，但是它们对于美国的立场与行为也会有一定影响。虽然的确美国的盟友们依赖美国的安全保障，但是它们对于美国的立场与行为也会有一定影响。

第二个优点：因为美国不处于亚太地区，所以它和亚洲国家没有领土争端，所以也就不会使关系变得复杂；而中国想要与大多数东盟国家建立更紧密的关系，但却因为（比如说）领土争端而受到阻碍。美国的盟友，包括澳大利亚，并不担心美国会侵占它们的领土，或者在它们的领土上建立据点，在将来某个时候对它们产生不利影响。

美澳伙伴关系最大的缺点在于，正因为美国处于太平洋的另一端，要想长期在东亚维持自己的存在将会非常昂贵。美国是否能持续重返亚洲的政策，是否会将军队随政策部署到亚洲，依旧不得而知。除了海军（实际上，这是美国力量投射最重要的组成部分），美国的可部署军事实力都是象征性的。虽然2500名美国海军士兵来到达尔文，这一事件很大程度上兑现了美国对澳大利亚的承诺，并且释放出美国保障澳大利亚安全的强烈信号，但是美国在亚洲会存在多久，这依旧不得而知。

澳大利亚面临着美国相对衰落这个问题。由于美国联邦政府巨大的财政赤字，还有相对较低的经济增长（虽然增长率依然比大多数欧洲国家高),尤其是2008年到2009年的全球金融危机之后,美国正在面临资源限制。虽然奥巴马政府大肆宣传的重返亚洲政策被视为美国复兴对亚洲的外交,也被视为美军向该地区的转移,但是这个战略在美国预算问题的影响下能持续多久依旧不得而知[1]。所以,美国要对自己的亚洲盟友做出可信的长期承诺是很困难的。亚洲盟友于是面临一个问题,即根据美国的保护和支持来计划他们的防务战略,这样的计划还能做多久,还能做到什么程度。

但是处于争议之中的并不仅仅是美国的经济不景气。二战后东亚国家的经济实现了大幅增长,先是日本,再是"亚洲四小龙"(韩国、中国香港、中国台湾、新加坡),最重要的是1978年改革开放之后的中国。这样的经济增长对东亚的经济和政治平衡进行了重组。尤其是中国在2001年加入了世界贸易组织,亚洲崛起加速了美国的相对衰落。中国的军事崛起——增长军费预算,缓慢但确定地建设海军,越来越多地参与国际维和行动——以及中国在该地区随之而来的自信从根本上改变了地区的态势。从这个意义上来说,就算美国没有绝对衰落,澳大利亚也要面临美国相对衰落这个问题。

澳大利亚作为处于东南亚边缘的出口推动型经济体,一直处于一个独特的位置,能够对这一再平衡加以利用。中国已经崛起,并且发展出对原材料的需求,直至全球金融危机,似乎依旧无法满足。虽然大多数研究都关注这种需求是如何塑造中国在非洲[2]或在南海的政策,澳大利亚也受到影响,因为中国把澳大利亚公司至今能挖掘出来的各种资源都买走了。

虽然中国引发的矿业发展在最近几年里已经大幅放缓,但中国依然是澳大利亚最大的贸易伙伴,并且(在澳大利亚眼中)是澳大利亚未来经济发展的关键。中国学生在澳大利亚大学中(大学就是澳大利亚最大的"出口"行业)占了外国留学生很大一部分比例,他们带来许多学费

---

[1] Zachary Keck, "Can the US Afford the Asia Pivot?: A senior U. S. defense official says the Asia pivot 'can't happen' if budget cuts continue," *The Diplomat* March 5, 2014.

[2] Bates Gill and James Reilly, "The tenuous hold of China Inc. in Africa," *Washington Quarterly* 30, No. 3, 2007: 37-52.

收入，并且促进了中澳文化的交流。特别是澳大利亚的西澳洲，其生产的原材料占出口的很大比例；西澳洲正逐渐将出口转向印太地区和中国，由于对中国的依赖，有一种观点正逐渐形成。科林·巴纳特（Colin Barnett）是西澳洲的总理，他说："西澳洲的出口占到全国出口的70%，中国对澳大利亚的投资80%都在西澳洲。"① 关于全国其他地方对中国的依赖程度，有各种不同的说法。从2012年到2013年，向中国的出口占澳大利亚总出口的28%，从中国的进口占14%②。虽然中国是澳大利亚最大的贸易伙伴，但是说澳大利亚过于依赖中国，也不甚恰当。澳大利亚处在这样一个情况中，即它的主要经济合作伙伴并非其主要政治合作伙伴。在未来的一段时间里，这样的分离很有可能会继续存在下去。

新型大国关系的寓意

这对新型大国关系来说意味着什么呢？澳大利亚的经历和观点能给中国和美国在如何实施新想法这方面传授些什么？澳大利亚在增进大国关系中能扮演什么角色？2012年，习近平主席在与奥巴马总统的会谈中强调，他想要通过加强对话，加强互信，发展合作，应对差异以建立大国关系。吴心伯写道："对中国而言，这种关系的核心要素就是'没有冲突，没有对峙，相互尊重，双赢合作'。"③ 从表面上来看，从澳大利亚的角度来看，大国关系新思维的原则相对来说没有什么争议。毕竟哪个国家想要冲突和对峙呢？哪个国家不想要互相尊重呢？哪个国家会反对双赢合作呢？第一个建议就是大国关系新思维不能定调太高，否则这些概念就会变得毫无意义。新型大国关系要具有可操作性④。在这一部分，作者提议澳大利亚的经历可以就怎样用新思维来思考大国关系提供一些经

---

① "New WA-China agreement on trade and investment," Perth: Department of State Development, Government of Western Australia, September 20, 2011.

② "Composition of Trade Australia 2012–2013," Canberra: Australian Department of Foreign Affairs and Trade, 2013, p. 5.

③ Xinbo Wu, "Agenda for a New Great Power Relationship," The Washington Quarterly 37, No. 1, 2014: 65–78.

④ Paul Haenle, "What Does a New Type of Great-Power Relations Mean for the United States and China?", Phoenix Weekly, January 15, 2014.

验教训；并且因为有这些经历，澳大利亚在增进中美关系的事业中可以起到积极作用。

澳大利亚的经验对中美两国来说都是极为重要的。这些经验与小一些的国家，尤其是中等国家有密切联系，有关它们对大国的思索。通过它们自身的行动，以及它们与大国之间的联系，中小型国家可以成为大国之间对峙冲突的催化剂。如果大国倾向于关注大国关系而忽视中小型国家，它们就有可能会遭遇与中小型国家之间产生的问题，这些问题突如其来、难以预测，并且也会影响大国关系。

澳大利亚非常关注这一点，即搞清楚大国与中等国家之间的互动，搞清楚中等国家在大国关系中所扮演的角色。如果中国政府将大国关系当作仅仅是美国与中国之间的关系，这会带来两个风险。第一，中国会合乎情理地与美国直接处理关系。人们有时候会注意到，在中国语境下，新型大国关系一般即指中美关系[1]。美方则关注在中国的思维中日本并不算大国，并且的确中国有动机将日本在亚洲发展与安全中的参与最小化。中日之间的历史问题，还有最近钓鱼岛重新引发的紧张局势，这些意味着如果有可能的话，中国将会在外交上孤立日本，以维护自己的利益，并且直接与美国交涉。但是在这件事件中存在着几个问题。其一，除非美国将会大幅度地与盟国日本关系降温（这在美国政府的政策讨论中从来没出现过），在中美关系的处理上，美国一直会将日本考虑在内。第二，日本可能会成为中美关系破裂的导火索，无论中国是否把日本当作一个大国。近几年，中日之间在钓鱼岛问题上的一系列对峙意味着就算美国不加入中日之间的争吵，中美之间也只能维持一种"不对峙"关系。中国在新型大国关系中强调没有冲突和对峙，只是就中美关系而言。而如果中国忽视中日对峙催化导致中美对峙的可能性，这种新型大国关系就很难保证。

与此同时，中日及中美的新型大国关系并非完全没有希望。正因为美国与日本结盟，美国对于可能会演化成冲突的中日冲突会表示关切，并且有动力防止对峙向失控方向发展。从更大的方面来说，美国可能会

---

[1] Amy L. King, "Where Does Japan Fit in China's 'New Type of Great Power Relations?'", *The Asan Forum*, March 20, 2014.

对中日关系恶化的程度加以限制，首先将对峙的可能性降到最小。因此，中国是否会为了维护自身的利益尝试离间美国与日本，尚不得而知；但如果真要这么做，日本很有可能会更加坚定自己的主张[1]。

即使在日本之外，大国与中等国家之间的关系也可能会引发中美之间的危机，或者为促进中美关系提供机会。吴心伯将朝鲜半岛列作中美双方有共同利益存在的地区之一（在无核化问题上以及朝韩稳定的问题上都有共同的利益）[2]。在朝鲜半岛上，中美不仅仅会思考其他国家想要什么，也会思考朝鲜和韩国想要什么，并且思考中美双方之间的关系。没有韩国（视情况可能还会有日本）的影响，美国很难会做出决定，与此同时某种程度上朝鲜与中国的同盟关系如何发展，中国在朝鲜依旧有自己的利益，也会影响到中国的决策。

中等国家的参与对中国的大国关系也会有很大好处。虽然泰国、澳大利亚等国家是美国的同盟国，但是它们还是有实力能够追求自己的利益，并且有时相比于美国而言它们的利益与中国的利益也许更相近。比如说，原则上，虽然澳大利亚在中国台湾问题上与美国有着相同的首要目标，即对这一问题和平的、令人满意的解决，澳大利亚却不像美国一样对中国台湾地区有军事防务方面的承诺；就算中国台湾问题的解决并没有完全让澳大利亚满意，澳方也不会有失去战略可行性的可能性。因此，在中国台湾问题的解决方面，澳大利亚对中国的态度会比美国对中国的态度更加友好，毕竟美国与中国台湾签署了"与台湾关系法"。在实际对峙中（其实新型大国关系的重点就是避免对峙），中国若要求美国的盟友站在中国一边，反对美国，基本上不太可能；但如果中国努力发展与这些国家的关系，则有可能会说服它们试着制止美国的行动，或者帮助调解和协商中美两国之间的利益。

在这个问题上，主要的反对意见就是中美之间并不需要一个中间人。中美双方自己就能进行直接的国家间对话，并且实际上双方在不

---

[1] 参见，比如，Malcolm Cook, "Northeast Asia's Turbulent Triangle: Korea-China-Japan Relations,", Sydney: Lowy Institute for International Policy, January 31, 2014。

[2] Xinbo Wu, "Agenda for a New Great Power Relationship." 也可参见 Xinbo Wu, "Forging Sino-US Partnership in the Twenty-First Century: opportunities and challenges," *Journal of Contemporary China* 21, No. 75, 2012.

断增加的双边磋商中已经实现了这一点。虽然就现在而言情况的确如此,但是必须注意到,如果中美双边关系的目标之一就是确定中长期东亚安全、政治、经济架构的形状和功能,那么只有该地区的中小国家同意这种安排,这样的安排才会有效。如果说美国曾经实力强大,能独自决定东亚地区的架构,那么美国现在已经不再如此强大;若中国有意单独在该地区强制推行自己设计的架构,那么这样的行为必将会遭遇其余东亚国家的制衡,而这正是中国在过去 30 年间努力避免出现的结果。此外,就算中美两国根据它们自己的意图合作设计地区架构,具有独立意识的中等国家也会反对这种做法,比如说马来西亚、印度尼西亚,有可能甚至是韩国。澳大利亚长期以来推动多边机制的建立,比如说亚太经合组织以及澳大利亚集团,在这方面澳大利亚有长期的经验。因此澳大利亚能够较好地代表亚太地区中小国家的利益(至少在理论上),或者更准确地说参与塑造多边外交机制,为所有参与的国家创造共赢的结果。

澳大利亚同时也是东亚唯一一个满足四个条件的中等国家:它是美国的盟友,它与其他美国盟友没有持续的历史或领土争端,它与中国没有持续的历史或领土争端,它也没有复杂化其他冲突的可能性。韩国前总统卢武铉曾不太认真地提到过一种想法,即韩国是中美之间的"平衡力量"[1]。虽然在最近的韩国政府中这种想法已不再盛行,但韩国要做中美之间的中间人还是比较困难的,很大程度上因为在朝鲜半岛争端中韩国也有自己的利益,这种利益与中美的利益都不同;并且,韩国与日本还处在对立状态之中(以及领土纷争)。菲律宾和中国有领土争端,日本与中国处在对立状态中(以及领土争端)。除了澳大利亚,唯一能满足四个条件的中等国家是泰国,但是过去 10 年间泰国自身还要对付国内的动乱,因此它转向国内政治,而相对较少在国际舞台上发挥作用。因此,澳大利亚处于一个理想的情况,可以探一探美国和中国的利益,以及其他中小国家的利益,而不会自己被卷入麻烦之中。

比如说中国南海的领土争端现在已包括了大国和中小国家:中国与

---

[1] Sukhee Han, "From engagement to hedging: South Korea's new China policy," *The Korean Journal of Defense Analysis* 20, No. 4, 2008: 335 – 51.

很多东盟国家都有领土争端，削弱了它在东南亚地区的魅力攻势。因为这些争端本质上都是零和的（假设一个国家唯一可以接受的目标就是获得或者维护它声称拥有的领土），领土争端很难能让国家之间达成双赢，除非至少搁置这些领土要求，关注互利的解决措施，比如说自然资源勘探。

美国在中国南海有两个利益：第三方国家军用及商业船只在该地区继续航海的自由，还有兑现它对盟友做出的承诺（在这里是对菲律宾）。澳大利亚在中国南海与美国有类似的利益。但是它不像美国，它对于美国其他盟友的防务承诺要模糊得多，并且在中菲对峙中要占到菲律宾一边是毫无理由的。虽然中国警告澳大利亚不要干涉中国南海的争端（可能是因为它自动将澳大利亚视为美国的支持者）①，但实际上澳大利亚在中国南海问题上采取支持美国的立场对中国是有利的：如果中国想要从其他国家获得对其领土要求的默许，也许还是得采用这种让步的方法。

最后，虽然其他分析家建议像中美之间这样大国双赢合作的一个领域该是全球公共产品的供应领域②，但是中等国家也有能力提供全球公共产品。在许多方面，不仅仅是小国，还有那些不具大国资源及影响力的国家，它们在国际体系中的位置能使它们成为理想的伙伴。因为中等国家普遍倾向于多边合作，它们也能成为提供全球公共产品的友好伙伴。由于它们国家的大小，它们普遍都有丰富的军事及经济资源，它们并不仅仅是大国的附属品。印太地区是从印度洋延伸到东南亚以及太平洋的区域，保证印太地区的航海自由，是一项建设性的工作，而大国们不可能仅凭自身力量就达成这项工作，就算是大国一致合作也不可能。大国的地位并不意味着它们的资源不受限制。虽然美国的军队延伸到全世界大部分区域，但是尽管美国有重返亚太的政策，它也没有足够的经济和军事资源，能够独自保证航海自由。中国是一个正在崛起的军事大国，它正在建造自己的海军，但因为它与东南亚国家的领土争端，它至今还

---

① John Ruwitch, "China warns U. S., Japan, Australia not to gang up in sea disputes," *Reuters* October 7, 2013.

② James Sciutto et al., "A New Type of Great Power Relations Between China and the United States", Beijing: Carnegie-Tsinghua Center, July 6, 2013.

没有能力，也没有他国的信任，能成为航海自由的保护者。

所以需要像澳大利亚这样的中等国家来填补这个空缺。比如说从 2014 年 3 月开始的南印度洋马航 MH370 搜寻工作，正是澳大利亚领导了这一工作，因为澳大利亚在这一地区就有军事资源，能够迅速到达这一世界上最偏远的地域之一进行搜索。中美两国都参与了搜索行动，并且通过在远离国土之地提供军事资源，显示了两国的科技实力。虽然截止本章写就之时，这架飞机还没有被找到，但是正是澳大利亚能将中国、美国以及其他国家召集起来，对这项行动进行一定程度上的组织和指挥，而这项行动很明显就是一个公共产品（寻找一家失踪的客机）。在这个意义上，从没有感情色彩的、数学计算的角度来说，澳大利亚的领导给予中美两国一次机会，让它们能显示自己的实力，让它们能在重要的国际事件中共同合作，而不用担心谁会超过谁。换句话说，中等国家能为大国平等合作提供必要的协调与合作场所。

结　论

在新型大国关系方面，澳大利亚能给中国和美国传授些什么？澳大利亚的中等国家地位，处于东亚地理及文化外围的位置，以及它与中美两国长久的、总体来说比较诚恳的关系塑造了该国对于大国关系的认识。作为一个中等国家，澳大利亚能在国际关系中扮演相当重要的角色，但要通过多边机制，而非单边的经济或军事实力，它才能获得一些影响力。作为处于东亚外围的国家，澳大利亚努力成为东亚地区架构中的一员。同时，其偏远位置也意味着相比于东亚其他位于更加中心位置的中小国家，澳大利亚没有像它们那样的领土纠纷以及对立的历史问题，并且可以与该地区的大部分国家进行互动，而相互之间少有不信任或敌意。同时，澳大利亚面临着一个问题，即应对一个正在崛起的中国，最大的经济合作伙伴，还要应对一个维持现状的美国，主要的政治合作伙伴；在两者之间找到平衡点。

澳大利亚对美国和中国的建议如下：澳大利亚现在的立场，不应该是非此即彼的立场——尤其是贸易自由化（澳大利亚从美国已经争取到了这一点，正在从中国争取）并不一定是零和博弈，而且双赢合作能够带来很多利益。澳大利亚的经验表明，中美在追求新型大国关系时，应该注意中等国家的利益。忽视中等国家的利益，可能会引发不可预见的、不受欢迎的对峙，甚至有可能是冲突。从积极的方面来看，大国在设计架构时将中等国家考虑在内，将会避免地区对峙，获得更多共赢合作的机会。尤其是澳大利亚，可以扮演中美之间的中间对话者角色，扮演处于东亚外围（因此不会被卷入复杂的争端之中），与美国同盟以及全球经济紧密相连的中等国家角色。

三

新型大国关系与秩序变革

东亚民族主义勃兴与
中国周边关系的转型

归泳涛[*]

近年来，民族主义在东亚各国[①]日渐蔓延。特别是 2010 年以来，中日钓鱼岛争端、中菲及中越南海争端、韩日独岛（日本称竹岛）争端等一系列围绕领土主权和海洋权益的纷争在民族主义情绪的推动下愈演愈烈，造成地区紧张局势不断升级，国际上甚至出现了对爆发武力冲突的担忧。令人费解的是，自冷战结束以来东亚地区经贸往来飞速发展，文化交流空前繁荣，相互依存日益加深，但各国之间的偏见、猜忌甚至敌意却并未随之消失，在一些情况下反而激化了。是什么原因造成民族主义情绪在当代东亚持续发酵呢？论者常提到各国在领土、资源、历史等问题上的分歧。这些确实是民族主义情绪指向的焦点，但仅仅是问题的表面。也有人将这一波民族主义的勃发归咎于美国的煽风点火。美国扮演的角色固然重要，但不能一概而论。

笔者认为，要理解民族主义这种连接国内政治和国际关系的独特现象，需要从国际秩序和国内社会两方面做深层次的探讨。本文将以近来受到国内外关注的日本、韩国、越南、菲律宾以及中国的民族主义为分析对象，考察引起民族主义勃兴的国际和国内原因，探讨民族主义对中国周边关系的影响，并提出中国应该采取的态度和政策。笔者希望强调

---

[*] 归泳涛，北京大学国际战略研究院院长助理、北京大学国际关系学院副教授。

[①] 本文所指的东亚包括中国、日本、韩国和东盟国家。

的是，民族主义对国际关系的影响有其物质的层面，但更重要的是其精神的层面。因此，中国处理与周边国家的关系，不仅要继续推动经济上的互利，还要提倡精神上的互敬。

一 仅仅是领土民族主义吗？

不可否认，近年来东亚民族主义的勃兴在很大程度上源于领土争端，因而被称为领土民族主义。从历史上看，领土民族主义大致有两种表现形态：一种源于人们对家园或故土的热爱和眷恋，当家国沦丧之痛在同胞中扩散，被侵占、被殖民的土地就成为民族耻辱的象征，也成为激励民族解放的精神动力。另一种领土民族主义与地缘政治思想相关，当国家之间围绕势力范围、海权和陆权或者所谓的"生存空间"展开激烈竞争时，领土或殖民地作为政治权力的空间坐标成为各国争夺的对象。这两种领土民族主义的高潮都出现在19世纪和20世纪，表现为民族独立运动和列强争霸战争。但在21世纪的东亚，各国已经实现政治独立，领土主权不再是最紧迫的政治问题。而且，各国争夺的是一些无人居住或很少人居住的岛屿或礁石，有的甚至迄今鲜为人知，很难想象有多少人会对这样的领土寄托思乡之情，或者会把它们作为争夺势力范围和霸权的根据地。更何况，这些领土争议早已存在，在大部分时间里并未对各国发展友好关系构成严重挑战，为什么这一次会在各国的精英和大众中激起如此强烈的反应呢？可见，这一波东亚民族主义的诉求并不只是领土。

有人指出，东亚各国争夺的也许不是领土本身，但仍然是它们所能带来的物质利益。长期以来，东海和南海一直被认为蕴藏着丰富的石油和天然气资源，尽管围绕储量及其经济价值仍然存在争论，但南海周边的一些国家确实已经大规模投入海洋油气开发并从中获益，中国也已在部分非争议海域开发油气资源。在国际油价居高不下、能源问题日益突出的背景下，油气资源的重要性和敏感性自然大幅上升了。同时，对那些居住在相关海域沿岸、经济上还不富裕的渔民来说，渔业资源同样关系到他们的切身利益。因此，有观点认为各国争夺的核心是油气和渔业资源。① 然而，并不是所有事端都直接由资源利益触发，比如韩国总统的登岛举动就很难用争夺资源来解释，日本政府"购岛"的理由也不是开发那里的油气。在越南，起初采取激烈态度的并不是从石油开发中获得利益的政府，而是民间组织。此外，资源的开发和利用属于经济行为，有其自身的合理性逻辑，用政治甚至军事对抗的方式争夺资源并非明智之举，还会得不偿失。因此，资源利益固然重要，但人们争夺的不仅仅是资源。

还有观点认为，刺激各国采取强硬立场的是源自历史的民族主义情绪。② 领土在精神上的象征意义往往与历史紧密相连。东亚国家除日本、泰国外都背负着被殖民、被侵略的近代史，屈辱的受害者经历深深地刻入了民族的集体记忆。时至今日，东亚各国之间以及它们和西方国家之间还远没有真正实现历史的正义与和解。从这个意义上说，岛屿争端与其说是领土问题，不如说是历史问题。每当发生与领土问题相关的摩擦或突发事件时，人们会自然地联想到以往的"国耻"，担心领土主权将再次遭受侵犯，旧恨添新忧，爆发出超越领土、资源等物质利益的激烈反应。比如，对韩国人来说，尽管独岛（日本称竹岛）已在其控制之下，但宣示对该岛的主权象征着对历史上日本殖民统治的反击和对现实中日本一些人不愿承担甚至试图否认历史责任的控诉。③ 对中国人来说，钓鱼岛是近代日本殖民扩张过程中窃取的中国领土，保卫钓鱼岛既是为了维护中国的领土主权，也是为了伸张历史正义。然而，并不是所有的争议都与历史问题相关。以中菲在南海的争端为例，与一些东亚国家之间复杂的历史恩怨相比，中菲之间几乎没有源于历史的情感纠葛，现实中也保持着良好的关系，尽管如此，菲律宾的一部分政治精英还是利用这一问题煽动大众中的民族主义情绪，其动机显然在于现实政治而非历史问题。因此，尽管历史问题仍将是影响东亚国际关系的一个重要因素，但

---

① Michael T. Klare, "Island Grabbing in Asia," *Foreign Affairs*, September 4, 2012, http://www.foreignaffairs.com/articles/138093/michael-t-klare/island-grabbing-in-asia.

② Richard C. Bush, "A Deadly Brew: Resources, Nationalism and History," August 20, 2012, http://www.brookings.edu/research/opinions/2012/08/20-nationalism-east-asia-bush.

③ Kazuhiko Togo, "North-East Asian Territorial Disputes in the Age of Rising Nationalism," *Sandai Law Review*, Kyoto Sangyo University, Vol. 45, No. 3/4, January 2012, p. 19.

并不能解释东亚所有的民族主义现象。

上述几种解释之所以存在不足,一方面是因为东亚地区本身在国内政治和国际关系方面存在多样性,虽同为领土问题,但背景各异;另一方面是因为领土、资源都是具体的物质利益,历史问题也往往限于特定的受害者与加害者之间,这些都不足以解释民族主义的普遍性诉求。笔者认为,这一波民族主义与其说是把领土作为最终的目标,不如说是把领土问题作为竞技场,各国的根本诉求是通过在领土问题上的较量为自己在未来的国际秩序中争得一席之地。这绝不是说领土本身或者资源等物质利益不再重要,而是说造成这些争议难以"搁置"或者难以通过谈判解决的原因更多的是在精神而非物质的层面。历史正义虽然是一种精神诉求,但也必须通过更具普遍意义的对个人和集体尊严的追求才能在国际关系领域产生广泛而持久的影响。

正如民族主义学者里亚·格林菲尔德指出的,民族天生是竞争性的。原因在于,民族被想象为由平等的成员组成的主权共同体,在这个共同体中每一个民族成员都被赋予个体的尊严。由于这种尊严来源于作为共同体一员的身份,所以人们不仅会珍视个体的尊严,也会珍视集体的尊严,由此,就自然地对本民族相对于其他民族的地位十分敏感,并致力于维护和提高本民族的声望。由于地位和声望总是相比较而言的,所以民族国家间的竞争是无止境的。[1]

笔者认为,正是人们对民族尊严的渴望以及这种渴望不能实现时产生的不安和焦虑,构成了近年来东亚一系列民族主义现象的动因。在领土问题上,各国之所以都不愿做出妥协,是因为每一次事端即便很小,也被认为关系到国家的尊严,一旦就范就可能成为被迫屈服的先例。[2] 在菲律宾、越南等相对弱小的国家看来,对中国让步意味着承认自己软弱可欺,接受作为小国的不平等地位。在韩、日等地区强国眼中,妥协意味着在国家实力的较量中甘拜下风,承认自己的地位和影响力不如对方。

---

[1] Liah Greenfeld, "The Globalization of Nationalism and the Future of the Nation-State," *International Journal of Politics, Culture & Society*, Vol. 24, No. 1/2, March 2011, pp. 6–7.

[2] Anonym, "Could Asia Really Go to War over These?" *The Economist*, September 22, 2012, pp. 13–14.

在中国看来，如果放任周边国家在美国的支持下挑衅、要挟中国，就意味着自己在本地区的威信未能得到周边国家尊重，也意味着承认在地区事务中受制于美国。上述想法尽管只存在于各国的一部分人当中，且不一定符合事实，但民族主义恰恰是这样一种掺杂了浓厚感情色彩的观念和思维方式。在民族主义者的视野中，单个问题往往具有全局性的象征意义，即便是很小的妥协也会危及民族的立身之本，在一些情况下为了国家尊严，甚至牺牲一部分国家利益也是值得的。

从这一波东亚领土和海洋权益争端中可以看出，上述想法已经弥漫于各国的国内政治和对外态度中，这使得人们更多地从竞争而非合作的角度认识和处理相互间的关系，也使得各国政府难以通过建设性的方式处理纠纷。问题在于，为什么这种围绕国际地位和声望的竞争会在今天再度激化呢？或者说，人们的不安和焦虑从何而来呢？除了一些具体的短期因素外，东亚地区在国际秩序和国内社会两个层面上发生的结构性变化是更深层的原因，以下就这两个方面分别进行探讨。

二 是美国在推波助澜吗？

影响当前东亚国际秩序的最大结构性变量无疑是中国的崛起。不论是中国自身还是霸权国美国，抑或中国的周边国家，都感知到中国崛起给地区秩序带来的深刻变革。"中国威胁论""中国强硬论""中国傲慢论"以及"美国衰落论"等论调充斥媒体，虽然经常缺乏事实依据，却反映了人们对外部环境变化的主观感受。结果是，每一方都对自己的国际地位和声望感到不安和焦虑。美国担忧中国正在意识形态和安全领域挑战其主导地位，并试图把美国赶出亚洲。周边国家觉得中国实力的上升对它们构成了安全威胁。中国则一方面感到没有获得与自己实力相称的尊敬，另一方面又担忧美国正纠集一些亚太国家遏制中国的崛起。

在这方面，一个引发争论的问题是如何看待美国扮演的角色。在不少中国观察者眼中，是美国趁机利用中国与日本、菲律宾和越南的领土争端为其重返亚太战略服务，因此真正的问题不在中国与周边国家之间，而在中美之间，美国才是这一系列争端的幕后操纵者，甚至在几十年前就播下了争端的火种。究其原因，就在于美国把中国视为地缘政治的竞争者,而视其他几国为盟友或战略伙伴。① 即便在美国也有人提出批评,指出奥巴马政府本来不应该选边,可实际表态却让人觉得是站在了中国的对立面。② 有美国学者认为,美国的亚太再平衡战略对该地区正在兴起的民族主义起了推波助澜的作用,美国目前的政策只是增加了中国的不安全感,是不必要且适得其反的;正确的政策应当是减轻、而不是利用中国的焦虑。③

不可否认,美国确实出于地缘政治的考虑从中国与周边国家的领土争端中渔利,对地区局势的恶化负有不可推卸的责任。在中日钓鱼岛问题上,国务卿希拉里·克林顿等美国高官反复声称《美日安保条约》适用于钓鱼岛,参众两院也在国防授权法案中加入了这一条,参议员麦凯恩甚至公开称钓鱼岛是日本领土。在中菲南海争端中,美国多次派核潜艇访问菲律宾,向菲提供了两艘"汉密尔顿"级巡逻艇,并增加了对菲军事援助的数额。在中越南海问题上,时任美国国防部长帕内塔有意将访问越南的首站选在金兰湾,成为越战后首位造访该地的美国防长。此外,近年来美国还与中国周边国家频繁开展联合军演,给人项庄舞剑之感。可以认为,一些亚洲国家的政府或政客之所以敢于频频触犯中国底线,背后确有美国撑腰。但是,如果认为美国就是造成一切问题的根源,则未免有失偏颇,既不利于认识问题的复杂性,也不利于找到解决问题的正确途径。④

首先,近年来一些周边国家对中国的战略疑惧确实日益加深。这中间尽管包含很多无知和偏见,但从威胁认知的角度看,它们和美国一样对中国的崛起深怀戒心。2010年的钓鱼岛撞船事件正好发生在中国超越日本成为世界第二大经济体之际,这对日本人产生了极大的心理冲击,

---

① 郑永年:《亚洲民族主义与区域安全》,2012年8月21日,http://www.caogen.com/blog/infor_detail.aspx?id=66&articleId=39681。

② Richard Bush, "A Deadly Brew: Resources, Nationalism and History," August 20, 2012, http://www.brookings.edu/research/opinions/2012/08/20-nationalism-east-asia-bush.

③ Robert S. Ross, "The Problem with the Pivot," *Foreign Affairs*, Vol. 91, No. 6, November/December 2012, p. 74.

④ Wang Jisi interviewed by Yoichi Kato, "China Deserves More Respect as a First-class Power," *The Asahi Shimbun*, October 5, 2012, http://ajw.asahi.com/article/views/opinion/AJ201210050003.

一些人甚至把日本描绘成中国实力上升的"受害者"。① 日本的政界和舆论界普遍认为，钓鱼岛已经不仅仅是领土或资源问题，而是判断中国对外政策是否走向"扩张"的试金石。在越南，一些分析家也以类似的眼光看待南海问题，甚至认为最大的威胁来自"中国治下的和平"（Pax Sinica）。② 应该看到，中国与周边国家关系中日益加深的不对称性是一个结构性的长期因素。在安全上，如果缺少美国的支持，没有哪个东亚国家具备威慑中国的能力，形成了不对称的权力分配（asymmetrical distribution of power）。③ 在经济上，中国已经成为东盟、日本和韩国的最大贸易伙伴，各国对中国的经济依赖越来越大④，形成了不对称的相互依存（asymmetrical interdependence）。在可预见的未来，这种不对称性可能进一步扩大。因此，对周边国家来说，引入域外势力平衡中国的力量是自然的选择，它们和美国之间是互有需求、互相利用的关系，而不是简单的一方被另一方操纵。它们的目的与其说是围堵中国，不如说是通过平衡外交追求本国的自主性。⑤

第二，周边国家对美国也心存疑虑。各国的共同担忧是，美国在亚太地区的相对实力正在下降，不一定能解它们的燃眉之急；美国还可能为了改善与中国的关系而"出卖"它们。此外，与作为美国盟国的日、韩、菲不同，越南对美国抱有根深蒂固的不信任。不少越南分析家清醒地看到，美国依然视越南为意识形态和政治制度上的异端，不可能为其提供安全承诺。而在越南人民中，越战的历史伤痛还远未抚平。⑥ 所以，对越南来说，"联美制华"只能是权宜之计。即便是菲律宾也明白，《美

---

① 船桥洋一：「中国の友へ」，『朝日新聞』，2010 年 10 月 6 日。

② Robert D. Kaplan, "The Vietnam Solution: How a Former Enemy Became a Crucial U. S. Ally in Balancing China's Rise," *The Atlantic*, June 2012, p. 57.

③ Christopher R. Hughes, "Nationalism and Multilateralism in Chinese Foreign Policy: Implications for Southeast Asia," *The Pacific Review*, Vol. 18, No. 1, March 2005, p. 119.

④ 作为世界第二和第三大经济体，中国和日本在经济上究竟谁对谁的依存度更大，是一个众说纷纭的问题。参见蔡成平：《日本经济真的严重依赖中国吗》，FT 中文网，2012 年 11 月 8 日，http://www.ftchinese.com/story/001047368。

⑤ Carlyle A. Thayer, "The Tyranny of Geography: Vietnamese Strategies to Constrain China in the South China Sea," *Contemporary Southeast Asia*, Vol. 33, No. 3, December 2011, pp. 363 – 364.

⑥ Robert D. Kaplan, "The Vietnam Solution: How a Former Enemy Became a Crucial U. S. Ally in Balancing China's Rise," *The Atlantic*, June 2012, p. 61.

菲共同防御条约》并未规定一方在另一方受到武力攻击时自动做出反应，只是要求双方协商决定是否采取军事行动以及采取什么样的军事行动，而且条约完全没有提到在南中国海领土问题上发生冲突时的反应。此外，菲方还不得不担心，允许美国增加在菲律宾的军事存在会激起菲律宾国内民族主义者的反弹。①

第三，美国对待东亚民族主义的态度并非一概地煽风点火，而是有所区别。当一些东亚国家的民族主义矛头指向中国时，美国往往乐观其成。特别是身处美国羽翼下的日本和菲律宾，其对华态度越强硬，对美国的军事依赖就越深。事实证明，它们与中国的争端给美国提供了强化其亚太地区军事部署的机会。但美国的介入也分轻重缓急。当菲律宾总统阿基诺三世访美试图寻求美国的军事援助时，美方没有与他谈到南海有争议的问题。② 当中日关系因日本对钓鱼岛及其附属岛屿实施"国有化"政策而急转直下时，帕内塔和一些美国前高官先后访问日、中两国，企图充当调停者的角色。显然，对美国来说，营造适度紧张的局势，有利于强化其霸主地位；但也要有所节制，不能任由紧张局势升级，以免自己被卷入与中国的冲突。另外，当对立发生在韩国和日本这两个美国的盟国之间时，美方立刻就有声音出来喊停，试图为日、韩两国的民族主义情绪降温，以免美国在东亚的战略利益受损。③ 特别是在安倍晋三再次上台以后，美方反复提醒日本不要在历史认识和领土问题上触碰红线，国会研究服务处（Congressional Research Service）在2013年2月、5月和8月连续发表的三个版本的美日关系报告中都明确指出，安倍的强硬民族主义观点众所周知，日本的邻国和美国都将密切关注他在慰安妇、历史教科书和参拜靖国神社问题上的做法以及在日韩领土争端中的言论。④

总之，民族主义在外交上的根本诉求是在国际体系中谋求更多的自

---

① Renato Cruz De Castro, "Future Challenges in the US-Philippines Alliance," *Asia Pacific Bulletin*, East-West Center, No. 168, June 26, 2012, pp. 1–2.

② 《美承诺帮助菲律宾强海军》，《新京报》2012年6月10日第A10版。

③ Ralph Cossa, "Korea-Japan: Enough is Enough!" *PacNet*, CSIS Pacific Forum, No. 56, September 4, 2012, p. 1.

④ Congressional Research Service, "U.S-Japan Relations: Issues for Congress," RL33436, February 15, May 1, and August 2, summaries. b.

主性和更高的地位。周边国家出于战略平衡的需要寻求美国的介入，但如果美国的存在触犯了这些国家本身的利益和尊严，同样会遭受民族主义的反抗。因此，如果认为近来诉诸民族主义的一些国家只是为美国的亚太再平衡战略充当马前卒，就不仅误读了这些国家行为的根源，而且容易陷入冷战思维。我们不应忘记，在冷战中不论是美国还是苏联都煞费苦心地在世界上发生的每一个纷争背后寻找对方的幕后操纵，结果酿成了一系列代理人战争的惨剧，美苏自己也遭受重创。基于历史教训，如果把今天中国与周边国家的领土争端都视为中美战略对抗的信号，就不仅会陷入自我实现的预言，而且会像当年的美、苏一样因轻视民族主义的力量而犯下严重错误。

三 民族主义浪潮中的精英与大众

分析这一波东亚民族主义的国内背景可以发现，各国政府与民众关系的结构性变化是催生民族主义现象的重要因素。在国内政治中，民族主义既可以表现为一种动员大众的政治谋略（精英民族主义），也可以表现为一种大众参与的政治形式（大众民族主义）。在前一种情形下，政治精英自上而下地动员民众，目的可能是为了塑造民族认同，强化国家主权，也可能是为了牟取个人私利，或者证明政府政策的正当性。在后一种情形下，民众自下而上地介入政治，一方面表达对外部挑衅行为的反抗情绪，另一方面要求本国政府诉诸更强硬的行动。现实中，要分清民族主义的动因究竟是来自精英还是大众往往十分困难，两种情形也经常兼而有之。粗略地看，近来日本和菲律宾的民族主义更多的是源于政治精英的煽动，越南和中国的民族主义更多的是源于社会变革过程中民众情绪的激化，韩国的民族主义则同时受到大众和精英的推动。本文无法面面俱到地剖析各国的情形，以下主要从比较的视角进行初步的分析和归纳。

众所周知，最近一次中日钓鱼岛风波的直接起因是时任东京都知事石原慎太郎的"购岛"阴谋。历来反美的石原先是跑到美国宣布"购岛"计划，在《华尔街日报》上刊登广告谋求美国支持；继而在日本煞有介事地掀起募捐活动，大造与中央政府"竞买"钓鱼岛的声势；紧要关头却突然转向,放弃"购岛",把制造中日危机的责任推得一干二净;最后辞去知事职位,带领右派政党进军国政,当选国会议员。显然,石原利用领土问题煽动舆情,就是为了自己的政治利益。对此,日本的政界、舆论界本应有清醒认识,却不加阻挡,反而众口一词地攻击敢说真话的驻华大使丹羽宇一郎。而日本政府也是随波逐流,抛出"国有化"计划,令事态升级。

之所以造成如此局面,是因为近年来日本政局不稳,年年换相,不论哪个政党都难以获得民众的信任,政府的权威和效能日渐弱化。在此情况下,右派势力企图利用"中国威胁论",煽动民族情绪,强化政治权力。对此,长期关注日本的约瑟夫·奈(Joseph Nye)已尖锐地指出,日本正在转向民粹主义的民族主义,一些政客希图通过右倾化实现政界重组,形成更稳定、更有力的政府,此举在国内能捞取选票,在国外却引起与邻国的敌对。[1]

与日本类似,菲律宾的民族主义也主要存在于精英阶层。菲律宾虽然早在1898年就宣布独立,但独立的同时沦为美国的殖民地,直到20世纪80年代,民族主义伴随民主运动空前高涨,最终赶走了美军基地,但也从此失去了唯一的民族主义标靶。菲律宾又是一个由7 100多个岛屿组成的群岛国家,在族裔、语言和文化上千差万别,缺乏统一的前现代历史,不仅迄今没有形成强有力的民族认同,而且还受到族群、宗教和政治分离势力乃至恐怖主义的困扰。[2] 在南海争端中,菲律宾一度给外界留下民族主义"高涨"的印象,特别是其政治领导人频频诉诸强硬言行。但实际上,在这一连串民族主义的表演中,菲律宾国内民众反应冷淡。备受关注的反华游行,最多时也只有五六百人参加,其中还包括了警察、记者和围观者。在媒体上,黄岩岛等问题尽管也算重要新闻,但远比不上国内政治问题和娱乐、体育事件,底层民众连黄岩岛的名字

---

[1] Joseph Nye, "Japan's Nationalism is a Sign of Weakness," *The Financial Times*, November 27, 2012, http://www.ft.com/cms/s/0/c6b307ae-3890-11e2-981c-00144feabdc0.html#ixzz2EFAw1b37.

[2] Trevor Hogan, "In But Not of Asia: Reflections on Philippine Nationalism as Discourse, Project and Evaluation," *Thesis Eleven*, No. 84, February 2006, p. 115.

都没听说过。①事实上，游行示威在菲律宾三天两头都有，与有近10万人参加的反贪腐游行相比，这样的反华游行只能说是雷声大雨点小。②

与日本不同的是，在菲律宾政界，对华强硬并非主流，大部分政治家仍主张谈判解决。即便是组织示威的并肩公民行动党（Akbayan Citizens' Action Party，简称并肩党），也不以反华为主业。该党在菲律宾是一支代表劳工、农民、青年、妇女、同性恋者、城市贫民等边缘人群的政治力量，外交上是反美多于反华，每当美军到菲律宾补给时，必在美国大使馆前示威。③ 此次之所以选择南海问题作为吸引眼球的议题，一是因为穷人们虽然更关心生存问题，但身处社会底层的他们对与一个大国的摩擦会感同身受，对领土主权也会有情绪；二是因为并肩党是执政联盟的成员，是总统阿基诺三世的政治盟友，正期待着与后者在下次选举中合作。对该党来说，南海问题只是一个短期利用的工具而已。当然，菲律宾政界也有一些政客力主对华强硬，建议国会对中国进行经济制裁，但价廉物美的中国商品对并不富裕的菲律宾民众来说不可或缺，"抵制中国货"被视为不负责任的出位表演。④

所以，此次菲律宾的所谓民族主义运动只是总统及其周围少数人玩弄的政治伎俩。阿基诺三世自上台以来，一直面临经济不进反退，民意支持率一路下滑的困境。⑤ 他炒作南海问题，一方面是为了转移民怨，一方面是为了缓解军方对他排除异己的不满。⑥ 但这种"攘外以助安内"的策略，丝毫无助于解决就业、贫困等实际问题，因而难以在菲律宾民

---

① 叶飙、刘斌：《在马尼拉街头感受菲律宾》，《南方周末》2012年7月19日，http：//www.infzm.com/content/78736。

② 郑青亭：《雷声大雨点小 菲律宾反华游行草草收场》，人民网，2013年7月24日，http：//world.people.com.cn/n/2013/0724/c1002-22310772.html；《菲律宾近10万人游行反议员贪腐》，《新京报》2013年8月27日第A24版。

③ 周宇：《"敌人"菲律宾》，《凤凰周刊》2012年第17期（总第438期）6月15日，第26—35页。

④ 叶飙：《马尼拉街头，谁在游行——揭秘菲律宾并肩党》，《南方周末》2012年6月14日，http：//www.infzm.com/content/77058。

⑤ 江玮：《阿基诺支持率大跌》，载《21世纪经济报道》2012年5月10日，http：//www.21cbh.com/HTML/2012-5-10/zMMDY5XzQzMDUzMQ.html。

⑥ 田聿：《阿基诺三世的算盘："来一次彻底的洗牌"》，《南方周末》2012年5月10日，http：//www.infzm.com/content/75113。

众中掀起多大波澜。

相比之下，越南社会对南海问题的反应大相径庭。媒体集中报道，年轻人轮番游行，退休官员和军人、学者以及民间组织纷纷批评政府看上去的不作为，甚至显露出政治分裂、社会不稳的危险信号。不可否认，近年来越南的对华关系呈现出复杂的面相，一方面经济交往迅猛增长，另一方面政治猜忌日渐加深。频繁发生的海上摩擦周期性地刺激越南的民族情绪，2011年发展成连续10周的反华游行，至今势头不减。事实上，越南民众对中国的疑惧不限于南海问题，随着中越经贸往来的空前繁荣，中国商品、投资乃至工人大量涌入越南，在一些越南人眼中已经"威胁"到了越南的国家安全。2009年越南民间对中国企业参与承包西原铝土矿项目的强烈反对，更使得环境、资源等非传统安全问题与领土主权等传统安全问题纠结在一起，引起反华民族主义的连锁反应。[1] 一些知识精英还宣称，当年与美国的战争只是意识形态之争，而与中国则是领土主权、国家利益之争，为"远华亲美"的战略提供理论支持。[2]

这种自下而上的大众民族主义对越南政府的压力日益增大。随着革新开放政策的推进和经济的快速发展，越南的社会结构逐渐走向利益和价值观的多元化，民间组织经由互联网活跃起来，积极地投入内政和外交问题的争论和批评中。[3] 而南海问题的激化，将领土主权问题与政府合法性问题联系到了一起，反华民族主义成为一些民间组织乃至政治反对派挑战政府合法性的工具。[4]

当代中国的民族主义同样表现出自发性。[5] 在外交上的倾向，一是不妥协、不让步的态度，认为各国理应主动改弦更张，以表示对一个强大

---

[1] Alexander L. Vuving, "Vietnam: A Tale of Four Player," *Southeast Asian Affairs*, 2010, p.379.

[2] 叶伟民：《越南：天堂太远，中国很近》，《南方周末》2011年8月18日，http://www.infzm.com/content/62315。

[3] Alexander L. Vuving, "Vietnam: A Tale of Four Player", p.377.

[4] Carlyle A. Thayer, "Political Legitimacy of Vietnam's One-Party State: Challenges and Responses," *Journal of Current Southeast Asian Affairs*, Vol.28, No.4, 2009, p.55.

[5] 强调越南和中国民族主义的自发性，并不是说两国在政府层面不存在民族主义。但一般认为，越南和中国的官方民族主义都是理性追求国家发展和强大的"务实的民族主义"。从本文探讨的主题看，大众层面的民族主义对中国处理与周边国家关系提出了更大的挑战。

了的中国的尊敬；二是执着于中美关系，认为中国只有通过与霸权国美国的较量才能获得更高的国际地位和声望，其中隐含对亚洲邻国的轻视。在这种情绪影响下，不少人指责政府具有灵活性的外交政策过于软弱或不作为，主张采取更主动、更强硬的行动，在最近的中日钓鱼岛争端中甚至出现了不惜一战的论调。一些评论家也为这样的思维方式提供理论引导，《中国不高兴》《中国海权》《中国梦》等极具民族主义色彩的书受到追捧。其核心观点是，以美国为首的西方是阻碍中国崛起为世界大国的敌对势力。国外有学者把这一倾向称为中国民族主义的地缘政治转向。① 也有人认为中国正开始以军事实力为后盾追求国家的经济和政治目标，并且正在酝酿一个旨在建立现代版华夷秩序（Sino-centrism）的大战略。② 基辛格则在其《论中国》一书中称这样的思想为"必胜主义"，并敏锐地指出，此类主张虽没有得到政府的首肯，但"说出了许多当前思潮的潜台词"。③

毋庸置疑，中国经过30多年的改革开放，已经成为国际舞台上举足轻重的大国。这一方面大大增强了中国人与外部世界打交道的自信心；另一方面也滋生出一股虚骄之气。一些人对外部世界不再抱坦诚理解、谦虚学习的态度，有时甚至不屑一顾，转而诉诸简单甚至粗鲁的方式追求国家利益，急于改变被视为不公正的国际秩序。令人忧虑的是，在当代中国社会，民众与政府之间的互动渠道还不够畅通，围绕外交政策的理性探讨还不够充分，结果是，不论弱势群体的受困心理，还是强势群体的自大心态，都指向过激的民族主义。如何引导舆论和民众，成为中国政府当前和未来面临的一个复杂问题。④

韩国的这一波民族主义可谓出人意料，又在情理之中。从表面上看，

---

① Christopher Hughes, "Reclassifying Chinese Nationalism: the *Geopolitik* Turn," *Journal of Contemporary China*, Vol. 20, No. 71, September 2011, pp. 603 – 609.

② Kazuhiko Togo, "North-East Asian Territorial Disputes in the Age of Rising Nationalism,"『産大法学』45 巻 3・4 号、2012 年第 1 号、19 頁。

③ ［美］亨利·基辛格：《论中国》，胡利平等译，中信出版社 2012 年版，第 492—496、509 页。

④ 时殷弘：《普遍主义、特殊主义和民族主义：在当代世界的当代中国涵义》，天则双周论坛，第 463 次，2012 年 10 月 12 日，http://www.unirule.org.cn/SecondWeb/DWContent.asp?DWID=502。

是韩国总统李明博的登岛行为触发了韩日两国的民族主义情绪。一般认为，李明博的这一举动首先是出于个人的政治需要。当时他的兄长和亲信正陷入腐败丑闻，他本人有被牵连的风险。考虑到以往的韩国总统多有下台后被追查的苦楚经历，李明博似乎是想抓住机会博得一些人气。[1]他此举也颇见成效，登岛后支持率立即上升了9个百分点。[2]

但是，韩日之间的关系绝非如此简单。独岛（日本称竹岛）问题长期以来一直是双边关系中的一个着火点。2011年5月，日本文部科学省公布主张该岛主权的中学教科书；2012年2月，日本政府表示会认真考虑岛根县提出的在国家层面设立"竹岛日"的建议。这些都引起韩方的强烈抗议，为李明博之后的强硬举动做了铺垫。耐人寻味的是，在韩国国内出现了把登岛与慰安妇问题相联系的声音。2011年8月，韩国宪法法院裁定，在韩日两国围绕"慰安妇"的赔偿请求权问题仍存在纠纷的情况下，韩国政府未努力解决问题，侵犯了受害者的基本权利，属违宪行为。此后，韩国政府不得不两次正式向日本提出双边协商建议，李明博本人也在首脑会谈时直接提出谈判要求，日方均不予理睬。对一直标榜韩日关系良好的李明博来说，这等于告诉世人他对日方毫无影响力。此后，李明博还通过驻日大使向日本提出此事，仍未得到回应。有观点认为，李明博正是感到束手无策，才诉诸登岛行动。[3] 可以说，正是韩国社会对领土和历史问题抱有的强烈民族主义感情，使李明博这样一个被认为亲美、亲日的政治领导人也不得不表现强硬。新总统朴槿惠上台后，也在多个场合反复强调日本必须正视历史，她在美国国会的演讲以及与奥巴马的会谈中都提及历史认识，更是引起了舆论的广泛关注。因此，在韩国政治精英和普通民众都可能诉诸民族主义。

综上所述，这一波东亚民族主义虽然都涉及领土问题，但背后的政治动因和社会条件纷繁芜杂，很难一概而论。有的国家政府衰弱或不稳

---

[1] Anonym, "Lame ducks and flying feathers: Strained relations between Japan and South Korea," *The Economist*, September 8, 2012, pp. 37 – 38.

[2] 《李明博支持率上升》，新华网，2012年8月21日，http://news.xinhuanet.com/world/2012-08/21/c_123612284.htm。

[3] 姜誠:「領土ナショナリズムをどう乗り越えるか」,『世界』, 2012年12月号, 123—124頁。

定,给民族主义政客煽动舆情、攫取权力提供了机会,如日本;有的国家政治领导人支持率下降,靠动员民族主义赚取人气,如菲律宾和韩国;有的国家从独立斗争的历史中淬砺而生,且至今存在与别国的历史纠纷,大众中的民族主义情绪一旦受到外部刺激就可能爆发,如韩国、中国和越南;有的国家国内族裔、语言差异大,且存在分离势力,民族认同仍较单薄,民族感情还不强烈,如菲律宾;有的国家经济高速增长,社会急剧转型,民众对更多个人尊严和更高国际地位的期待十分强烈,当这种期待不能实现时又产生挫败感和焦虑感,造成民族情绪的激奋,如中国、越南;还有的国家因国际地位相对衰落而感到不安,如日本。此外,各国近年来面临的共同问题是,在经济全球化的长期影响和次贷危机、欧债危机的短期冲击下,经济增速放缓,贫富差距扩大,民众中不安、不满的情绪日增,民族主义遂成为倾吐郁积或寻求慰藉的避难所。(见表1)

表1　　　　　　　影响东亚民族主义的因素及各国的比较

	政府权威	民众参与	历史感情	民族认同	经济状况	国际地位
日本	弱	较弱	弱	强	长期停滞	相对衰落
菲律宾	很弱	弱	弱	弱	快速增长 失业、贫困	弱小
越南	强	增强	较强	强	高速增长潜力 短期增速下滑	上升潜力
中国	强	增强	强	强	长期高速增长 短期增速下滑	快速崛起
韩国	较弱	强	强	强	增速下滑	相对上升

在这些因素中,最重要的是政府与民众之间的互动关系。在政府权威较弱、民众参与较强的情况下,民族主义更容易高涨;在政府权威较弱、民众参与也较弱的情况下,民族主义往往只是短期利用的工具;在政府权威较强、民众参与也较强的情况下,民众施压于政府,政府则力图管控舆情,两者之间容易产生紧张关系,民族主义呈现不稳定的状态。需要指出的是,政府权威的强弱常常因为领导人更换、执政党轮替、经

济状况起伏等因素在短期内发生变化,因而难以准确预测和把握;而民众参与的强弱则是一个长期的、可预见的过程。在东亚地区,民众的力量总体上呈上升态势,因而各国在当前和未来面临的主要挑战是大众民族主义对国内政治和国际关系的冲击。从中国处理周边关系的角度看,应当把民众参与较强和较弱的情况区分开来,把煽动民族情绪的少数政客、媒体和大多数普通民众区分看来,既充分注意到国内外民族主义情绪的严重影响,又不夸大事实,人为地把民众中"沉默的多数"推到强硬派那一边。

四 营建互利、互敬的周边关系

这一波东亚民族主义的勃兴再次警示我们,不仅要看到国际关系的物质层面,还要看到国际关系的精神层面。民族主义是一种自然的感情,有其历史的和现实的原因,不能一概否定。但民族主义又是一种非理性的态度,常常对外交和国际关系产生负面的影响,最终令自己国家反受其害。中国与周边国家之间的贸易往来、经济互利固然有助于防止对立进一步恶化,但不能消除偏见、误解和怨恨。反过来,民族对立情绪会产生溢出效应,影响其他领域的合作。事实证明,狭隘的民族主义会导致经济问题的政治化,如抵制外国货;也会导致外交问题的军事化,如军备竞赛。民族主义还会诱使人们用非此即彼的思维方式看待与他者的关系,把国际政治视为胜负分明的零和对局,这些都不利于一国国民养成健康、成熟的对外观。

在当代东亚,国际秩序的不对称性和国内社会的不平等性都有加深的趋向,这成为滋生嫉妒、傲慢和敌意的温床。因此,未来不论是政府、政客人为的煽动,还是民众自发的觉醒,都可能再次掀起民族主义的浪潮,导致地区局势的紧张和民间感情的进一步恶化。面对这样的情况,中国的精英和大众都应该有更理性、更客观的认识。既不能把与中国存在争端的周边国家都看成美国遏制中国的前哨,也不能把美国看成一切问题的幕后推手。对抗只会让各国的强硬派愈加得势,让温和、理性的声音日渐衰微;只有对话才能增信释疑,缓解民族主义的负面影响。

从国内看,政府一方面要善于倾听民众的声音,增加民众的参与,提高外交决策的透明度；另一方面要保持冷静和客观，耐心地引导舆论，而不是被舆论左右，更不能站到理性的反面。在全球化、信息化的时代，民众将日益积极地介入外交，只有建立起政府与民间的良性互动，才能将民众的诉求有效地纳入外交政策，也才能让民众更好地理解外交政策，最终在整个社会用开明的国家利益观取代狭隘的民族主义情绪。

从国际上看，东亚各国由于历史原因都格外珍视国家的主权和尊严，在可预见的将来不大可能放弃民族主义的诉求。所以，领土争议等涉及主权的问题仍将长期困扰各国之间的关系。对此，中国除了通过经贸往来促进互利、通过外交沟通促进互谅之外，还应该在和周边国家的双边关系中培养互敬的精神，力避自我中心式的言行，真正做到与所有国家都平等相待。在这方面，应该继续推动民间交流，促进相互理解，遇到分歧应该更多地诉诸对话和协商，而不是展示或运用实力。同时，中国需要认识到，由于双边关系中存在的不对称结构，仅仅依靠双边外交无法消除周边国家对中国的疑惧，只有通过多边外交，才能用地区主义平衡民族主义，使各国逐渐认识到，追求国家利益的更有效途径是把自身利益融入地区的公共利益之中。在这方面，推进中日韩三边自由贸易谈判，加入东盟提出的区域全面经济伙伴关系（Regional Comprehensive Economic Partnership，ERCP）谈判，以及与东盟国家就制定南海共同行为准则坦诚磋商，都将是有益的举措。总之，如何与东亚各国共同塑造一个相互敬重、共享尊严的地区秩序，是未来中国处理周边关系时需要解决的一个重要问题，也是引导东亚民族主义朝着理性方向发展的关键。

南海问题对中国—东盟新型
关系构建的影响

张 洁[*]

南海问题是中国—东盟关系中最重要的安全议题。在过去的20多年中,依赖于双方的共同努力,南海局势基本保持平稳,为中国—东盟区域合作提供了良好的安全环境。但是,从2009年开始,南海问题迅速升温,中国与东盟的关注点不得不转向安全领域,双边关系面临着严峻的考验。

引发这种变化的因素之一是东盟立场发生的明显摇摆,即从过去鼓励南海争议各方保持自我克制、通过对话建立信任机制转向怀疑和戒备中国,试图依靠美国制衡中国。对于东盟在南海问题中的作用,中国国内一直没有形成共识,无疑,东盟政策的摇摆性加深了中国的质疑。多数学者认为,东盟不具备任何采取强制措施的能力,其决议的实施依靠各成员国的自觉。东盟不能代替成员国行使谈判、缔约和划界的职能,东盟所签署的法律文件对其成员国没有拘束力。因此,东盟可以作为一个第三方交流平台,让中国和其他争端当事国在其中充分地沟通交流并为此提供调解或斡旋服务,但是其作用也仅止于此。更有一些学者认为,长期以来,东盟偏袒成员国,中国—东盟平台下展开的对话造成了南海问题的国际化,削弱了中国的战略优势,给南海问题带来相当大的复杂

---

[*] 张洁,中国社会科学院亚太与全球战略研究院亚太安全外交研究室主任、研究员,中国社会科学院地区安全研究中心秘书长。

性和不确定性。①

本文认为，东盟立场的反复恰恰反向证明，虽然一个合作的东盟作用有限，但是一个不合作的东盟却具有很强的破坏力，尤其当南海问题已经不仅仅局限于领土领海争端，而成为美国重返亚太和试图制衡中国的"抓手"时，东盟主导下的一系列地区对话机制，如果为美国所用，将会大大增加中国的外交压力，这一现象在过去几年已经达到高潮。

鉴于此，中国应该发展多边框架下的新型双边关系，积极利用东盟平台，突出各方整体利益，理解东盟推动东盟一体化进程的关切，区别对待东盟各国的利益诉求，求得大局稳定，为维持良好的周边安全环境以及最终解决南海问题创造有利条件。

一 东盟与南海问题：地位、立场与作用评估

东盟对南海问题的关注具有内在必然性。首先，南海问题涉及六国七方，其中五个国家都是东盟成员国，② 南海问题直接关系到本地区的安全与稳定。其次，东盟希望协调成员国在南海问题上的立场、消除彼此间的猜疑，促进东盟内部的凝聚力，为解决成员国之间领土纷争树立典范。最后，东南亚相关争议国在南海问题上对东盟有内在需求。它们清醒地认识到，面对中国这样的强大对手，自身力量无法与中国抗衡，需要东盟充当"代理人"，以共同的力量与中国谈判。③

东盟是南海问题的主要参与者，这个印象可以从过去20年中国外交部发言人关于南海问题的答记者问中获得证实。1991—2001年，外交部发言人答记者问时提及的国家中，菲律宾、东盟、马来西亚居前三位，而且菲律宾和东盟的次数远远超过马来西亚和其他国家。2002—2011年

---

① 参见石家铸"南海建立信任措施与区域安全"，《国际观察》2004年第1期。赵锐玲：《东盟对南中国海问题的介入及其消极影响》，《解放军外国语学院学报》2002年第6期。

② 这5个成员国中，老成员国有菲律宾、马来西亚、文莱和印度尼西亚，越南在1995年才加入东盟。因此，在20世纪90年代初，越南是作为和中国一样，被东盟视为处理南海问题时面对的两个主要对手。

③ Lee Lai To, "ASEAN and the South China Sea Conflicts", The Pacific Review, Volume 8, Issue 3, 1995, p.532.

间，越南、菲律宾、美国和东盟居前四位，其中，美国和越南出现的次数大幅度上升。因此，就自身比较而言，东盟在前后两个十年间被提及的次数并没有减少，这说明东盟始终是南海问题中不可被忽视的力量。但是，与其他国家相比，东盟在2001—2011年的排名中出现下降，并与前三位被提及的次数存在较大差距。这一结论与现状是基本吻合的，即在新一轮的南沙争端中，双边互动和域外干预的特性突出，而东盟的话语权则面临着挑战。

东盟关于南海问题的基本立场集中体现在重要文件的签署和地区对话机制的构建。首先，在1992年，东盟外长会议首次将安全问题列入议程，并通过了《东盟关于南中国海问题的宣言》（ASEAN Declaration on the South China Sea），这是东盟第一份有关南海问题的重要声明，作为积极协调成员国立场的外交成果，宣言强调必须以和平方式，而不是诉诸武力解决与南海有关的所有主权和管辖权问题，呼吁有关各方保持克制，为一切争端的最终解决创造一种积极的气氛。建议有关各方以《东南亚友好合作条约》为基础，建立一个南海国际行为准则。[1] 宣言的精神在东盟后续的外交中得到充分实践，成为东盟与中国对话南海问题的基本原则和立场。

其次，东盟构建和利用一系列地区合作机制与中国对话南海问题，其中，最重要的安全机制是东盟地区论坛（ASEAN Regional Forum，ARF）。东盟地区论坛成立于1994年，主要功能是围绕亚太地区政治安全问题开展建设性对话。在历届东盟地区论坛的主席声明中，均涉及南海问题。以1994—2011年的主席声明为研究样本，可以清楚地归纳出东盟的基本立场和主要关切。

第一，东盟强调相关各方应采取自我克制，以和平方式处理南海争端；各方应依据国际法和相关政治声明解决南海争端，包括《联合国海洋法公约》《东南亚友好合作条约》《东盟关于南中国海问题的宣言》以及《南海各方行为宣言》。

第二，东盟关注的焦点是领土领海争议，而非航行自由与安全问题。在历次主席声明中，航行自由与安全问题仅仅在1999—2001年被提及3

---

[1] 李金明：《从东盟南海宣言到南海各方行为宣言》，《东南亚》2004年第3期。

次。到2002年《南海各方行为宣言》签署后，主席声明再没有涉及南海航行自由与安全问题。这是因为，《宣言》中明确表示，"各方重申尊重并承诺，包括1982年《联合国海洋法公约》在内的公认的国际法原则所规定的在南海的航行及飞越自由"，而且从20世纪70年代至今，南海的航行自由也从未受到威胁。因此，进行简单的逻辑推理可知，航行安全问题更多的是域外大国干涉南海事务、试图国际化南海问题的借口，而非东盟国家自身的安全需求。因此，美国与东盟在南海问题上的关注与利益诉求有重合，也存在差异，这种差异性，正是中国应对南海问题的突破口。

第三，东盟以法律制约争议各方行为的意愿十分强烈，突出表现为极力推动《南海各方行为准则》的达成。1999—2001年的主席声明中可以发现，东盟最初希望与中国签署的是《南海各方行为准则》，然而由于各国的目标差异过大，作为妥协，最终签署了约束力较弱的《南海各方行为宣言》。但是，从2006年开始，东盟地区论坛就重提《南海各方行为准则》。经过努力，2011年东盟与中国签署了《南海各方行为宣言》指导指针，2013年7月，在第20届东盟地区论坛上，中国终于决定就推进"南海行为准则"与东盟举行磋商，循序渐进推动"准则"进程。这是东盟期待已久的新变化，但是由于少数国家目的在于约束中国，而非出于真正维护地区和平的愿望，料想谈判将会旷日持久。

第四，东盟试图将南海问题多边化与国际化，但成效有限。从1994年的第一次主席声明中可知，印尼召开的一系列有关南海问题的研讨会是东盟地区论坛开始运转的前期实践，其中，"处理南海潜在冲突研讨会"一直被认为是东盟试图将南海问题多边化和国际化的尝试。[①] 在1994—2000年的主席声明中，均对这一论坛的积极作用予以肯定。但是，从2000年后，主席声明不再提及这一研讨会，这反映出中国在与东盟的对话中主导性和塑造能力的加强。2009年后，南海问题的国际化趋势明

---

① 其他两个还包括 International Studies Centre（Thailand）和 Institute of Policy Studies（Singapore），参见"The ASEAN Regional Forum：A Concept Paper"，Bangkok，July 25，1994，http://aseanregionalforum.asean.org/library/arf-chairmans-statements-and-reports/132.html，最后访问时间：2011年12月26日。

显，这是域外国家和个别东南亚国家努力的"成果"，而非中国与东盟对话的产物。

我们认为，对于东盟在南海问题中的作用应该给予客观评估。在过去的20多年中，中国—东盟对话为南海争端的直接相关国提供了沟通平台，推动了各国间信任机制的构建，为缓和与稳定地区局势发挥了积极作用。

在1990—2001年的第一个十年中，东盟逐步构建与中国的对话，但东南亚国家并没有马上停止对南沙岛礁的侵占行动，根据不完全统计，越南、菲律宾和马来西亚在这一时期至少抢占了7个南沙岛礁，其中就包括1999年菲律宾以军舰坐滩形式对仁爱礁的占有。

但是，从2002年中国与东盟签署《南海各方行为宣言》后，整个南海局势进入了相对平稳期，争端各方没有占有新的岛礁或发生大规模的武装冲突，这与各方恪守《宣言》精神是有一定相关性的，即"各方承诺保持自我克制，不采取使争议复杂化、扩大化和影响和平与稳定的行动，包括不在现无人居住的岛、礁、滩、沙或其他自然构造上采取居住的行动，并以建设性的方式处理它们的分歧"。《宣言》更重要的意义在于，推动了中国与东南亚国家的互信建设，继《宣言》签订之后，2003年中国加入了《东南亚友好合作条约》，签署了《中国与东盟面向和平与繁荣的战略伙伴关系联合宣言》，双方承诺发展全面和面向未来的关系，重点加强在政治、经济、社会、安全以及国际和地区方面的合作。因此，我们认为，迄今，虽然中国—东盟对话机制未能解决南沙问题，但是考虑特定的国际环境与中国发展的阶段性需求，东盟对于稳定地区局势的积极作用是不应该被否定的。

二 南海局势的新变动与东盟政策的摇摆

从2009年开始，南海问题迅速升温，东盟的政策也出现了反复。在菲律宾和越南不断制造事端、发难中国的同时，东盟作为一个整体，对中国表现出明显的不友好，主动拉拢重返亚太的美国，与美国相互呼应，在南海问题上施压中国。

东盟主导的一系列地区对话机制为美国提供了外交舞台。2010年6

月，在新加坡举行的香格里拉对话上，美国国防部部长盖茨坚称，美国对南海的兴趣在于确保"稳定、航行自由以及自由且不受阻碍的经济发展"。① 7月，美国国务卿希拉里在东盟地区论坛外长会议上发表了关于南海"安全稳定、航海自由"的讲话，她说，"美国对南沙群岛和西沙群岛的争端表示关切，争端的解决事关美国的国家利益"。……"美国支持所有提出主权要求的国家，在不受到威胁的情况下，通过合作外交进程来解决争端，我们反对任何一方使用武力或者是以武力相威胁。"9月，美国—东盟峰会在纽约召开国家首脑会议，在峰会上，双方着重讨论了南中国海问题，就"和平解决南中国海相关争端"以及"保证航道通畅"的重要性达成了一致意见。美国的挑衅直接导致了中美两国高官多次发生激烈争吵，一时间，中国的周边外交形势出现明显恶化。不仅如此，美国的"回归"还是刺激了菲律宾、越南等国采取激进化和极端化的南海政策，频频制造海上摩擦，致使南海问题成为影响中国周边安全环境最主要的因素。

东盟政策的调整受到东亚力量格局变化的深刻影响。2010年，中国经济总量跃居亚洲第一、世界第二。面对中国的迅速崛起，"中国威胁论"在东盟内部尘埃再起，南海争议国更是产生了极大的战略焦虑，担心中国的外交政策转向强硬，采用武力手段收回南沙被占岛礁。因此，当美国重返亚太时，多数东盟国家表示欢迎，认为美国是制衡中国的重要力量，对稳定地区安全有积极作用。新加坡总理李显龙指出，本区域如果要有个稳定的架构，美国必须是其中一部分，如果只有中国，不仅不利于亚洲，也不利于中国。②

但是，东盟的南海政策很快就出现了回调。2011年7月，在东盟地区论坛外长会议上，东盟与中国就落实《南海各方行为宣言》的指导方针达成一致，不仅如此，在指针当中，东盟还顾及中国的意见，避免使用"多边""国际"等词语，这标志着东盟重拾与中国的合作。11月，在东盟峰会上，东盟轮值主席国印尼总统苏西洛表示，峰会将重点讨论

---

① 《游戏改变者：应对中国外交政策革命》，（美国）《外交》2010年11/12月号。
② 李显龙：《南中国海岛屿主权纷争 依海洋法解决符合我国利益》，《联合早报》2010年9月24日。

东盟一体化建设等议题。东盟成员国还共同发表了新的《巴厘宣言》，强调要在国际事务中发挥更大作用。这表明东盟将注意力重新集中于一体化建设，也表明东盟不会把构建新地区关系主动权拱手让给美国。①

在2012年的中菲黄岩岛对峙中，东盟没有公开谴责中国，不仅如此，在7月的东盟地区论坛上，菲律宾要求将黄岩岛事件列入主席联合声明，遭到了东盟的拒绝。具有戏剧性的是，由于菲律宾的极力阻挠，致使东盟地区论坛自成立以来，第一次未能发表主席联合声明，这对东盟的凝聚力造成极大的挑战，也促使东盟进一步反思自己的南海政策，更加坚定了东盟将地区对话的重点回调到区域合作与东盟一体化的决心。

东盟政策的回调是由自身的利益所决定，也是其平衡外交传统的实践。东盟清楚地意识到，过分强调南海问题，利用美国制衡中国，将转移地区合作的重点，使东盟一体化受到忽视，尤其是损害东盟在地区事务中的地位。对于东盟来说，美国重返亚太和对本地区事务的过度干涉，是一把"双刃剑"。如果美国过度操作，不但会激起中美战略冲突，损害亚洲国家的利益，而且会制约东盟在地区国际关系中的主导能力。因此，对于东盟内部的非南海问题相关方来说，推动东盟一体化和提升东盟的国际地位更符合自身利益需求，正如印尼战略与国际问题研究中心执行主任苏克曼（Rizal Sukma）指出，对东南亚国家来说，最重要的是中国如何使用航母或是军事力量。如果中国的目的是提供地区性公共产品，那么东南亚国家就没有必要害怕中国的海军力量。因为包括发展航母在内，中国军事力量的不断增长有利于中国参与地区的非传统安全合作，如打击海盗和进行灾后救援。

亚太是中美利益交织最密集的地区，也是两国战略竞争的角逐场，因此，东盟政策的调整必然与中美形成互动，中美在地区对话机制中提出的议程开始发生微妙的变化。2013年7月，在东盟地区论坛上，美国将对话重点投向与东盟加强在区域海事安全与网络安全领域的合作，同时，中国也表示要用好中国—东盟海上合作基金，推动渔业、海上互联互通、海洋科技、防灾减灾、航行安全与搜救等领域务实合作，把海上合作打造成中国—东盟合作新亮点，并同意从9月开始，与东盟就南海

---

① 张蕴岭：《把握周边环境新变化的大局》，《国际经济评论》2012年第1期。

各方行为准则举行磋商。可以预计,未来东盟将会极力将地区对话拉回东盟一体化建设和区域合作,而中美在争取东盟的过程中,将会围绕与海上安全相关的功能性问题展开博弈。

三 多边框架下的新型双边关系:中国解决南海问题的新思维

对于中国—东盟对话与南海问题的多边化,中国的立场始终显得有些自相矛盾。许多学者指出,虽然中国始终坚称与直接当事国解决南海问题的双边主义原则,但是由于南沙领土领海争端涉及双边或三边,以及南海问题国际化的趋势,中国的双边主义面临严峻挑战,缺乏可持续性。[1]而且,从20世纪90年代与东盟展开对话之际,对于东盟推动南海问题的对话,中国给予了积极回应,表明中国过去一直坚持双边会谈,现在已慢慢接受多边机制,在南海问题上采取追求主权、战略和经济利益平衡的策略。[2]

本文认为,南海问题已经成为影响中国对外关系和国际环境的重大问题。在解决争端条件不具备的情况下,贸然使用武力代价太大。而且,从国际法角度论证所指出的,解决南海争端有单边、双边、多边三种路径。双边路径可能适合解决部分特定海域的划界和权益归属争端,但却远不足以解决整个南海海域的划界和海洋权益归属问题。因为南沙海域的情况复杂,许多海域是两个或两个以上国家都提出了权力主张。因此,多边路径是最根本的和最重要的路径,只有诉诸多边路径才能真正而全面地解决南海争端。[3] 但考虑到现实的复杂性,可以将多边路径和双边路径结合起来,通过多路径解决南海问题。而且,中国运用双边与多边谈判并行的做法已有先例。20世纪90年代初,中国与中亚国家解决领土划

---

[1] [新] 郑永年:《中国外交的外部战略选择》,《联合早报》2012年2月28日。

[2] [新] 李明江:《泛北部湾合作与区域安全:关注南海》,《东南亚纵横》2008年第1期。

[3] 罗国强:《多边路径在解决南海争端中的作用及其构建——兼评〈南海各方行为宣言〉》,《法学论坛》2010年第7期。

界时，就采取了"五国双方"的形式。① 因此，我们主张，应该改变传统的双边主义，积极利用东盟框架以及小多边框架，区别对待各方的利益需求，以政治对话为主，寻求解决南海问题的路径，为中国的崛起提供稳定的周边安全环境。②

首先，要创造性地理解和定位中国—东盟关系。中国—东盟关系是一种由中国和东盟及其成员国构成的双边与多边关系的"混合体"，形成了以中国—东盟关系框架内部的大多边为制度中心、小多边和双边为内部支撑，以区域多边、区域间多边和全球多边等为外部促进，内外互动的多边层次互动格局。③ 如果能够区别利用大多边、小多边和双边的功能，在大多边框架内推动地区机制构建和加强互信，从而塑造稳定的地区安全环境和创造对话平台，在小多边和双边框架内与直接当事国通过谈判解决南沙争端，那么就会出现一种全新的局面。

其次，细化周边战略，利用好东盟这个多边框架。第一，理解东盟的整体需求，支持东盟的一体化进程和在地区事务中发挥更大作用，使东盟能更好地说服成员国减少制造麻烦，维护南海地区的稳定。第二，细分东盟成员国的立场差异性和需求多样性，通过重点发展与一些国家的双边关系，推动东盟在南海问题上发挥积极作用。东盟在南海问题上的立场是分裂的：南海相关国之间的主张具有重叠性；非相关国的外交政策具有差异性，老挝和柬埔寨支持中国，马来西亚和印尼对美国的介入有所保留，新加坡和泰国的立场相对中立，只有越南和菲律宾积极欢迎美国发挥作用。④ 需要强调的是，印尼值得特别关注，作为东南亚地区面积最大、人口最多的国家，目前印尼正在谋求重掌东盟领导地位，热

---

① 祁怀高、石源华：《中国的周边安全挑战与大周边外交战略》，《世界经济与政治》2013年第6期。
② 参见张蕴岭《把握周边环境新变化的大局》，《国际经济评论》2012年第1期；郑永年《中国外交的外部战略选择》，《联合早报》2012年2月28日。
③ 郑先武：《中国—东盟安全合作的综合化》，《现代国际关系》2012年第3期。
④ See the discussion in Sheldon W. Simon, "Conflict and Diplomacy in the South China sea", *Asian Survey*, Vol. 52, No. 6, 2012, pp. 995 – 1018; Sam Bateman, "Managing the South China Sea: Sovereignty Is Not the Issue," Rajaratnam School of International Studies (RSIS), RSIS Commentaries, No. 136/2011, September 29, 2011; and Subathra R. Periyaswamy, "The South China Sea Dilemma: Options for the Main Actors," in ibid., No. 137/2011, September 29, 2011.

衷推动东盟一体化进程。2011年以来，东盟南海政策的回调与印尼是东盟的轮值国主席不无关系。不仅如此，有报道称，为了敦促中国与东盟签署《南海各方行为宣言》指针，印尼对菲律宾做了大量的说服工作。因此，加强与印尼的双边关系应成为中国周边外交的重点之一。第三，中国应在功能性问题领域密切与东盟的合作，通过提供更多的公共产品，拓展对话渠道，为南海问题的最终解决塑造一个稳定和信任的外交环境。

中美新型大国关系与国际秩序

钟飞腾[*]

近年来,中国提出的新型大国关系构想引起了国际社会的广泛讨论。2013年6月,习近平主席在与奥巴马总统会晤时,正式向国际社会公布了与美国建设新型大国关系的理念,中国提出这一主张意在破除崛起国和守成国的争霸逻辑。从舆论反映来看,国际社会认为美国并没有接受中国的这个提法,比如2014年11月奥巴马参加北京亚太经合组织(APEC)会议期间,并没有使用新型大国关系的提法。[①] 对外关系委员会2015年3月发布的一份报告甚至断言,中美之间不可能建立新型大国关系。[②] 国内也有学者认为,新型大国关系概念已经名存实亡,新型国际关系概念更具有持久性,将取而代之。[③] 但2015年9月习近平主席对美国进行国事访问时,再度呼吁与美国构建新型大国关系,这表明中国领导人仍青睐这一概念,希望借助这一理念创新对正在形成中的新国际秩序抹上中国色彩。

中美建设新型关系有多种难题,但本文认为对中国大国地位的判断是一个不能绕开的问题。大国地位并不仅仅是一个认知上的问题,

---

[*] 钟飞腾,中国社会科学院亚太与全球战略研究院大国关系室主任、研究员。

[①] Jane Perlez, "China's New Type of Ties Fail to Sway Obama", *New York Times*, Late Edition, 10 Nov., 2014, A.8.

[②] Robert D. Blackwill and Ashley J. Tellis, Revising U. S. Grand Strategy Toward China, Council Special Report, No. 72, Council on Foreign Relations, March 2015, p. 38.

[③] 《阎学通答中评:中美新型大国关系建不起来》,中评网,2015年1月15日,http://www.crntt.com/doc/1035/7/4/4/103574468.html? coluid = 254&kindid = 14738&docid = 103574468。

也是一个重大的理论难题。有关大国地位的社会认同理论研究表明，名与实之间的不对称将导致冲突。物质实力层面的大国地位与认知层面的大国地位两者有三种对应状况，一致、过高或者过低，后两个类型则是地位的错配。尤其是地位被低估的国家，其行为更具进攻性，为了显示它们需要获得的地位，更愿意参加冲突性行为。[1] 另外一方面，更重要的是中国长期以来试图获取在国际体系中的声望和荣耀，对大国地位的追求被认为是100多年来中国对外行为的决定因素之一，这种战略目标的推动力并非是自由主义或者现实主义的，或者是两者简单的组合。[2] 随着中国的实力地位日渐上升，一般性的大国或者国际大家庭的重要一员已不足以概括中国的战略目标，中国当前的大国地位目标，用最新的政策语言表述是"中华民族的伟大复兴"。对西方社会，特别是美国这样一个主导国际秩序长达70年的霸权国而言，中国到底是怎样的一种权力，以及如何运用这种权力，还没能给出直观明了的回答，但这一问题对其能够继续维持战后秩序已经显示出越来越紧迫的重要性。

中国并不是一个典型的、西方概念上的大国，甚至可以说中国长期是缺少权力的大国。在西方国际关系理论中，大国的概念与权力紧密联系，由于对权力构成理解的不同，大国的定义及其理论含义也就不同。但在中国，对大国的认识长期基于人口、土地、富裕以及工业化等概念。不过，近年来，中国日益认识到大国所具有的经济、军事乃至文化含义。但即便如此，中国在人均收入水平上仍不同于传统的西方大国。也正是在这一根本差异上，中国有可能成为一个不同类型的大国，也正是如此才能提出一种互补性的国际秩序新方案，甚至可以说升级版的威斯特伐利亚新国际秩序。

---

[1] Johan Galtung, "A Structural Theory of Aggression", *Journal of Peace Research*, Vol. 1, No. 2, 1964, pp. 95 – 119; William C. Wohlforth, "Unipolarity, Status Competition, and Great Power War," *World Politics*, Vol. 61, No. 1, 2009, pp. 28 – 57.

[2] Chris Connolly and Jörn-Carsten Gottwald, "The Long Quest for an International Order with Chinese Characteristics: A Cultural Perspective on Modern China's Foreign Policies," *Pacific Focus*, Vol. XXVIII, No. 2, 2013, pp. 269 – 293.

一 新型大国关系的概念之争

中美两国对新型大国关系存在不同理解，首先表现在双方使用不同的英文词汇来表述新型大国关系。中国前驻美大使张业遂曾多次用"新模式"（new model）来形容中美之间的关系，但早期没有用"major"或者"great"来定位中美的国际地位，只说中美是两个"块头大的国家"（big countries）。[①] 2012 年 6 月，胡锦涛主席赴墨西哥参加 G20 峰会后与奥巴马会晤，新华社在报道这次会晤时使用了"在两国间建立大国关系（great power）新模式"表述。[②] 但当年 9 月，美国海军战争学院研究人员在分析这一术语时，使用的是"大国关系新类型（type）"，据该文引证的资料，"类型"一词是当年 5 月新华社的用语。[③] 从这个意义上说，当时中国官方媒体在向国际社会展示这一概念时，并不十分注意区分类型和模式。

2012 年 11 月，党的十八大报告将"新型"翻译为英文"新类型"。[④] 在中国政府使用"类型"一词之后的一段时期内，中国学者们基本上采用"类型"说法，但对大国的表述是"great power"。例如，2012 年 12 月，中国国际问题研究所副所长阮宗泽在一篇文章中使用"类型"描述中美新型大国关系建设。[⑤]

[①] Ambassador Zhang Yesui: Vice President Xi Jinping's Visit Plays A Significant Role in Building China-US Cooperative Partnership, From Chinese Embassy in America, 2012 - 02 - 11, http://www.china-embassy.org/eng/jbwzlm/sghd/t903972.htm.

[②] Xinhua, "Chinese, U. S. presidents meet on bilateral ties," Los Cabos, Mexico, Jun. 20, 2012, http://www.china-embassy.org/eng/jbwzlm/zmgx/t943660.htm.

[③] Michael S. Chase, "China Search for A 'New Type of Great Power Relationship'," *China Brief: A Journal of Analysis and Information*, Vol. XII, No. 17, September 7, 2012, pp. 12 - 16.

[④] 党的十八大报告英文中对此的论述是"we will strive to establish a new type of relations of long-term stability and sound growth with other major countries"，参见"Full text of Hu Jintao's report at 18th Party Congress", English, xinhuanet.com, 2012 - 11 - 17, http://news.xinhuanet.com/english/special/18cpcnc/2012 -11/17/c_ 131981259_ 12. htm。

[⑤] Ruan Zongze, "A Historic Opportunity to Establish a New Type of Great Power Relationship between China and the United States", Dec. 31, 2012, http://www.ciis.org.cn/english/2012 -12/31/content_ 5638120. htm.

党的十八大后，美方对新型大国关系概念中"新型"的理解逐渐从"类型"转变为"模式"。2013 年 5 月 14 日，美国国家安全委员会（NSC）前东亚事务主任杰弗里·贝德（Jeffry Bader）在布鲁金斯学会演讲时，使用的还是"类型"。① 但几个月之后，在习近平主席与美国总统奥巴马在加州庄园会晤时，新型大国关系被翻译成"新模式"。② 习奥会后，美国官方更倾向于用"模式"一词。2013 年 10 月，老布什时期的国家安全事务顾问、现大西洋理事会主席斯蒂芬·哈德利（Stephen J. Hadley）在卡内基—清华中心演讲时就用了"一种大国关系的新模式"。③ 11 月，新任国家安全事务顾问苏珊·赖斯（Susan Rice）在乔治敦大学发表"美国的未来在亚洲"演讲时指出，美国试图在中美之间"操作一种主要大国间关系的新模式"（operationalize a new model of major power relations）。④ 2014 年 2 月，美国东亚事务助理丹尼尔·拉塞尔（Daniel Russel）在国会听证时认为，美方所指的中美大国关系"新模式"，主要是中美利益趋同的一些特定议题上深化和密切合作关系。同时，新型关系也意味着正视中美之间在人权、知识产权、南海和东海上的差异。⑤

---

① Jeffry A. Bader, "2013 Barnett-Oksenberg Lecture on Sino-American Relations", May 14, 2013, http://www.brookings.edu/research/speeches/2013/05/14-sino-american-relations-bader.

② 根据美国白宫公布的信息，华盛顿时间 2013 年 6 月 8 日晚上，习近平与奥巴马会晤后回答记者提问，其中在回答中央电视台就新型大国关系提问时，通过翻译，习近平主席有 4 次提到"new model"，3 次提到"major country relationship"，而奥巴马只有一次，奥巴马的表述是"advance this new model of relations between the United States and China"，参见 Remarks by President Obama and President Xi Jinping of the People's Republic of China After Bilateral Meeting, The White House, June 8, 2013, http://www.whitehouse.gov/the-press-office/2013/06/08/remarks-president-obama-and-president-xi-jinping-peoples-republic-china-。

③ Stephen J. Hadley, "US-China: A New Model of Great Power Relations," October 11, 2013, http://www.atlanticcouncil.org/en/blogs/new-atlanticist/us-china-a-new-model-of-great-power-relations.

④ Remarks As Prepared for Delivery by National Security Advisor Susan E. Rice, The White House, November 21, 2013, http://www.whitehouse.gov/the-press-office/2013/11/21/remarks-prepared-delivery-national-security-advisor-susan-e-rice.

⑤ Subcommittee on Asia and the Pacific of the Committee on Foreign Affairs House of Representatives, America's Future in Asia: From Rebalancing to Managing Sovereignty Disputes, February 5, 2014, pp. 39 – 40.

受到庄园会晤的影响，中国官方也开始采用"模式"代替"类型"来描述中美新型大国关系。例如，王毅外长、驻美大使崔天凯都使用"新模式"来向国际社会表述新型大国关系的含义。同时，国际媒体也转向使用该表述。① 学者方面有代表性的是北京大学教授王缉思。2013年7月19日，王缉思在讨论中国如何看待新型大国关系时指出，美方并非很情愿使用"新模式"来表述中美关系。② 在2013年9月定稿、2014年2月初发布，由中美双方专家撰写的一份报告中，新型大国关系的英文翻译为"新模式"。③ 2015年5月，中央编译局中央文献重要术语译文审定委员会正式将大国关系的英译定为"Major Country Relations"。④

按照英文韦氏（Merriam-Webster）词典的解释，作为名词的"Type"一词有7种含义，第一种含义是"征兆"，第二种含义是"model，example"。作为名词的"model"有5种含义，其中第5种理解是"type，design"。⑤ 仅从词典提供的语意而言，"Type"（类型）和"Model"（模式）的含义是相通的。但国际关系和外交领域实际上特别强调不同表述的内涵，选择用"模式"表示中美新型大国关系建设，也能推断出一些新的意义。一方面"模式"包括的范围比"类型"缩窄，"模式"只是"类型"中比较特殊的一种；另一方面显示出更高的期望值，因"模式"一词更凸显模范、值得效仿的意思，感情色彩更趋强烈。从这个意义上说，美方的理解具有将软实力加入其中的用意。约瑟夫·奈曾论述，国际政治中软实力主要来自"一个国家或组织的

---

① William Choong, "Better War of Words than Clashes at Sea," Strait Times, June 5, 2014.

② Wang jisi, "Chinese Perspective, 'new model of great power relations'," Special Commentaries, The Asian Forum: An Online Journal, July 19, 2013. http://www.theasanforum.org/views-on-what-should-come-next-after-the-obama-xi-summit-and-other-introductory-summits-in-2013/.

③ Rudy Deleon and Yang Jiemian, U.S.-China Relations: Toward A New Model of Major Power Relationship, February 2014. http://www.chinausfocus.com/wp-content/uploads/2014/02/ChinaReport.pdf#search=wang+jisi++new+model.

④ 《中央文献重要术语译文发布（第一期）》，光明网，2015年5月4日，http://world.people.com.cn/n/2015/0504/c1002-26943122.html。

⑤ Merriam-Webster, The Merriam-Webster Dictionary, Springfirled, Mass.: Merriam-Webster Incorporated, 1994, pp.475, 783. 也可以参考《牛津高阶英汉双解词典》对这两个词的解释，霍恩比：《牛津高阶英汉双解词典》（第四版），李北达编译，商务印书馆、牛津大学出版社2002年版，第948、1646页。

文化中所体现出来的价值观、国内管理和政策所提供的范例",而美国目前拥有全球最强大的软实力。① 美国选择用"模式"而不是"类型"来指称"新型"显然不只是词语本身的差异,也有很强的带有美国来塑造和主导的意思。

与"类型"或者"模式"的使用相比较,更加意味深长的是官方用"major"来表示中国试图建立的这种新型关系的对象。对"大国"的英文解读,党的十八大报告的正式表述是"major power",而美国官方早期使用过"崛起国与守成国"。② 按照英文韦氏词典的解释,"major"和"great"的含义差距也比较明显,"major"突出数目、数量上的变化,有一个较为重要和较为主要的递进关系含义。而"great"要比"major"更进一步,突出"巨大的""异乎寻常的"和"伟大的"的含义。就范围和程度而言,"major"被包含在"great"之中。③

中方选择用"major",可能是希望与国际体系中的众多西方国家构建不同类型的新型大国关系,以便与俄罗斯、印度等大国相区别。另外,也有可能是在中国100多年屈辱史的对外关系过程中,"great power"对应的中文名词是"强权"。中国官方不用这个词,可能意在避免不必要的历史类比。不过,在当代中文语境中,无论是期刊还是报纸,中国更加频繁使用"强国",并将"强国"视作是"大国"之后一个更高的发展阶段和目标。

但从国际关系文献来看,学者从学理上分析崛起国和守成国关系时的用语是"great power"。比如,对中国文化比较熟悉的前澳大利亚总理

---

① [美]约瑟夫·奈:《软实力》,马娟娟译,中信出版社2013年版,第12页。注意此处奈使用了范例一词。

② 2012年5月4日,在北京举行的第四次战略与经济对话会议上,时任美国国务卿希拉里曾将中美关系表述为,"中美在前所未有的历史性时刻将给一个古老的问题书写新的答案,即如何回答崛起国和守成国的关系"。(established power and a rising power),参见Remarks at the Strategic and Economic Dialogue U.S. Press Conference, May 4, 2012, U.S. Department of State, http://www.state.gov/secretary/20092013clinton/rm/2012/05/189315.htm. 有人曾评论美方选择用"established power"描述美国是一个意味深长的举动,Harry Kazianis, "'Established Power' vs. 'Rising Power'," September 5, 2012, the Diplomat, http://thediplomat.com/2012/09/established-power-vs-rising-power/。

③ Merriam-Webster, The Merriam-Webster Dictionary, pp. 330, 445.

陆克文认为中国的大国概念就是"gear power"。① 特别值得重视的是，国际舆论开始用"修昔底德陷阱"（Thucydides Trap）来概括崛起国和守成国的冲突关系。② 中国政府也比较普遍地意识到这一问题，习近平主席9月中旬出访美国在西雅图演讲时使用了"修昔底德陷阱"的表述。③ 在著名的《伯罗奔尼撒战争史》一书中，古希腊学者修昔底德将战争原因描述为"雅典势力的增长和因而引起斯巴达的恐惧"。④ 2011年，美国哈佛大学教授格雷厄姆·艾利森（Graham Allison）将此历史案例进一步概括为"修昔底德陷阱"。⑤ 此后，国际舆论开始频繁用"修昔底德陷阱"描述中美未来可能的冲突，甚至包括尼泊尔媒体都引用这一术语。⑥

尽管美国官方没有使用"强国"来表示中美新型大国关系建设，但绝大多数政策分析和学术文章普遍使用"强国"来指代中国心目中的大国关系。例如，2013年9月/10月号《外交》季刊就认为，中国领导人提出的新型大国关系是"新类型的强国关系"。⑦ 在西方学者的经验世界中，崛起中的中国被认为类似于西方历史上足以动摇国际秩序的大国。美国之所以回应中方提出的这一建议，是希望与中国这样一个政治社会体制不同、意识形态不同的崛起国，建立起一种国家间关系的新模式。

---

① Kevin Rudd, "How to Break the Mutually Assured Misperception' Between the U. S. and China", The Huffington Post, April 20, 2015, http：//www.huffingtonpost.com/kevin-rudd/us-china-relations-kevin-rudd-report_ b_ 7096784. html.

② Robert B. Zoellick, "U. S., China and Thucydides", The National Interest 126 (Jul/Aug 2013)：22 - 30；ZBIGNIEW. Brzezinski, "Can China Avoid the Thucydides Trap？" New Perspectives Quarterly, Vol. 31, No. 2, Apr. 2014：31 - 33.

③ 《习近平在华盛顿州当地政府和美国友好团体联合欢迎宴会上的演讲》，新华网，2015年9月23日，http：//news. xinhuanet. com/world/2015 - 09/23/c_ 1116656143. htm。

④ ［古希腊］修昔底德：《伯罗奔尼撒战争史》，谢德风译，商务印书馆1985年版，第19页。

⑤ Ben Schott, "The Thucydides Trap," New York Times, January 31, 2011, http：//schott. blogs. nytimes. com/2011/01/31/the-thucydides-trap/；David Sanger, "Superpower and Upstart：Sometimes It Ends Well", New York Times, 23 Jan. 2011. 埃里森本人的进一步论述可参考 Allison Graham, "Thucydides's trap has been sprung in the Pacific", FT. com, Aug. 21, 2012。

⑥ "A Great Leap", Republica, Kathmandu, Nepal, June 27, 2013. 笔者自"世界新闻银行"，World News Bank, 数据库搜索所得，从全球使用频率的分布来看，关注度最多的是亚洲（38次），其次是北美（28次），再次是欧洲（17次），检索截止时间为2015年2月4日。

⑦ Mark Leonard, "Why Convergence Breeds Conflict：Growing More Similar Will Push China and the United States Apart," Foreign Affairs, Vol. 92, No. 5, September/October 2013, p. 126.

美国强调的是，如何在一个变化了的国际体系中继续接纳中国，侧重于发展共同利益，特别是在若干地区冲突上获得中国的支持。但所有这些策略性考虑，并没有完全打消美方的顾虑，或者进一步说，美方没有在心底里面接受，中国是一个在国际体系层面上与美国平起平坐的大国。①在习近平主席9月对美国进行国事访问时，对外关系委员会的专家认为，此次访问中国不可能达成预期目的，即享有与美国一样的地位。②因此，需要进一步探讨的问题是，美国官方出于何种原因不承认中国的"强国"地位，或者说在国际关系意义上的"大国"（great power）具有哪些重要的理论内涵？

二 定义大国的理论难题

在哪些国家算作大国，以及大国的核心要件到底有哪些等问题上，国际关系的不同理论流派存在不同的看法，这一点在冷战结束后体现得尤为明显。③目前来看有三种代表性的关于大国的定义和理论假设。

第一种，现实主义者认为，决定一个国家是否算作大国的最主要属性是军事力量。进攻性现实主义者米尔斯海默在《大国政治的悲剧》中断言："大国主要由其相对军事实力来衡量。一国要具备大国资格，它必须拥有一场全面的常规战争中同世界上最强大的国家进行一次正规战斗的军事实力。"④现实主义之所以这样定义大国，主要是因为军事力量是确保大国生存的最重大因素。在现实主义者看来，只有权力最大化才能最大限度地维持国家生存。米尔斯海默以军事力量比较国家权力大小，在四类军事力量——独立的海军力量、战略空中力量、地面力量和核武

---

① 时殷弘：《构建新型大国关系的宏观思考》，《前线》2014年第7期。
② Elizabeth C. Economy, "When Xi Meets Obama: Why China Won't Get What It Wants Most", Council of Foreign Relations, September 11, 2015, http://blogs.cfr.org/asia/2015/09/11/when-xi-meets-obama-why-china-wont-get-what-it-wants-most/.
③ Mario E. Carranza, "Rising Regional Powers and International Relations Theories: Comparing Brazil and India's Foreign Security Policies and Their Search for Great-Power Status," *Foreign Policy Analysis*, 2014, pp.1–23.
④ [美]约翰·米尔斯海默：《大国政治的悲剧》，王义桅、唐小松译，上海人民出版社2008年版，第10页。

器中,地面力量被认为最重要。"最强大的权力是拥有最强大陆军的国家"①,米尔斯海默提出了度量地面军事力量的三个步骤,首先是军队的规模和素质,其次是空中力量,最后是力量投送能力。但他也承认,目前并没有好的数据库用来估测过去两个世纪的军事力量。在《大国政治的悲剧》这本书中,米尔斯海默只用了2页的篇幅描述"度量军事力量",基本上是草草了事。

尽管米尔斯海默认为军事力量处于核心地位,但也承认人口规模和财富规模作为潜在权力基础的重要性。米尔斯海默利用钢产量和能源消费构筑一个复合指标,用于衡量1816—1960年的潜在权力,但在评估20世纪60年代后期以来的国家间潜在权力差距时,却用国民生产总值衡量。② 不过,米尔斯海默强调,潜在权力分配不能等同于军事权力的分配,经济力量强大的国家不一定是军事大国。实际上,米尔斯海默的分析有一些漏洞,如果仅仅按照陆军衡量,日本不算作大国?陆军强大的朝鲜能不能算作大国?③

第二种,大国地位需要获得国际认可,代表性观点是英国学派代表人物赫德利·布尔在《无政府社会:世界政治中的秩序研究》一书中对大国的定义和分析。根据冷战时期的国际环境和现实政治力量对比,布尔明确反对德国史学家兰克(Ranke)1830年对大国的定义,即用军事力量,特别是足以抵抗其他国家联合起来发动战争的军事能力定义大国。实际上,兰克的这个定义出现在保罗·肯尼迪1987年的《大国兴衰》一书中,也是被米尔斯海默采纳的定义。为了突出于现实主义定义的不同,布尔提出了三个衡量大国的标准:第一,存在若干个地位可比较的国家;第二,一流的军事力量;第三,国际社会承认该国拥有某些特权和义务,或者本国对该国是否是大国的认识。④ 按照布尔的标准,在20世纪70年

---

① [美]约翰·米尔斯海默:《大国政治的悲剧》,王义桅、唐小松译,上海人民出版社2008年版,第94页。

② 同上书,第71页。

③ 譬如,按照网站Globalfirepower.com的世界军事力量比较结果显示,在全球106个国家中,韩国排名第8位、日本排名第9位、朝鲜排名第36位。参考http://www.globalfirepower.com/countries-comparison.asp。

④ [英]赫德利·布尔:《无政府社会:世界政治中的秩序研究》,张小明译,上海人民出版社2014年版,第169—171页。

代，最多只有中美苏三国属于大国，但中国由于缺乏一流的军事力量，只能是一个地区性大国，其大国地位不如美国和苏联那么明显，而二战后的日本根本就不能算作大国。从这一点来看，布尔与现实主义者是一致的，军事实力依然是首要标准，而且主要是军事力量中的陆军与核威慑力量。但布尔又强调了大国标准还有国际社会的承认和本国的认可度。据此，布尔认为拿破仑时代的法国和纳粹德国尽管拥有一流的军事力量，但由于两个国家的领导人和民众并不认同这些军事力量产生的权利和义务，因此不能被称作是大国。[1]

在布尔关于大国的论述中，极难看到经济层面的因素。从布尔列举的有关大国处理相互关系和维持国际秩序的七个作用来看，其中第4项最能体现大国的特性，即单方面行使主导权。布尔根据使用大国使用武力维持秩序的频率，将这种地区主导权的性质分为支配（dominance）、霸权（hegemony）和领导（primacy）。支配关系主要出现在19世纪的欧洲国家同非欧洲国家之间，但已很少在20世纪70年代的国际政治中实施。冷战时期比较多的模式是霸权，即美苏使用武力干涉他国，美国与中美洲及加勒比海地区、苏联与东欧地区的关系就是霸权。在这两个区域，除非获得霸主的许可，否则其他国家不敢相互使用武力，领土争端受到控制。[2] 按照布尔的这项经验判断，由于东海和南海存在领土争端，那么在西太平洋地区事实上不存在一个霸权，不管是中国还是美国都不算，或者更广义地说美国霸权在西太平洋已经衰落。当然，布尔指出，美国也只是在加勒比海附近建立了霸权，而米尔斯海默强调美国只是在西半球才算是霸权国，而"东北亚是一个平衡的多极体系，中国、俄罗斯和美国是相关的大国，没有一个有潜在霸主之相"。[3]

第三种，自由制度主义者认为，大国主要是在各种资源上都具有突出地位的国家，而军事力量的地位略有下降。罗伯特·基欧汉认为，"军事力量关系的变化已经不是影响二战后发达国家间合作和纷争模式的主

---

[1] [英] 赫德利·布尔：《无政府社会：世界政治中的秩序研究》，张小明译，上海人民出版社2014年版，第171页。
[2] 同上书，第179—183页。
[3] [美] 约翰·米尔斯海默：《大国政治的悲剧》，王义桅、唐小松译，上海人民出版社2008年版，第405页。

要因素"。① 基欧汉强调，即便是19世纪的英国和二战后的美国，也不是在世界范围内拥有军事上的主导地位。但作为一个霸权国家，"要有充分的军事力量去阻止和扼住其他国家可能的进入或关闭世界政治经济中重要领域的企图"。② 基欧汉从资源角度定义霸权，认为霸权国家必须控制原料和资本的来源，并具有市场规模优势和部分商品生产的垄断优势。从基欧汉所列举的英美霸权在四个指标上成绩来看，贸易并非最重要的指标。例如，1938年时英国贸易额占世界14%，是当时最大的贸易国。20世纪70年代美国相对衰落时，贸易额仍然占据14%。③ 而在鼎盛时期的1850年，英国生产了全世界"三分之二的煤炭、百分之五十的铁、七分之五的钢、百分之五十的商业棉布"，但保罗·肯尼迪认为这一地位是"异常的"（abnormal）。④

现实主义者、英国学派和自由主义对大国的定义既有共同点，也存在显著差异，对大国行为和作用的预测也不同。其中，军事力量在三种理论中的地位呈逐次下降态势，现实主义者最重视军事，英国学派其次，自由主义者则相对低估。现实主义和自由主义都从资源角度定义，但自由主义更加重视经济资源，突出权力来源的相互可替代性。自由主义显然认为，霸权国（大国）的作用并非在所有领域都起决定性作用，而现实主义者用军事角度出发显然认为在军事领域必须是主导，英国学派强调合法性和他国的认可，更是认为大国的作用具有多面性。

从国际体系的发展演进来看，这些理论流派的大国概念适用的时代有所不同。⑤ 在一个现实主义主导的世界，特别突出的是19世纪，军事力量在决定大国地位方面具有压倒性作用。而在20世纪后半期，特别是全球化日渐兴盛的21世纪，军事力量在决定大国地位时并非是首要的，从这个意义上说米尔斯海默的大国冲突论学说用来预判未来局势时有很

---

① ［美］罗伯特·基欧汉：《霸权之后：世界政治经济中的合作与冲突》，苏长和等译，上海人民出版社2001年版，第47页。

② 同上书，第46页。

③ 同上书，第41—42页。

④ Paul Kennedy, "Back to Normalcy", Dec. 21, 2010, The New Republic, http://www.newrepublic.com/article/magazine/79753/normalcy-american-decline-decadence.

⑤ 唐世平：《国际政治的社会进化：从米尔斯海默到杰维斯》，《当代亚太》2009年第4期。

明显的局限性。进一步而言，在西方国际关系主流刊物上，现实主义的主导地位已经不复存在。有学者统计发现，自1995年起，自由主义开始在实证分析中超过现实主义范式，并逐步占据着主导地位。[1] 这一分析提醒我们，在采用何种标准定义大国时，一定要注意分析对象所处的历史阶段以及主导型理论范式的更替。

英国学派所讨论的国际承认则表明，某些时候一国的实力地位与其应有的或者已经获得的地位并不一致。到底是真实的权力地位重要，还是国际社会认知中的地位重要，迄今学术界也没能解决这个问题。例如，发表于1987年的一篇文献认为，19世纪末期到20世纪初期，英法等国的国务家严重夸大了俄国的大国地位，这一认识对一战爆发负有责任。[2] 20世纪60年代对大国认知的一项调查显示，加拿大人倾向于用军费开支来评估权力，而拉丁美洲人则主要从经济来评估权力。此外，评估取决于特定的情境，如果近期没有卷入战争，则用经济实力来定义权力，如果卷入，则主要用军费开支。[3]

二战结束之初的中国曾一度被认为是世界四大强国之一，绝大多数中国学者也倾向于认为抗日战争帮助中国获得了大国地位，因而得以参与联合国的创立。[4] 但冷战时代的漫长外交史和有关大国的理论定义表明，中国的大国地位何时真正确立仍充满争议。就国际关系学科角度而言，正如下文所显示的，中国大国地位的获得是一件十分复杂的事情。二战结束之初，中国的军事和经济实力显然无法算作大国。就算是迈进大国俱乐部的门槛，其实也往往只是获取大国地位的开始。

---

[1] Thomas C. Walker and Jeffrey S. Morton, "Re-Assessing the 'Power of Power Politics' Thesis: Is Realism Still Dominant?", *International Studies Review*, Vol. 7, No. 2, Jun., 2005, pp. 341 – 356.

[2] William C. Wohlforth, "The Perception of Power: Russia in the Pre – 1914 Balance", *World Politics*, Vol. 39, No. 3, 1987, pp. 353 – 381.

[3] Norman Z. Alcock and Alan G. Newcombe, "The Perception of National Power", *The Journal of Conflict Resolution*, Vol. 14, No. 3, 1970, pp. 335 – 343.

[4] 例如，李铁城：《中国的大国地位及对创建联合国的贡献》，《中国社会科学》1992年第6期；陈立旭：《抗日战争与中国大国地位的确立及中国人民对社会主义道路的选择》，《天池学刊》1995年第3期；华强：《抗日战争与中国大国地位的奠定》，《军事历史研究》2005年第2期；温锐、陈涛：《论抗日战争时期中国大国地位取得之关键因素——兼评中国大国地位"赐予"说》，《中共党史研究》2014年第7期。

三 权力与大国俱乐部的门槛

各种理论对"大国"（Great Power）界定的不同，根源上看是对"权力"理解的不同。"Power"这个词，中文有的翻译为"实力"，但更通用的是"权力"。在西方社会，权力（power）与大国（great power）的区别只是后者多了个定性的形容词，两者仿佛是同一个词。在中国的语汇系统中，"大国"与"权力"是两个完全不同的词语。

长期以来，中国人从政治角度理解权力时，更多的是宫廷政治的思维。王赓武认为中国传统政治与西方现代政治有着根本区别，后者是政党的政治，可以公开争权与讨论，中国现代政治的源头从孙中山引入现代政党开始。在此之前，几乎所有的中文语境中，"权"的本义是度量衡的使用，与"权"相联系的词汇比较丰富。"权力"只是其中之一，并且突出从上到下呈等级制分布的统治术。[①] 从这个意义上说，中国人心目中的"权"与"power"关系不大，倒是"力"这个用法体现出从日本输入的"power"认识，因为近代日本的崛起正是借助于"力"。而对"力"的强调，则是西方社会在工业化过程中借助于牛顿力学重新认识自然的结果，19世纪后期达尔文主义的兴盛典型地反映了这种思维。在国际关系领域，则是均势政治主导的时代，武力是国际秩序形成和瓦解的决定性因素。

正是在思考"力"的基础上，西方对权力的理解更为深入和多样，权力概念也经历了三个阶段的拓展。这既有国内层面工业化导致社会分工扩展的因素，也有国际层面海外扩张、殖民地以及世界性大战的因素。在国际关系探讨"权力"的性质和度量之前，学术界对权力的论述围绕政治学和社会学两大学科领域展开，而国际关系学中的现实主义、自由主义与建构主义都能从这两大基础学科的争论中找到线索。社会学对权力的经典研究可追溯至德国社会学家马克斯·韦伯，他从社会和国家的

[①] 王赓武：《华人与中国：王赓武自选集》，上海人民出版社2013年版，第7、18—40页。

关系界定权力，突出权力拥有者的声望以及权力的社会认可度。① 这一视角与英国学派强调大国地位的国际认可是一致的。1950 年哈罗德·拉斯维尔和亚伯拉罕·卡普兰的《权力与社会》一书，强调要从范围和背景去分析权力，开启了"关系性权力"（relational power）研究的潮流，比如 1957 年政治学者罗伯特·达尔关于"权力"是行为体 A 影响行为体 B 的定义就受此影响。在此之前，国际关系学界有关权力的研究主要是"资源性权力"（power as resources）。20 世纪 60 年代开始出现权力多面性的讨论，除了物质性资源外，权力还包括第二面——议程设定能力，以及第三面——偏好或者思想。进入 20 世纪 70 年代后期，随着沃尔兹推出结构现实主义，权力作为一种资源的观点再度占据上风。根据罗伯特·鲍德温（Robert Baldwin）对国际政治中权力研究跨度 30 多年的调查分析，目前资源性权力观占据主导地位。②

资源性因素在权力概念中再度突出，某种程度上是因为决策者更倾向于用资源而不是关系来看待国家权力。在权力运行的现实世界中，官员的判断在影响世纪政策时往往大于学者的认知。关于这一点，霍尔斯蒂早在 20 世纪 60 年代就指出过，"学者和政治家都试图客观衡量权力和影响力，但是对于国际关系而言，决策者关于权力和影响力的认知最为重要"。③ 约瑟夫·奈的看法是，资源性权力概念更为准确、可度量，并且某种程度上还可以用于预测，因此优于关系性权力概念。④ 鉴于奈在美

---

① 有学者对 20 世纪 70 年代末西方 50 本社会学教科书如何定义权力进行调查评估后，发现 63% 的教科书用的定义是韦伯的，即强调权力形式的自度化和合法化，参考 Warren R. Paap, "The Concept of Power: Treatment in Fifty Introductory Sociology Text books," *Teaching Sociology*, Vol. 9, No. 1, Oct., 1981, pp. 57-68。借用韦伯等人思想从社会学角度分析大国的文章，可参考 Iver B. Neumann, "Russia as a Great Power, 1815-2007", *Journal of International Relations and Development*, Vol. 11, 2008, pp. 128-151。

② David A. Baldwin, "Power Analysis and World Politics: New Trends versus Old Tendencies," *World Politics*, Vol. 31, No. 2, 1979, p. 160; David A. Baldwin, "Power and International Relations," in Walter Carlsnaes, Thomas Risse and Beth A. Simmons eds., *Handbook of International Relations*, 2nd Ed., Thousand Oaks, CA: SAGE Publications, 2013, p. 274.

③ K. J. Holsti, "The Concept of Power in the Study of International Relations", *Background*, Vol. 7, No. 4, Feb., 1964, p. 86.

④ David A. Baldwin, "Power and International Relations," p. 288. 上文关于权力研究的代际划分来自鲍德温。

国决策者心目中的地位①,用资源性权力来审视大国关系、制定战略和政策仍然是决策者行之有效的手段。

用资源来定义权力是现实主义和自由主义的共性,但各个历史时期构成国家权力的资源存在差异。约瑟夫·奈在1990年时曾分析过历史上的领导国(leading stats)的主要权力资源:16世纪西班牙时代主要依赖黄金、殖民地贸易、雇佣军,17世纪的荷兰时代主要是贸易、资本市场和海军,18世纪法国时代依靠人口、农业、行政管理和军队,19世纪的英国时代依赖于工业、政治和谐、金融信贷、海军、自由主义规范和岛屿位置,20世纪的美国时代则依赖于经济规模、科技、大学、军事盟友、自由主义国际制度以及通信网络等。② 这种分析基于对霸权国的研究,但并不是对成为大国的要素的研究。为了得出一般性结论,学者们在案例的可比性方面做出了很多努力。

学术界从操作层面比较大国地位的分析主要有如下几种。第一种,已故密歇根大学教授戴维·辛格(J. David Singer)1966年依据外交使团规模和等级构建的衡量大国地位指数。辛格认识到贸易、两国通信、外交报道、旅游、经济援助以及军事规模等诸多指标可以概括国家间的互动关系,但辛格更为强调外交使团,将其分为四个等级,并把1815—1940年按照每5年一个段落划分为27个时间段。在长达125年的历史进程中,英法几乎有80%的时候分别占据前两位,美国在20世纪后开始位居前三,而东方的日本与中国在相当长时间内只是西方大国的1/3强,处于最末端。不过,二战期间,日本的分值曾一度达到第一大国美国的60%。③

第二种,也与辛格相关,即著名的"战争相关项目"(Correlates of War Project-COW)。辛格于1963年创立,构建了自1815年拿破仑战争以

---

① 约瑟夫·奈及其作品被美国国家安全决策者认为是最有影响力的,参考性高于亨廷顿、基辛格、福山和布热津斯基等人,参见 Paul C. Avey and Michael C. Desch, "What Do Policymakers Want from Us? Results of a Survey of Current and Former Senior National Security Decision Makers," *International Studies Quarterly*, Vol. 58, 2014, p. 236。

② Joseph S. Nye, *Bound to Lead: the Changing Nature of American Power*, New York: Basic Books, 1990, p. 34, Table 1.1.

③ J. David Singer and Melvin Small, "The Composition and Status Ordering of the International System: 1815–1940", *World Politics*, Vol. 18, No. 2, 1966, pp. 236–282.

来的国家间战争数据，COW 构建由六个指标组成的国家能力构成指数（CINC），这六个指标分别是总人口、城市人口、钢铁生产、能源消费、军事人数以及军费支出。目前最新版本是 2010 年 6 月更新的第四版，数据涵盖范围从 1816 年到 2007 年（前一版数据截至 2001 年）。该指数将权力定义为：一国施展和抵抗影响力的能力是该国物质能力的函数。该数据库承认物质能力和权力并不等同，但是两者之间联系紧密，在操作上可以借此增进对权力的理解。① 按照该数据库，自 1815 年以来列入大国的国家以及该国属于大国行列的时间段分别为：美国（1898 年至今），英国（1816 年至今），法国（1816—1940 年，1945 年至今），德国（1816—1918 年、1925—1945 年、1991 年至今），奥匈帝国（1816—1918 年），意大利（1860—1943 年），俄罗斯（1816—1917 年、1922 年至今），中国（1950 年至今），日本（1895—1945 年，1991 年至今）。② 从 1991 年以来，大国包括美国、英国、法国、德国、俄罗斯、中国和日本，一共是 7 个。

第三种，由杰克·列维（Jack Levy）等人开创的关于大国的归类。在有关大国政治、战争频度和国际体系的相关研究中，国际学界一般接受列维于 20 世纪 80 年代给出的主要以战争能力界定大国的操作性定义。③ 这一类研究将 1495 年作为现代大国体系的形成时间，这与国际关系研究中认为 1648 年作为威斯特伐利亚体系的开始年份有所不同。按照这一类研究，各大国（great power）极其相应的时间段分别为：法国（1495 年至今）、英国（1495 年至今）、奥匈帝国（1495—1519 年；1556—1918 年）、西班牙（1495—1519 年；1556—1808 年）、荷兰（1609—1713 年）、瑞典（1617—1721 年）、俄罗斯（1721 年至今）、德国（1740 年至今）、意大利（1861—1943 年）、美国（1898 年至今）、日

---

① 可参考网站刊登的对国家能力数据库的使用说明，Correlates of War Project, National Material Capabilities Data Documentation, Version 4.0, Last update completed: June 2010, http://www.correlatesofwar.org/COW2%20Data/Capabilities/NMC_Codebook_4_0.pdf。

② Correlates of War Project, 2011, "State System Membership List, v2011." Online, http://correlatesofwar.org.

③ 在这方面，中国学术界也比较接受列维的定义，可参考郭树勇《大国成长的逻辑：西方大国崛起的国际政治社会学分析》，北京大学出版社 2006 年版。

本（1905—1945年）、中国（1949年至今）。[①]

从上述三种有关大国的代表型论述中可以发现，迄今，英国、法国和美国作为大国的历史未曾间断，而俄罗斯、德国、日本和中国都有不同的大国时间。就本文所关心的问题而言，中国在这些文献和数据库中的大国地位是从何时算起的呢？如表1所示，从20世纪70年代后期以来，学术界普遍认为中华人民共和国成立是中国成为现代大国的开始，无论大国的含义是"major"还是"great"。尽管这些研究没有就中国作为大国起点时的标准做出特别说明，但这些判断基本是建立在资源型权力基础上，特别是军事力量。

表1　　　　各类研究中中国大国地位的起始时间

作者	起始时间	大国含义	文献时间
威廉·汤普逊和乔治·莫德尔斯基	1949年	Great power	1977年
杰克·列维	1949年	Great power	1982年
Kjell Goldmann	1950年	Great power	1980年
Randolph M. Siverson 等	1950年	Major power	1984年
Renato Corbetta and William J. Dixon	1950年	Major power	2004年
戴维·辛格	1956年	Great power	1982年

资料来源：Jack S. Levy, "Historical Trends in Great Power War, 1495 – 1975", *International Studies Quarterly*, Vol. 26, No. 2, 1982, pp. 278 – 300; Woosang Kim, "Alliance Transitions and Great Power War", *American Journal of Political Science*, Vol. 35, No. 4, 1991, pp. 833 – 850; Randolph M. Siverson and Michael R. Tennefoss, "Power, Alliance, and the Escalation of International Conflict, 1815 – 1965", *The American Political Science Review*, Vol. 78, No. 4, 1984, pp. 1057 – 1069; William R. Thompson and George Modelski, "Global Conflict Intensity and Great Power Summitry Behavior," *Journal of Conflict Resolution*, Vol. 21, No. 2, 1977, pp. 339 – 376; Kjell Goldmann, "Cooperation and Tension among Great Powers: A Research Note," *Cooperation and Conflict*, XV, 1980, pp. 31 – 45; Renato Corbetta and William J. Dixon, "Multilateralism, Major Powers, and Militarized Disputes", *Political Research Quarterly*, Vol. 57, No. 1, 2004, pp. 5 – 14。

[①] Jack S. Levy, "Historical Trends in Great Power War, 1495 – 1975", *International Studies Quarterly*, Vol. 26, No. 2, 1982, pp. 278 – 300; Jack S. Levy and William R. Thompson, "Hegemonic Threats and Great-Power Balancing in Europe, 1495 – 1999", *Security Studies*, Vol. 14, No. 1, 2005, pp. 1 – 33. 在这一类性研究中，还可以包括威廉姆·汤普逊、乔治·莫德尔斯基等人。

与国际关系学术界（更为一般性的理论研究）的认知不同，美国的决策者和中国问题专家在认知中国的国际地位时很少用"great"这个说法。美国国防部在20世纪90年代后期的报告中就已经认为中国是一个崛起中的大国（major power），中情局同样也有此看法。1998年12月，美国国家情报委员会主席约翰·加农（John Gannon）认为"尽管学者关于什么构成大国可以展开争论，但对中情局的官员来说，一个简单的判断标准是，一个国家强大到要让美国去判断到底是真正的朋友还是一个令人担忧的敌人，就此标准而言，中国一度是潜在的权力。现在，我们开始看到这种潜力已经变成现实了。"[①] 1992年，著名东亚问题专家塞缪尔·金（Samuel Kim）将中国定性为"地区权力"（regional power）。时隔5年，金则认为国际社会开始讨论中国是否一个"大国"（great power），但并没有明确的答案。进入新世纪后，金认为中国是一个正在崛起的大国，但还不是一个完全意义上的大国。[②] 而研究中国政治和对外政策的戴维·兰普顿（David Lampton）在最近出版的一本书中，则将20世纪70年代的中国描述为"big power"。[③] 综观该书，兰普顿没有使用"great power"来表述中国如今的国际地位。

相比之下，中国人对中国力量以及在国际社会中的地位评估则更为谨慎。譬如，北京大学教授叶自成一直强调，"中国大国论"不符合中国的实际情况，而是一个"大国—非大国"的概念。[④] 从中国领导人的思路看，新中国成立后很长时间内一直也是比较谦虚和审慎的。1970年9月23日，毛泽东在会见越南民主共和国总理范文同时说："中国不算大国，算一个中等国家，我跟法国贝当古辩论过这个问题。在某种程度上，我

[①] Gregory D. Foster, "China as Great Power: from Red Menace to Green Giant?" *Communist and Post-Communist Studies*, Vol. 34, 2001, pp. 157–174. 引文在第159页。

[②] Samuel S. Kim, "China's Path to Great Power Status in the Globalization", *Asian Perspective*, Vol. 27, No. 1, 2003, pp. 35–75.

[③] David M. Lampton, *Following the Leader: Ruling China, from Deng Xiaoping to Xi Jinping*, Berkeley and Los Angeles: University of California Press, 2014, p. 109.

[④] 叶自成：《"大国—非大国"与中国的国际地位》，《国际政治研究》1994年第4期。

们连法国都不如,怎么能算一个大国呢?"① 此外,毛泽东也注意到中国还是一个穷国,而穷国很难算作西方意义上的大国。1973年11月2日,毛泽东在会见澳大利亚总理惠特拉姆时指出,"中国到现在还是一个贫穷的国家,用美国总统的话讲叫作'潜在力量',发展中的国家。"②

另外,从相关讲话的英文翻译来看,中国官方从来没有用"great power"来表示大国,而使用"large""vast""big""major"等表示。③ 毛泽东甚至在联美抗苏的所谓大三角时代,对中国国力的认知也是非常冷静的。邓小平主政后的20世纪80年代同样如此,到了后期则略显复杂,对中国国际战略地位的认知上升到怎么也算一级。1988年10月,邓小平在参观电子展览时强调,"如果60年代以来中国没有原子弹、氢弹,没有发射卫星,中国就不能叫有重要影响的大国,就没有现在的国际地位。"④ 英文翻译为"standing as a great, influential country"。这是第一次用"great"来描述重要,但在邓小平的相关讲话中始终没有出现过"great power"这种组合。到20世纪90年代后期,江泽民的相关讲话中开始使用"major powers"说法,但基本上是从比较贬义的含义批评某些国家的行为。而在表述一般性的一个大国的经济发展时,则仍然使用"large country"。⑤

显然,中国决策者并不是从西方盛行的权力(power)的角度看待大国。中国领导人意识到,尽管中国在人口规模和国土面积上可以算作大

---

① 中共中央文献研究室编:《毛泽东年谱(1949—1976)》第六卷,中央文献出版社2013年版,第338页。
② 同上书,第339页。
③ 1957年12月,在八届中央委员会扩大的第三次全体会议上,毛泽东提到中国是一个大国,工作复杂得很。英文翻译为"large country"。20世纪30年代,在论述《中国革命战争的战略问题》时,毛泽东提到中国是一个政治经济不平衡的半殖民地的大国,此处英文翻译为"vast, semi-colonial country"。1980年1月,邓小平在《目前的形势与任务》中指出,中国是穷国、大国,一定要艰苦创业。此处英文翻译为"big country"。1984年10月和1985年3月,邓小平相后阐述了中国既是个大国又是个小国的观点,他指出,大国是说中国人口多,土地面积大。英文翻译为"major country"。相关文献资料可参考中央文献研究室网站。
④ 资料来自中央文献研究室网站。
⑤ 比如,1999年9月,在泰国国家文化中心演讲时,认为"一些大国奉行新的'炮舰政策'和新的经济殖民主义,使许多中小国家的主权独立和发展利益造岛严重损害"。此处大国的英文翻译为"major powers"。参见 Selected Works of Jiang Zemin, Vol. II, pp. 100, 397.

国，但并不是西方意义上的大国。可以说，中国在相当长一段时期内的大国概念是一个缺乏"权力"（power）的大国。此外，中国学术界在大国标准的界定上也比较模糊，很少提出可以进行国际比较的量化准则。最典型的莫过于将印度视作大国，比如胡鞍钢将印度视作1980—2003年的七个大国之一。[①] 即便在国际关系学界，也通常将印度视作大国，例如清华大学当代国际关系研究开发的大国关系数据库就包括印度。最近一本关于大国实施亚太战略的重要著作中也包括印度一章。[②] 而在印度人自己看来，印度显然不是一个"great power"。[③]

但值得注意的是，中国普遍区分大国和强国概念。1963年9月22日，毛泽东在会见日本共产党中央委员会竹中恒三郎时指出，"日本是世界上几大强国之一，所谓强国在世界上不到十个，在亚洲，真正工农业过关的，还算你们。"[④] 而上文对西方理论文献的梳理表明，日本在二战结束后并不算一个大国，因为缺乏使用军事力量的合法性。但在中国领导人看来，工业力量则是衡量一个强国（power）的必要指标，由于日本在二战之前拥有显著的工业能力，被中国人看作是与西方其他大国一样的强国。但在相当长时期内，中国是从负面意义上看待强国的。而且，中国知识分子一般暗含的逻辑是将1917年以前的"great power"当作是"列强"，而之后的"great power"才是现代意义上的大国。[⑤] 在大量的中文学术文章以及媒体报道中，我们一般都承认，中国是一个大国，但还不是一个强国，后者更加接近于西方的大国（great power）概念。

在2014年年底举行的中央外事工作会议上，新一代中国领导集体明

[①] 胡鞍钢：《中国经济实力的定量评估与前瞻（1980—2020）》，《文史哲》2008年第1期。
[②] 周方银主编：《大国的亚太战略》，社会科学文献出版社2013年版。
[③] Manjeet S. Pardesi, "Is India a Great Power? Understanding Great Power Status in Contemporary International Relations", *Asian Security*, Vol. 11, No. 1, 2015, pp. 1–30.
[④] 中共中央文献研究室编：《毛泽东年谱（1949—1976）》第五卷，第261页。
[⑤] 最为典型的是两个，一是对保罗·肯尼迪的《大国兴衰》一书有关"power"的翻译。在1988年的中文译本中，19世纪以前的"great power"翻译为"列强"，将"middle powers"翻译为"中等强国"，而将标题中的"great powers"翻译为"大国"。另一个是对摩根索著作的早期翻译，将权力传神的翻译为"强权"，参考［美］汉斯·摩根索《国际纵横策论：争强权求和平》，时殷弘等译，上海译文出版社1995年版。

确提出要构建中国特色的大国外交。① 这一表述至少有两个含义，第一，原来中国特色主要用于国内问题的表述，但此次会议将大国外交也赋予中国特色的含义，这意味着中央将中国外交和中国特色社会主义理论体系建设联系在一起，从理论的高度明确了对中国外交构建的任务。第二，中国领导人开始认识到中国越来越具有西方大国的含义，但中国外交的一项重要任务却又是避免让中国成为一个完全西方化的大国，并不希望重蹈"修昔底德陷阱"的覆辙。值得注意的是，在 2015 年 11 月底举行中央军委改革工作会议上，习近平主席明确提出"建设同我国国际地位相称、同国家安全和发展利益相适应的巩固国防和强大军队"。② 中国领导人意识到，军事能力不足已经影响到作为大国的中国，而此时的大国概念显然也超出了"major"的含义，但仍然不足以达到美国人心目中的那个"great"的地步。

中国特色的大国外交面临的一项大的挑战是，在经济实力迅速由大变强的过程中，如何发展与之相称的军事实力地位，并保证能够继续获得在此前军力没有对美国构成挑战时的外部环境。显然，绝大多数人都承认中国是一个经济意义上的大国，但事实真的如此吗？前文提及，大国地位需要国际承认，但相比于资源含义上的大国而言，国际承认有时是短暂的，比如二战结束前后的中国大国地位。但在中国究竟是不是一个接近于美国、甚至与美国相像的经济大国这一点上，争议仍然很大。

四 中美经济实力对比的五种图景

中国实力地位上升，映衬美国的相对衰落。有学者认为，20 世纪 50 年代以来有关美国衰落的论辩，在金融危机后已经进入第十轮，主要在三个议题上展开：（1）经济与创新力、竞争力因素；（2）软实力

---

① 《习近平出席中央外事工作会议并发表重要讲话》，新华网，2014 年 11 月 29 日，http://news.xinhuanet.com/politics/2014-11/29/c_1113457723.htm.

② 习近平：《全面实施改革强军战略 坚定不移走中国特色强军之路》，新华网，2015 年 11 月 26 日，http://news.xinhuanet.com/mil/2015-11/26/c_128472682.htm.

与巧实力；（3）以中国为代表的新兴大国的挑战。[1] 尽管中国军事实力近年来上升明显，但美国军事实力地位保持着绝对优势地位，地位变化缓慢、也较少存在争议，对中美软实力的比较也显示美国仍然占据绝对优势地位。最具有争议的是中美经济实力对比，有的认为两国差距已经抹平[2]，有的认为还需要很长一段时间中国才能追赶上美国。

经济全球化带来一个重大的问题，衡量一国实力地位是以一国主权领土范围内的产值为准，还是以国民或者法人拥有的资产为计算范围？随着跨国公司、跨国生产网络以及公司所有权的全球化，在21世纪已不能像20世纪中叶那样用国民账户计算贸易和GDP。尽管现在美国GDP占全球的份额已无法恢复到20世纪60年代的40%水平，但美国跨国公司在全球产业中的主导地位仍未动摇。[3] 2008年金融危机以后，美国公司在航空、软件甚至金融服务业的主导地位进一步增强，并不存在竞争者。[4] 以公司力量来显示国家的影响力并不新鲜，类似观点早在20世纪80年代就提出了。最近几年，世界贸易组织（WTO）和经合组织（OECD）等纷纷强调用增加值贸易来计算国际贸易活动，但这种计算方法涉及国民账户的调整，特别是对可贸易产品的全球价值链进行追踪和记录，短期内还无法覆盖到全球。另外，也要注意到，即便是本国政府，要真正调动在国外的本国跨国公司资产仍然面临不小的阻力和难题。简而言之，

---

[1] 王缉思、唐士其：《多元化与同一性并存：三十年世界政治变迁（1979—2009）》，社会科学文献出版社2011年版，第147、153~168页。

[2] 比如，原彼德森国际经济研究所的阿文德·萨勃拉曼尼认为2010年中国已经成为全球经济主导，参考［美］阿文德·萨勃拉曼尼《大预测：未来20年，中国怎么样，美国又如何？》，倪颖、曹槟译，中信出版社2012年版。另外，胡鞍钢等最近完成的一份比较报告指出，2013年美国经济总量仅是中国的1.04倍，而中国综合国力已经超过美国，参见胡鞍钢、郑云峰、高宇宁《对中美综合国力的评估（1990—2013年）》，《清华大学学报》（哲学社会科学版）2014年第1期。

[3] 据日本经济新闻完成的2014年全球"主要商品与服务份额调查"，在纳入调查对象的50个品类中，美国位居首位的有16个，欧洲企业有10个，日本有9个，韩国企业为8个，中国只有6个。可参考"中国企业6品类全球份额居首"，日经中文网，2015年7月9日，http://cn.nikkei.com/china/ccompany/15148-20150709.html。

[4] Sean Starrs, "American Economic Power Hasn't Declined-It Globalized!", *International Studies Quarterly*, 2013, Vol. 57, pp. 817-830.

这类争论目前理论上可行、操作性不强。

更为常规的比较仍然以领土主权范围展开，但其比较的内容和数据源却是多样化的，国际关系学界使用的主要有如下几种。第一种以工业实力特别是制造业总产出为主要内容。这方面最具代表性的成果是法国经济学家保罗·贝洛赫（Paul Bairoch）1976年完成的《1800至1975年的欧洲国内生产总值》和1982年完成的《1850至1980年的国际工业化水平》良文的数据。① 在20世纪80年代后期围绕美国霸权是否衰落的辩论中，绝大多数学者在比较英美霸权地位时用了贝洛赫的数据。比如，保罗·肯尼迪在1987年的《大国兴衰》中比较二战前大国势力地位时频繁参考贝洛赫的数据。② 美国学者约瑟夫·奈1990年在《注定领导》一书中参考了布鲁斯·鲁塞特（Bruce Russett）关于霸权排序的数据，认为即便获得霸权位置也并非在关键权力资源上都占据第一。③ 而鲁塞特对1830年至20世纪80年代初在GNP、军事支出和制造业领域前四名的国家排位时，其使用的GNP和制造业数据基本来自贝洛赫，特别是中国的制造业数据都来自贝洛赫1982年的文章。④

第二种比较有代表性且被广泛征引的数据来源是"战争相关问题"数据库（COW）中的国家能力构成指数（Composite Index of National Capability, CINC）。该指数有6个指标，分别是总人口、城市人口、钢铁生产、能源消费、军事人数以及军费支出，各个指标的权重相同。中国的数据从1860年算起。美国克罗拉多大学教授陈思德（Steve Chan）发表于2005年的一项研究引用了该数据库，并认为CINC是目前最好的衡量国家权力的方法。根据第三版提供的数据，2001年时美国的CINC为

---

① Paul Bairoch, "Europe's Gross National Product: 1800 – 1975," *Journal of European Economic History*, Vol. 5, No. 2, 1976, pp. 273 – 340; Paul Bairoch, "international industrialization levels from 1750 to 1980," *Journal of European Economic History*, Vol. 11, No. 1, 1982, pp. 269 – 333.

② Paul Kennedy, *The Rise and Fall of the Great Powers: Economic Change and Military Conflict from 1500 to 2000*, New York: Vintage Books, 1989, p. 149 table 7 and table 7, p. 171, table 9 and table 10, p. 200 table 14, p. 201 table 17, p. 202, table 18.

③ Joseph S. Nye, *Bound to Lead: the Changing Nature of American Power*, p. 64.

④ Bruce Russett, "The Mysterious Case of Vanishing Hegemony: or, is Mark Twain Really Dead?" *International Organization*, Vol. 39, No. 2, 1985, p. 212.

0.150，而中国只有 0.134，陈思德由此认为美国学术界流行的权力转移论夸大了中国的权力增长。① 不过，需要注意的是，根据该数据库的第四版，中国与美国的 CINC 有了很大的调整，中国于 1997 年超过美国成为全球综合实力最强大的国家，2007 年中国的 CINC 是美国的 1.4 倍，很可能验证了权力转移论的推断。②

第三种是经合组织（OECD）经济学家安格斯·麦迪森（Angus Maddison）有关世界经济统计数据库中的 GDP。尽管麦迪逊早就闻名于国际学界，但中国学者大体上从 20 世纪 90 年代后期开始熟悉麦迪逊的工作。③ 在使用麦迪森数据方面最知名的中国学者可能是清华大学致力于国情研究的胡鞍钢教授，"从 1990 年代末以来，麦迪森是我在研究中国国情和经济发展时引用最多的学者之一"。④ 另外，北京大学林毅夫教授也比较推崇麦迪森的研究，认为中国经济总量将按照麦迪森预期的那样在 2015 年后赶超美国。⑤ 麦迪逊以 1990 年国际元为基准（按购买力平价计算）估算出，1992 年中国的 GDP 总量已经

---

① Steve Chan, "Is There a Power Transition between the U. S. and China? The Different Faces of National Power," *Asian Survey*, Vol. 45, No. 5 (September/October 2005), pp. 687 - 701. 文中所引用的数据以表格形式出现在第 690 页。陈在此文中的观点进一步于 2008 年的专著中加以发挥，这一专著有较大影响力。参考 Steve Chan, *China, the U. S., and the Power Transition Theory: A Critique*, London and New York: Routledge, 2008.

② 从该数据库网站提供的信息来看，这种剧烈的变化主要缘起于指数中能源消费数据的巨幅调整。在 4.0 版本中，1970 年之前用的是《联合国能源统计数据库，1950—1997》（United Nations Energy Statistics Database, 1950 - 1997）；1970 年开始用 2010 年春季发布的《联合国能源统计数据》（United Nations Energy Statistics Database, Spring 2010 Ed）。按照后者的数据，中美两国的能源消费有了相当幅度的提高，例如 2001 年美国能源消费新增长 75%，中国新增 82.5%。

③ 贝洛赫在前引 1976 年计算欧洲国内生产总值（GNP）的文章中就提及麦迪森出版于 1962 年的《世界经济的增长和波动，1870—1969 年》。中国学者李国友 1989 年在论述亚洲经济的追赶现象时引用过麦迪森 1987 年发表于《经济学文献》（*Journal of Economic Literature*）里的一篇文章，参见李国友《对中美关系下一个高度的探索》，《美国研究》1989 年第 2 期，第 61 页。此后直到 1997 年年初，才由改革出版社出版了李德伟、任若恩等译校的《世界经济：1820—1992》，（Angus Maddison, *Monitoring the World Economy, 1820 - 1992*），OCED, 1995, 参见麦迪森《世界经济二百年回顾》，李德伟、盖建玲译，改革出版社 1997 年版。

④ 胡鞍钢：《麦迪森：经济史的考古学家与预言家》，《21 世纪经济报道》2010 年 5 月 18 日。

⑤ 林毅夫：《李约瑟之谜、韦伯疑问和中国的奇迹——自宋以来的长期经济发展》，载《北京大学学报》（哲学社会科学版）2007 年第 4 期。

超过日本，2001年超出日本大概70%。① 坚持美国衰落的学者通常会使用该数据库。有的美国学者则用该数据来，对比美国相对于历史上英国霸权更加突出的实力地位。② 近一段时期以来，随着中国经济史学家对明清时期中国经济总量估算的研究深入，也出现了一些批评麦迪森的声音。其中一种意见认为，麦迪森所认为的鸦片战争以后中国才逐渐落后西方的观点并不对，但中国人之所以愿意接受，主要是麦迪森对中国经济长期发展趋势的估计，"同人们心目中曾经的'大国'观念耦合"。③

第四种来自世界银行或者国际货币基金组织（IMF）提供的GDP（市场汇率法和购买力平价法两种），这也是多数学者和政府机构使用的数据。比如，在有关美国兴衰的最近一轮辩论中，美国对外关系委员会主席理查德·哈斯（Richard Haass）被王缉思等归纳为比较中立的"衰落派"代表。哈斯除了使用美国商务部和国会提供的预算和美国经济数据外，还推荐用世界银行的网上数据库进行国际经济、金融和人口的比较研究。④ 从国际比较角度看的话，学者们建议用购买力平价（PPP）校正的GDP值。任若恩等基于PPP生产法测度GDP的一项研究表明，2003年中国国际可比的GDP超过日本，经济总量相当于美国的1/3。⑤

第五种则是美国农业部研发的国际宏观经济数据集。中国学者几乎忽视了这种数据源在美国的应用面及其广泛影响。美国新保守派代表人物罗伯特·卡根以该数据库提供的可比数据计算，认为美国占全球GDP的比重自1969年以来并无变化，仍然保持在25%左右。中印等新兴经济

---

① ［英］安格斯·麦迪森：《世界经济千年统计》，伍晓鹰、施发启译，北京大学出版社2009年版，第150页。
② ［美］韩德：《美利坚独步天下：美国是如何获得和动用它的世界优势的》，上海人民出版社2011年版，第334页。
③ 仲韦民、邱永志：《数据估算与历史真实——中国史中GDP估算研究述评》，《史学月刊》2014年第2期。
④ Richard N. Haass, *Foreign Policy Begins at Home: The Case for Putting America's House in Order*, New York: Basic Books, 2013, pp. 169–170.
⑤ 任若恩、郑海涛、柏满迎：《关于中美经济规模的国际比较研究》，《经济学（季刊）》2006年第1期。

体之所以在全球经济中占比上升，完全是因为欧洲和日本的衰落所致。[①] 布热津斯基在2011年出版的《战略远见》一书中引用该数据库指出，中美GDP占全球比重分别为9%和25%，基于这一实力对比，未来20年全球很大程度上仍由美国来塑造。[②] 特别需要引起中国学者注意的是，在美国对华决策圈很有影响力的戴维·兰普顿（David Lampton）曾表示，相较于麦迪森的数据，他对农业部的数据更感兴趣。兰普顿强调不要夸大美国的衰落，而是要准确评估中美的权力变迁。[③]

上述五种不同的数据源在描绘1860—2030年的中美经济实力变迁时，基本都同意呈现出"U形"先下降、后上升这样一幅图景。根据贝洛赫1982年整理的制造业数据，1860年中国实力水平是美国的2.7倍，这一估计大体上与CINC以及麦迪森的估计一致。20世纪前半期是中国相对于美国经济实力的最低点，自20世纪40年代末起又逐渐上升。总体上，与前文所述1949年后作为大国崛起的历程一致，特别是20世纪90年代初以来快速崛起势头比较明显，逐渐接近甚至超过美国，且未来15年仍将保持较快增长态势（如图1所示）。尽管如此，美国农业部的国际宏观经济数据集显示，即便到2030年，中国经济总量仍然只有美国的89.3%。按照陈思德2005年的一个判断，当第二位的国家其经济总量达到第一位的80%时，第一位的国家才相对衰落。[④] 美国农业部数据显示，2027年中国经济总量占美国比重达到80.1%。如果根据最乐观的世界银行以及IMF基于PPP计算的GDP数据，那么中国经济总量已经于2014年超过美国。由此可推断，接下来的十几年，将是中美关系变革异常迅速的时代。

---

① ［美］罗伯特·卡根：《美国缔造的世界》，刘若楠译，社会科学文献出版社2013年版，第157页。

② ［美］兹比格涅夫·布热津斯基：《战略远见：美国与全球权力危机》，洪漫等译，新华出版社2012年版，第56页。另外，根据文中表述，第57表格数据疑似有误。

③ ［美］戴维·兰普顿：《中美关系中的力量与信任》，《国际展望》2010年第4期。根据外交学院近期公布的一份调查研究，兰普顿在新一代美国"知华派"中排名第1，参见《外交学院美国"知华派"专家评估项目组发》，载人民网，2015年1月16日，http：//world.people.com.cn/n/2015/0116/c1002-26395604.html。

④ Steve Chan, "Is There a Power Transition between the U. S. and China? The Different Faces of National Power", p. 700.

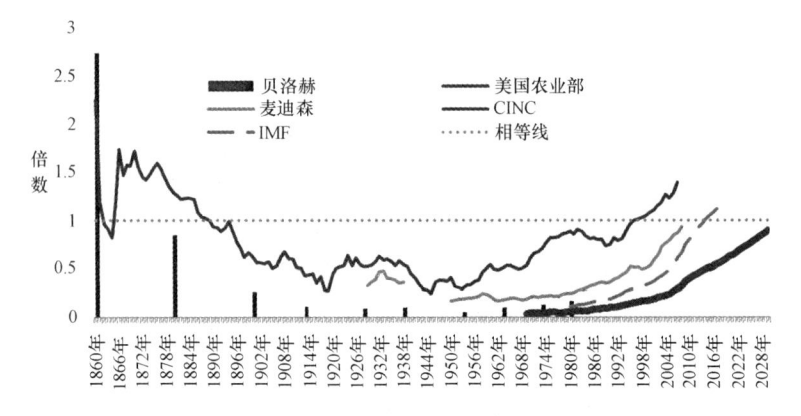

图1　中国经济实力相对于美国比重的五种图景，1860—2028 年

资料来源：贝洛赫数据来自 Paul Bairoch,"international industrialization levels from 1750 to 1980", p. 296 table 10, p. 304. Table 13；美国农业部数据来自 http://www.ers.usda.gov/, last updated: 18 December, 2014；麦迪森数据来自 Angus Maddison 的个人主页, http://www.ggdc.net/maddison/oriindex.htm；CINC 数据来自 COW；IMF 数据来自 International Monetary Fund, World Economic Outlook Database, October 2014。

这一长期和多样的比较至少有一个重要启发，中美之间的关系调整仍有很大的空间。就汇率和购买力意义上的总量差距而言，中美的经济实力接近所需要的时间远比中日之间来得多。在购买力意义上，按照IMF最近的数据，中国早在1999年就超过日本，但在汇率意义上，则是2010年，两者的时间差为11年。在购买力意义上，中国于2014年超过美国，但在汇率意义上，美国倾向于认为中国经济总量即便在2036年也很难超过美国。相比于历史上英国与德国、美国与日本，以及最近十年中国与日本因经济实力差距缩小而产生的摩擦，中美之间的实力差距导致的摩擦在时间上还有重新管理的可能性。这可能也是中国领导人不断强调建立新型大国关系的可行性所在。

五　两个特殊的大国构建新型关系

按照不同的标准，在不同的学科领域和国家，中国作为一个大国的含义是变化的。从国际关系关于战争中大国行为的经验研究来看，1950

年以后的中国肯定是个大国。最基本的因素，一是主权独立，二是朝鲜战争。就此而言，中国获得大国地位也是依靠战争，这一点与现实主义的论断没有区别，中国与西方历史上的大国获取大国地位也没有什么不同。而且，这么说也并不违背中国的传统政治文化，中国文明的一个显著特征是以胜败论英雄，取得战争的决定性胜利就能获得统治的合法性。[1] 因此，现代中国既继承了一部分中国传统的战略文化，也从百年屈辱史中认识到构建现代西方意义上的大国所需要的军事实力。由此可见，中国作为一个正在从大变强的崛起国，已经吸纳了东西方对大国的认识。也就是说对西方而言，中国不完全是一个异质性国家，有些西方人夸大了中国的不同。甚至某种程度上，也可以说西方认识到无论是一个更加类似于西方的中国，还是更加类似中国传统的中国，都将对西方构成更为恐惧的冲击。[2]

但中国崛起以及美国应对中国崛起时需要思考的问题是，21世纪大国地位的获取能否依靠战争？以及中国目前能否需要赢得一场战争来显示大国地位呢？显然，中国领导人多次强调，争霸必然衰亡，中国要走出一条新路，在不导致国际秩序发生奔溃的情况下实现中国的崛起。但美国一部分人似乎越来越担心中国走上西方的老路，重演大国争霸。前述美国对外关系委员会的报告甚至建议，美国应修改自20世纪70年代以来的对华政策基本框架，认为中美关系的性质已经发生根本变化。对此，中国学者并不同意。例如，王缉思认为中美关系处于量变而非质变之中。[3]

实际上，中美是两个特殊的现代大国，主要体现在人均和总量的巨大背离上，这是历史上没有过的。2013年，全球人口5000万以上的国家24个。韩国人口4926万，近似可以算作第25个。按照世界银行以名义

---

[1] 王赓武：《华人与中国：王赓武自选集》，上海人民出版社2013年版。

[2] 最近几年，西方学术界兴起了一种关于中国到底是"西方特色的霸权"还是"中国特色的霸权"的争论，可参考 Aaron L. Friedberg, "Hegemony with Chinese Characteristics," *The National Interest*, Jul./Aug. 2011, pp. 18–27; James Kurth, "Confronting a Powerful China with Western Characteristics," *Survival*, Winter 2012, pp. 39–59。

[3] 王缉思：《美国对华战略没有质变，只有量变》，澎湃新闻，2015年9月25日，http://www.thepaper.cn/newsDetail_forward_1377877。

GDP 计算，这 25 个国家中，经济总量规模最大的是美国排名世界第一，最小的是刚果（金）列全球 94 位。按照前述对大国的定义，英国是大国俱乐部的最后一名，人口规模全球排第 22 位（少于泰国）、经济总量排名第 6 位。①由此可见，经济实力基本上与大国地位有着比较一致的同步性。按照萨勃拉曼尼的分析，大国的 GDP 占世界份额与其军事开支占全球比重之间存在着 70% 的相关性。②

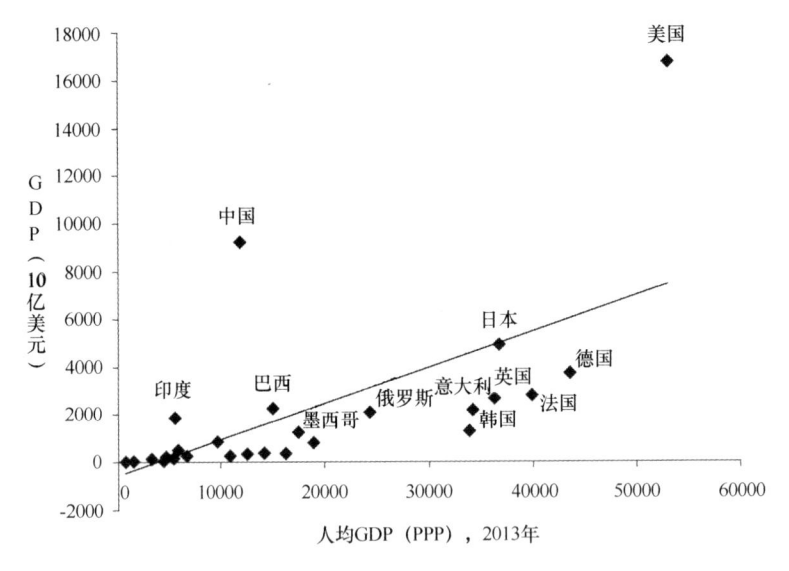

图 2 大国（major power）经济总量和人均 GDP 的比较

资料来源：IMF。

2013 年全球共有 15 个国家经济总量超过 1 万亿美元，且有 12 个国

---

① 那么经济规模排全球第 8 位、人口规模排全球第 23 位的意大利是中等强国中的老大，其次是经济总量第 7 位、人口规模第 5 位的巴西，再次是经济总量排名全球第 14 位、人口规模全球第 25 位的韩国，复次是经济总量第 15 位、人口第 11 位的墨西哥，印度尼西亚的经济总量第 16 位、人口规模第 4 位。在中国的语境中，菲律宾是一个小国，但其人口全球排名第 12 位、GDP 排名第 40 位。那么菲律宾是否可以是中等国家和小国的分界线呢？埃及离此不远，经济总量全球第 41 位、人口第 16 位，巴基斯坦经济总量第 44 位、人口总量第 6 位。显然我们会认为埃及的地位要比这两个国家更高一些。

② ［美］阿文德·萨勃拉曼尼：《大预测：未来 20 年，中国怎么样，美国又如何？》，第 38 页。

家总人口超过5000万，只有加拿大（第11位）、澳大利亚（第12位）和西班牙（第13位）人口少于该数。从图2中可以看出，人口超过5000万的国家在人均GDP和GDP水平上有两个特点，第一，总体上GDP总量增幅慢于人均GDP，但美国、中国、印度和巴西的特点是，GDP总量位于趋势线以上，日本正处其中。尤其是中美两国更是突出位置。第二个特点，在所有被认为是大国的国家中，只有中国和俄罗斯的人均收入显著低于大国的水平（以美、英、法、德、日等五国算术平均计算为41830美元），特别是中国大约是这一水平的28%。

从人均收入意义上，可理解中美之间的众多不同和误解，与发展阶段差异有密切关系。从图2中可以看出，中美两个国家是与众不同的。某种程度上，中国今天面临的问题与美国在19世纪后期比较相似，而不是国际上广泛流行的与德国相近。这不仅是从GDP总量意义上说的，也更是从人均意义上讲。在最近几年被国际关系学界反复提到的一战案例中，我们注意到德国在一代人之内就缩小了与英国的人均收入差距，在这么短的时间里提高收入水平，德国俾斯麦政权创造出福利体制来应对国内矛盾，而在对外关系上，"暴发户心态"主导了德国的战略文化，相信通过实力（武力）拓展生存空间，可以解决德国面临的发展矛盾。[①] 二战期间日本扩张的逻辑和德国具有类似性。由于二战期间美国开发出了GDP概念，在二战后衡量国家之间的实力要比二战之前更为准确，可以不必像第一次世界大战前夕那样，犯下过于夸大俄国力量的错误。

从经济总量上看，中国已经跨越大国的"俱乐部模式"，看上去正在挑战美国的"寡头垄断模式"。从目前的国际形势看，美国也不会轻易让中国获得超级地位，设置一些障碍在所难免。但是从人均收入意义上说，中国缩小与美国的差距还需要很长一段时间，美国已经充分注意到这一事实，以及总量差距和人均差距可能造成的国际政治影响。中国需要注意的问题是，在战略文化上，要改变两种倾向：第一，盲目相信实力决定论。即相信缩小与主导国权力差距（包括经济实力和军事实力）是解决中国问题的主要手段。第二，冒险主义。即相信在实力比较接近的阶

[①] 关于德国崛起的进程可参考徐弃郁《脆弱的崛起：大战略与德意志帝国的命运》，新华出版社2011年版。

段，可以通过一场战争，解决矛盾。

中国今后一个时期的重点是要妥善处理国家与社会的矛盾，要让国内社会相信与国际社会形成一个长期互动的正向关系，从根本上有利于提高收入水平。从19世纪后期到二战结束，美国花费了大约3/4世纪的时间才最终决定性地取得了世界最高收入的地位。显然，中国需要比美国花费更长的时间，才能缩小与国际秩序的主导者在人均收入意义上的差距。改革开放以来的中国领导人对此有很深刻的认识，认为中国的社会主义国家建设需要几代人、十几代人，甚至几十代人坚持不懈地努力才能达成。因此，处理对美国关系，以及实力差距不断与我扩大的周边国家关系，要有长远的战略眼光和意志，加强战略定力，耐心等待，要更加重视中国自身的问题所引发的矛盾。

正如英国学派的大国定义和相关理论显示的那样，国际地位既是自己主动争取的，也需要获得外界的认可。美国通过军事实力所塑造的二战后国际秩序，大部分已经是当前以联合国为基础的国际制度的组成部分，中国也多次表示是现行国际秩序的维护者，中国没有必要与美国争夺军事意义上的超级大国地位。当然，中国仍要致力于解决军事实力与经济实力不匹配的问题，但更需要解决人均收入较低导致的国际地位不对称问题，只有后者才能赋予前者以国际合法地位。从这个意义上说，中国通过"一带一路"这样的全球发展方案有可能缔造比美国更为平等和共同富裕的世界，塑造以共同发展、全球伙伴关系和命运共同体为特色的合作型战略文化。而美国也应认识到，一个更加繁荣的中国，才可能跨越"修昔底德陷阱"。如何确保中国继续行走在繁荣发展的道路上，才是美国大战略应该真正关心的问题。

区域公共产品供求关系与地区秩序及其变迁

——以东亚秩序的演化路径为案例

高 程[*]

关于地区秩序与合作的研究目前有多个视角，比如权力结构、信任关系、文化观念认同因素，等等。但是，这些研究往往难以把历史上主要的地区秩序形态和它们的演化过程纳入同一框架给予有效解释。本文通过区域公共产品供求关系的视角，试图回答如下问题：公共产品供求关系及其动态变化与地区秩序（或冲突）形态的形成与变迁，以及区域合作的基础和紧密程度具有何种关系？我们如何通过这一视角诠释和分析东亚秩序的演化过程和可能的发展路径？中国在其中可以发挥怎样的战略作用？

一 对代表性研究的述评

关于地区秩序的定义，除了地理维度，通常还涉及以下两个层面的内容：其一，地区权力结构及其分配；[①] 其二，地区社会制度安排（包括

---

[*] 高程，中国社会科学院亚太与全球战略研究院研究员，《当代亚太》编辑部主任。

[①] ［美］彼得·卡赞斯坦：《地区构成的世界：美国帝权中的亚洲和欧洲》，秦亚青、魏玲译，北京大学出版社2007年版，第41页。

正式规则与非正式规则）与社会目标的认同。[①] 一些学者综合权力和社会两个层面给出地区秩序的各种抽象定义。[②] 孙学峰和黄宇兴在此基础上，对地区秩序进行了可操作性的界定。他们认为，地区秩序是既定地理范围内国际行为的格局，这一格局推动地区基本目标的实现，其中包括维护地区内国家的生存和主权，减少、防止地区内的暴力冲突，使地区规则得以有效执行、地区制度安排和组织运转良好等功能。[③] 结合以上定义，本文所讨论的地区秩序在广义上是指区域内行为体之间的结构关系和结合方式所呈现的存在常态，狭义则指地区主要力量之间未出现大规模冲突，（正式或非正式）规则对地区内行为体的行为具有一定约束效力的状态。

地区秩序研究的核心命题之一是，稳定的地区秩序是如何形成和维持的？针对这一命题，主流的分析框架大致可分为霸权稳定论和国际社会视角两大类。前者对于地区秩序的研究相对间接，主要将地区秩序视为国际秩序的翻版。后者认为与国际秩序相比，地区秩序有其独特性，因此对于地区本身给予专门关注和个性化研究。

霸权稳定论的支持者试图通过权力结构解释国际秩序的形成和持续，并将其国际秩序观移植到对地区秩序观的理解中。霸权稳定论首先

[①] Muthiah Alagappa, "The Study of International Order: An Analytical Framework," in Muthiah Alagappa, ed., *Order and Security in Asia: Instrumental and Normative Features*, Stanford, CA: Stanford University Press, 2003, p. 39; Norman Dunbar Palmer, *The New Regionalism in Asia and the Pacific*, Lexington, MA: Lexington Books, 1991, pp. 4 - 5; Hedley Bull, *The Anarchical Society: a Study of Order in World Politics*, New York: W. W. Norton & Co., 2003, pp. 4, 16 - 19.

[②] 比如，巴里·布赞从"安全复合体"（Security Complexes）角度定义地区秩序，将其视为以安全相互依存为基本前提，由权力分配主导的物质结构和友善—敌意模式主导的社会结构所组成的区域安全结构。关于"安全复合体"的论述可参见 Barry Buzan and Ole Waever, *Regions and Powers: The Structure of International Security*, Cambridge: Cambridge University Press, 2002; Barry Buzan, *People, States and Fear. An Agenda for International Security Studies in the Post-Cold War Era*, 2nd edition, New York: Harvester Wheatsheaf, 1991; Barry Buzan, "The Logics of Regional Security in the Post-Cold War World," in Björn Hettne, András Inotai and Osvaldo Sunkel, eds., *The New Regionalism and the Future of Security and Development*, New York: St. Martin's Press, 2000。庞中英把地区秩序与地区化和地区主义概念联系在一起，将地区秩序解释为地区国际体系内处理国家之间互动的方法、规定、安排和体制。庞中英：《亚洲地区秩序的转变与中国》，《外交评论》2005 年第 4 期。

[③] 孙学峰、黄宇兴：《中国崛起与东亚地区秩序演变》，《当代亚太》2011 年第 1 期。

由查尔斯·金德尔伯格（Charles P. Kindleberger）提出。他把公共产品的概念引入国际关系，认为维护开放和自由的世界经济需要一个居支配地位的霸权国向国际社会提供公共产品，充当秩序的"稳定器"之作用，否则国际社会很难拥有稳定的秩序，必将处于无规则的混乱状态。① 罗伯特·吉尔平（Robert Gilpin）对于霸权与稳定的国际秩序之间的关系进行了系统的理论分析和阐释，指出只有国际体系中的霸主拥有能力和意愿承担国际公共产品的巨额成本，并由此换取其他国家对于稳定的国际秩序的普遍认同。② 罗伯特·基欧汉（Robert O. Keohane）、斯蒂文·克拉斯纳（Stephen D. Krasner）、乔治·莫德尔斯基（George Modelski）等学者充实了霸权稳定理论的基础，并将该理论扩展到政治、经济和军事等各领域。③ 他们都坚持认为，霸权及霸主国的存在是保证稳定的国际秩序、自由开放的贸易和市场、有效的货币体系等国际公共产品供给的必要条件。海伦·米尔纳（Helen Milner）等学者进一步把霸权稳定论应用于地区研究，认为区域主导权的存在对于区域内国

---

① Charles P. Kindleberger, *The World in Depression*, 1929 – 1939, Berkeley, CA: University of California Press, 1973; Charles P. Kindleberger, "Dominance and Leadership in the International Economy: Exploitation: Public Goods and Free Rides," *International Studies Quarterly*, Vol. 25, No. 2, 1981, pp. 242 – 254; Charles P. Kindleberger, "International Public Goods without International Government," *American Economic Review*, Vol. 76, No. 1, 1986; Ruben P. Mendez, "Peace as a Global Public Good," in Kaul Inge, Grunberg Isabelle and Marc A. Stern, eds., *Global Public Goods*: International Cooperation in the 21st Century, New York: Oxford University Press, 1999.

② Robert Gilpin, *War and Change in World Politics*, Cambridge: Cambridge University Press, 1981; Robert Gilpin, *The Political Economy of International Relations*, Princeton, NJ: Princeton University Press, 1987; Robert Gilpin and Jean M. Gilpin, *Global Political Economy*: Understanding the International Economic Order, Princeton, NJ: Princeton University Press, 2001.

③ Robert O. Keohane, "The Theory of Hegemonic Stability and Changes in International Economic Regimes, 1967 – 1977", in Ole Holsti, Randolph Siverson and Alexander George, eds., *Change in the International System*, Boulder: Westview Press, 1980, pp. 131 – 162; Robert O. Keohane, *After Hegemony: Cooperation and Discord in the World Political Economy*, Princeton, NJ: Princeton University Press, 1984; Stephen D. Krasner, "State Power and the Structure of International Trade," *World Politics*, Vol. 28, No. 3, 1976, pp. 317 – 345; George Modelski, *Long Cycle in World Politics*, Seattle, WA: University of Washington Press, 1987; David A. Lake, "Leadership, Hegemony, and the International Economy: Naked Emperor or Tattered Monarch with Potential?" *International Studies Quarterly*, Vol. 37, No. 4, 1993, pp. 459 – 489.

家间合作机制的形成具有正面影响,权力的不对称性有利于区域合作的实现。①

霸权稳定论解释了公共产品与国际/地区秩序之间的关系,为国际关系和国际合作研究提供了富有价值的视角。这一分析框架对于阐释近代欧洲地区的冲突和美洲地区的长期和平状态具有一定解释力,但却难以回答在古代东亚等地区,当具有主导能力的国家不像传统霸主那样具有提供公共产品的意愿,以致地区公共产品供给处于较低水平时,该地区相对和谐的秩序为何能够形成和维系。与此同时,霸权稳定论强调公共产品的供给,并将其与是否能够建立单一主导权联系在一起。该理论引申到地区秩序类型研究中时,我们通常只能得到稳定与不稳定两种静态形式,无法对现实中内涵更为丰富和复杂的地区秩序类型及其演化机制予以解释。

周方银的研究在一定程度上修补了霸权稳定论在地区秩序研究中存在的解释能力缺陷。他把稳定的地区秩序视为实力结构基础上大国与周边国家策略博弈的均衡结果。② 这一策略模型从行为互动的角度有效解释了古代东亚地区在多数时期相对稳定的秩序均衡状态(即"中国怀柔+周边臣服"的策略组合)的形成机制。然而,正如作者自己在文中所限定的那样,该策略模型的研究对象为地区中心大国与周边小国之间的关系,其解释力只适用于分析等级地区秩序的稳定性,而无意为各种实力对比结构的地区秩序提供一般性框架。此外,地区中心大国与周边小国的策略博弈剖析了地区秩序的均衡状态在微观层面如何被打破并复归的动态过程,而并非其宏观层面持续存在的状态和演化机制。

和霸权稳定论及其权力视角相比,国际社会的解释视角把地区秩序视为区别于国际秩序的特殊对象予以分析,并且更为注重观察地区秩序的动态演化过程而非静态决定因素,其支持者主要来自国际关系建构主义

---

① Helen Milner, "International Theories of Cooperation among Nations: Strengths and Weaknesses," *World Politics*, Vol. 44, No. 3, 1992, pp. 466–496.

② 周方银:《朝贡体制的均衡分析》,《国际政治科学》2011 年第 1 期。

学派和英国学派。起初，国际社会的解释视角试图替代"权力政治"的思维，通过展现国际社会层面的文化、观念建构过程来解释当代欧洲安全秩序和区域合作的形成与演进过程。① 进而，一些学者将这一分析范式应用于古代和现代东亚秩序的研究中。张勇进（Zhang Yongjin）和巴里·布赞（Barry Buzan）的研究试图阐释，以中国文化影响力为依托的东亚国际社会起到维持地区秩序的关键作用。他们认为，在周边国家对中国文化的认同和效仿基础上，东亚地区逐渐形成了一个由多方参与者共同构建的国际社会。东亚国际社会得以维持依靠其背后一套获得普遍认同、具有合法性的制度安排。这套制度安排替代了传统霸权机制，可有效解决东亚地区的安全挑战和国家间冲突问题，并由此为该地区带来相应和平与稳定的秩序。② 康灿雄（David Kang）将国际社会建构与地区秩序关系的逻辑从古代一直延续到当代，他认为东亚特殊历史和国家交往实践中身份的相互构建是该地区形成稳定秩序的基础，这一基础决定

---

① David Mitrany, *A Working Peace System*, Chicago: Quadrangle Books, 1966, pp. 10 – 11; Wayne Sandholtz and John Zysman, "1992: Recasting the European Bargain", *World Politics*, Vol. 42, No. 1, 1989, p. 95 – 128; Adam, Watson, "European International Society and its Expansion," in Hedley Bull and Adam Watson, eds., *The Expansion of International Society*, Oxford: Clarendon Press, 1984; Duncan Snidal, "The Limits of Hegemonic Stability Theory," *International Organization*, Vol. 39, No. 4, 1985, pp. 579 – 614; Andreas Osiander, *The States System of Europe*, Oxford: Oxford University Press, 1994; Mark Haugaard, "Power and Hegemony in Social Theory," in Mark Haugaard and Howard H. Lentner, eds., *Hegemony and Power: Consensus and Coercion in Contemporary Politics*, Lanham, MD: Lexington Books, 2006; Emanuel Adler, "Imagined (Security) Communities: Cognitive Regions in International Relations", *Millennium: Journal of International Studies*, Vol. 26, No. 2, 1997, pp. 249 – 279; Emanuel Adler and Michael Barnett, "A Framework for the Study of Security Communities", in Emanuel Adler and Michael Barnett, eds., *Security Communities*, Cambridge: Cambridge University Press, 1989, pp. 29 – 65; Hedley Bull, "Society and Anarchy in International Relations," in Sir Herbert Butterfield and Martin Wight, eds., *Diplomatic Investigations: Essays in the Theory of International Politics*, London: Allen and Unwin, 1996; Hedley Bull, "World Order and the Super Powers," in Carsten Holbraad, ed., *Super Powers and World Order*, Canberra: ANU Press, 1971; Hedley Bull, *The Anarchical Society: A Study of Order in World Politics*, London: Macmillan & Co., 1977.

② Zhang Yongjin and Barry Buzan, "The Tributary System as International Society in Theory and Practice," *The Chinese Journal of International Politics*, Vol. 5, No. 1, 2012, pp. 3 – 36.

周边国家会容纳中国在未来的崛起和东亚秩序的演变。①

国际社会的解释视角倾向于在地区秩序的背后寻求历史和文化中的特殊属性。在这一分析框架下,二战后的欧洲地区秩序被解读为区域内国家相互构建并成功走出无政府状态下的霸权逻辑之特例,而古代东亚秩序则被视为无政府状态国际社会中独一无二的超霸权模式。② 坚持国际社会研究视角的学者试图回答,为什么有些地区能够获得和平的状态。但相应的问题是,为什么文化同质性强的地区并不一定能形成和平秩序,而文化异质性强的地区也可能维持和平的状态?在很多时候,文化或规则的认同是地区秩序达到稳定状态的结果或表征,还是其根源?另外,国际社会的分析视角阐释了建立在现代欧洲秩序基础上的区域合作和地区主义是如何实现的,但同样基于文化认同形成稳定秩序的古代东亚地区是否也具有合作与地区主义的根基呢?进一步说,为什么有的地区秩序能够形成合作,而另一些地区秩序难以形成合作?国际社会的视角难以将以上问题纳入同一框架下予以解释。他们通常将某一地区秩序作为个案给予经验性的描述,却难以借此解释其他类型秩序的形成和演变,因为这一分析框架背后缺乏统一的逻辑支撑。

孙学峰和黄宇兴整合了两派观点,对地区秩序的类型进行了较为系统的研究。他们认为,地区秩序的稳定有赖于其内部主要国家的力量对比和区域内国家对地区规则的认同,并依据是否存在单一力量中心和地区规则的认同程度,将地区秩序分为霸权、朝贡、均势、共同体四种理想的类型。③ 这一研究的贡献在于,它在同一个分析框架下解释了实质上的等级体系和无政府状态下的平等主权体系这两类地区秩序的存在状态。不过,该研究主要立足于四种地区秩序类型的静态分析,并未从动态的

---

① David C. Kang, "Hierarchy and Legitimacy in International Systems: The Tribute System in Early Modern East Asia," *Security Studies*, Vol. 19, No. 4, 2010, pp. 591 – 622; David C. Kang, "Authority, and Legitimacy in International Relations: Evidence from Korean and Japanese Relations in Premodern East Asia," *The Chinese Journal of International Politics*, Vol. 1, 2012, pp. 55 – 71; David C. Kang, *China Rising: Peace, Power, and Order in East Asia*, New York: Columbia University Press, 2007.

② David C. Kang, "Getting Asia Wrong: The Need for New Analytical Frameworks," *International Security*, Vol. 27, No. 4, 2003.

③ 孙学峰、黄宇兴:《中国崛起与东亚地区秩序演变》,《当代亚太》2011年第1期。

角度进一步揭示不同秩序类型的稳定性和它们之间相互转化的机制。此外，对于我们十分关注的问题，即不同类型的地区秩序与区域合作及地区主义生成状况之间的关系，特别是规则认同程度高的地区秩序为何不一定具有合作基础，这一分析模型和被其所整合的两派主流观点均没有提供一个系统的答案。

我们在之前对区域秩序类型的经验研究中试图回答，什么因素和机制导致了地区合作的形成和自我延续？通过区域公共权力中心和公共产品供给的分析框架，我们解释了欧洲和美洲两种典型的合作秩序形成的路径。其中，欧洲各国在长期冲突和不断重复的历史博弈过程中逐渐形成了以"社会契约"政治理念维系的合作秩序，其特征是通过区域各国政治权力平等让渡来构建超主权国家共同体，并使该共同体成为具有合法性的公共权力中心和公共产品供给者。与之相比，美洲的合作秩序建立在权力和结构的非对称依赖基础上，其公共权力集中于区域内主导国家美国之手，美国获得公共权力的合法性基础在于为地区提供主要的公共产品。[①] 当回过头来审视未形成内生合作和区域主义的东亚秩序时，我们发现之前的分析框架不足以完整地解释这种秩序形态及其背后的演化机制。其中原因主要在于两点：第一，此前所阐释的两种地区秩序是在业已形成内生合作地区的历史经验基础上所进行的归纳，我们没有将未形成合作的地区秩序纳入负向分析样本。第二，我们仅关注到地区主导权对于区域公共产品的供给能力，没有进一步讨论具有能力担当公共权力中心的行为体提供地区公共产品的意愿，和地区成员对区域公共产品的需求。本文研究是在东亚秩序演化路径过程中的经验困惑基础上，对此前区域公共产品与地区秩序分析框架的进一步思考。

二 区域公共产品供求与地区秩序关系的假说

公共产品原为新古典政治经济学的概念，其意指具有消费或使用上的非竞争性和受益上的非排他性的产品，通常表现为由政府或社会团体

---

① 高程：《区域合作形成的历史根源和政治逻辑——以欧洲和美洲为分析样本》，载《世界经济与政治》2010 年第 10 期。

提供的、为绝大多数人共同消费或享用的产品或服务。这一概念原本旨在处理政府与市场的关系,后被金德尔伯格、吉尔平等学者引入国际政治领域,用来论证国际主导权存在的合法性。区域公共产品从国际公共产品的概念发展而来,意指仅在某一特定区域内供给和消费,其利益惠及整个地区而非遍及全球的国际公共产品。① 目前,该领域多数研究的关注重点在于如何解决国际/地区公共产品的供给问题,② 或讨论区域主导权的存在和竞争对于国际/地区秩序的决定性影响,③ 相对忽视了地区成员对于公共产品的需求程度。

本文依据区域公共产品供求关系提出的模型和假说基于新古典政治经济学和国际政治经济学假定的延伸,即将地区秩序视为区域公共产品供求市场中各行为体互动的结果。④ 与此同时,我们吸收了现实主义分析范式中权力结构与地区秩序关系的相关论述,并在此基础上进行了两点补充,以加强该分析框架在地区秩序研究中的解释能力:其一,我们同

---

① 樊勇明:《从国际公共产品到区域公共产品——区域合作理论的新增长点》,《世界经济与政治》2010 年第 1 期;安东尼·埃斯特瓦多道尔等:《区域性公共产品——从理论到实践》,张建新等译,上海人民出版社 2010 年版,第 12 页。

② 经济学家认为,由于公共产品存在非排他性和非竞争性,因此"搭便车"行为往往导致公共产品供给不足(Mancur Olson, *The Logic of Collective Action*, Cambridge, MA: Harvard University Press, 1965)。同样,由于"搭便车"现象,国际公共产品供给不足会引发"公地悲剧"(Garrett Hardin, "Tragedy of the commons," *Science* 162, 1968, pp. 1243 – 1248)。因此,如何解决公共产品供给的激励机制,是该领域研究的关注重点。关于地区和国际公共产品供给的研究参见 Mancur Olson, "Increasing the Incentives for International Cooperation", *International Organization*, Vol. 25, No. 4, 1971, pp. 866 – 874; John G. Ruggie, "Multilateralism: The anatomy of an institution," *International Organization*, Vol. 46, No. 3, 1992, pp. 561 – 598;王玉主:《区域公共产品供给与东亚合作主导权问题的超越》,《当代亚太》2011 年第 6 期;苑基荣:《东亚公共产品:供应模式、问题与中国选择》,《国际观察》2009 年第 3 期;庞珣:《国际公共产品中集体行动困境的克服》,《世界经济与政治》2012 年第 7 期;王双:《国际公共产品与中国软实力》,《世界经济与政治论坛》2011 年第 4 期;席艳乐、李新:《国际公共产品供给的政治经济学——兼论中国参与国际公共产品供给的战略选择》,《宏观经济研究》2011 年第 10 期。

③ 比如,在东亚秩序的研究中,一些中国学者认为,主导权的存在可以为东亚地区提供安全保护等公共产品,因而是东亚安全秩序的基础。依据这一逻辑,他们指出,中美两国在东亚地区的竞争机制是为区域内小国提供安全保障的机会,并由此争取这些国家的支持,以获得在该地区的主导地位。参见刘丰《安全预期、经济收益与东亚安全秩序》,《当代亚太》2011 年第 3 期;杨原《大国无战争时代霸权国与崛起国权力竞争的主要机制》,《当代亚太》2011 年第 6 期。

④ 关于"公共产品"的供需关系,参见 James M. Buchanan, *The Demand and Supply of Public Goods*, Chicago: Rand-McNally & Co., 1968。

时关注区域公共产品的供给能力、供给意愿和地区内公共产品需求①这三个变量，并将重点放在观察区域公共产品的供给与需求在地区秩序形成、演变和构建中的互动关系上；其二，我们将地区权力结构视为决定区域公共产品需求的自变量，同时把地区主导权问题整合到区域公共产品供给中，以解决无政府状态下的平等体系和等级体系在同一分析框架中的兼容问题。

（一）区域公共产品供求关系与地区秩序的形态

我们依据区域公共产品供给水平的高低和地区行为体对区域公共产品需求的强弱组合将地区秩序分为四种理想化的静态类型（见图1）。由于在技术上难以将区域公共产品供求的水平和强度做精确的量化处理，因此本文主要基于经验，并采取定性的方式对其进行评估。我们大致假定安全层面公共产品的需求偏好为强度最高，经济利益方面的需求偏好强度弱于安全领域，但高于文化领域的需求；同样，相应的区域公共产品供给水平也依据安全保护、经济让利和文化传播等不同层次有所区别。此外，同一层次和性质的公共产品因具体内容不同，其供给水平和需求强度亦会有所差异。同时，我们还需要考虑到，安全、经济和文化等公共需求及其内涵在不同历史时期和不同地域不尽相同，且各自权重有时会发生相应的变化和调整。

区域公共产品供给水平

	高	低
强	A（紧密合作秩序）	B（无合作冲突）
弱	C（松散合作秩序）	D（无合作秩序）

区域公共产品需求

图1 区域公共产品供求程度和平衡状态与地区秩序形态

---

① 经济学定义的需求为具有支付能力的需要。我们所讨论的区域公共产品需求同样限于在需求方回报能力范围之内的诉求。

在地区秩序形态 A 中，区域公共产品供求关系处于高位平衡，即高水平供给可满足强需求，其表现形态为紧密合作秩序。紧密合作秩序的代表性案例是当代欧洲地区。20 世纪的两次大战给予欧洲沉重的打击，为避免欧洲大陆混战的再现和区域大国之间的权力争夺，欧洲成员国对于地区安全保护机制和自我约束机制具有高度需求；[①] 与此同时，苏俄等外来因素的威胁进一步提高了欧洲地区建立集体安全防御机制的需求。在经济领域，一方面，二战后失去海外殖民市场的欧洲地区整体经济地位下降，市场和货币的整合需求旨在维护欧洲经济板块在全球的地位；另一方面，统一的市场和货币可以使区域成员之间维持高度的经济相互依赖关系，这本身也是保障其安全需求的有效手段。满足地区公共产品的强需求，必须以紧密合作的方式建立有效的供给机制。欧洲地区成员成功地通过契约建立了在公意基础上的超主权国家共同体，它所衍生的各种合作机制和规则对区域内主权国家的行为形成有效的约束，从而满足了成员国对区域公共产品的需求。[②] 欧洲区域合作由此形成高水平的自发扩展模式，不但在安全、政治、经济、文化合作领域硕果累累，而且实现了许多管理领域的联合政策行动。

在地区秩序形态 B 中，区域公共产品供求关系处于高位失衡，即低水平供给无法满足强需求，其表现形态为无合作冲突。无合作冲突的代表性案例是西罗马帝国解体至第二次世界大战结束前的欧洲地区。为谋求和争夺地区主导权，区域主要大国具有意愿将该地区尽量多的中等或弱小国家纳入其安全保护范围，或通过与之建立的军事盟约来承诺对其的安全保护义务。主导权的竞争导致大国通过军事征伐行为谋取地区单一权力中心地位，却没有一个国家获得独立提供区域安全公共产品的能力。反之，征伐行为和各种军事联盟关系把更多国家推向混战的深渊。基于宗教信仰的精神产品需求在前威斯特伐利亚时代的欧洲地区超过经济利益需求。教会与世俗王国对于《圣经》解释权的争夺导致天主教和

---

① [法] 皮埃尔·热尔贝：《欧洲统一的历史与现实》，丁一凡等译，中国社会科学出版社 1989 年版，第 2—4 章。
② 高程：《区域合作形成的历史根源和政治逻辑》；Walter Mattli, "Sovereignty Bargains in Regional Integration," *International Studies Review*, Vol. 2, No. 2, 2000, pp. 149 – 180.

新教及其内部诸多教派之间的竞争，这进一步加重了欧洲的战争祸患。欧洲地区陷入漫长的冲突和战乱，[①] 其大多数成员对于安全保护的需求强度明显高于其他地区。与此同时，供给竞争行为不断分割该地区，使其难以形成合作关系，而主导权和势力范围的争夺所导致的地区冲突极大抵消了供给效力，导致地区安全公共产品供给严重不足。与安全保护相比，经济领域公共产品的需求在进入近代以后才开始变得重要，然而这主要是对于经济关系依赖于本地区的欧洲中小国家而言。这一时期具有供给能力的大国其主要市场来自海外，以致其对于区域经济公共产品的供给意愿较低，经济领域的非合作状态显然无法对地区冲突起到缓解作用。

在地区秩序形态 C 中，区域公共产品供求关系处于低位失衡，即弱需求获得高水平供给，其表现形态为松散合作秩序。松散合作秩序的代表性案例是独立革命胜利后的美洲地区。美洲地区内部国家间冲突较小，外部安全威胁不大，对区域安全公共产品的需求偏弱。美洲多数国家市场狭小、经济结构单调，对美国依赖程度较高，但其不对称依赖关系属于敏感性而非脆弱性。[②] 从"门罗主义"理念诞生至今，美国一直力图打造相对封闭的美洲帝国，并借此操纵西半球与世界的联系。为了获得美洲帝权的合法性，美国凭一己之力提供了一系列区域公共产品。在安全领域，美国强力排斥外来力量对美洲的干预，帮助区域内国家建立西半球安全防御体系，并以仲裁者身份解决美洲国家内部和国家间的冲突。在经济领域，美国为美洲地区提供直接投资、货币流动性、市场份额和经济援助，[③] 并在地区经济合作组织中起着协调各国政策、稳定区域经济体系的作用。在美国单边构建下，美洲地区形成合作秩序。早在 1889 年，美国便在华盛顿组建了"泛美联盟"，并在此基础上领导了美洲国家组

---

① 参见 Michael Howard, *War in European History*, Oxford: Oxford University Press, 1977。
② 敏感性依赖主要是指，某政策框架内一个行为体变化导致另一行为体发生有代价变化的速度，它测量的是一个行为体变化对另一行为体的影响程度。脆弱性依赖主要是指，在一个行为体做出变化后，另一行为体做出调整应对这种变化需要支付多大的成本，它测量的是行为体终止一种关系需要付出的代价。[美] 罗伯特·基欧汉、约瑟夫·奈：《权力与相互依赖》，门洪华译，北京大学出版社 2002 年版，第 12—20 页。
③ 王晓德：《美国市场对拉美地区经济发展的意义》，《国际问题研究》2001 年第 4 期。

织。[①] 20世纪末，美国主导了北美自贸区的建立，如今又在推动美洲自贸区的谈判进程。[②] 然而，由于美洲地区对安全保护等区域公共产品的需求较低，多数成员国因此对于美国的单边供给不愿给予更多积极回应与回报。所以尽管美洲合作早于欧洲，但长期以来合作关系呈松散状态，合作机制建立后继续扩展和深化的空间小，覆盖整个地区的合作进程推进速度迟缓。

在地区秩序形态 D 中，区域公共产品供求关系处于低位平衡，即低水平供给满足弱需求，其表现形态为无合作秩序。无合作秩序的代表性案例是古代东亚。古代东亚地区在多数时间总体相对和谐，其成员长期各自为政，互相之间的战争与冲突相对较少，波及整个区域的战乱局面更为罕见。因此，区域内国家对地区公共产品的需求呈现弱势。与此同时，作为东亚权力中心的中国是一个自给自足的防御性帝国，为地区提供安全、经济等公共产品的意愿较低。中国对东亚地区公共产品的供给主要体现为开放性质的文化传播和潜移默化的文化影响。尽管东亚地区成员深受中国文明的影响，但是文化的凝聚力不足以改变地区松散的政治、经济关系格局。对区域公共产品的弱需求和低水平供给在古代东亚地区形成一种相对稳定的状态长期维系。由于缺少地区公共利益和难题，地区主导力量又无意构建公共平台，因此古代东亚秩序只具有名义上的公共权力中心，但是却没有在此基础上催生出一个以解决区域公共问题为目标的利益交换机制和合作模式。在外部力量强行介入之前，东亚地区并未形成以中国为权力中心的公共治理体系和内生合作秩序的基础。关于古代东亚秩序形态的形成，我们还将在后文中进行阐释。

（二）内部权力结构和外部力量对区域公共产品供求的影响

在某一地区秩序形态中，区域公共产品的供给水平高低和需求程度强弱主要涉及三个因变量，即供给能力、供给意愿和需求。我们分别在市场的封闭条件和开放条件下讨论影响这三个因变量的主导因素。

在相对封闭的区域内（即不考虑外部力量的影响），地区成员对于公

[①] 福斯特：《美洲政治史纲》，冯明方译，人民出版社1956年版，第334、338—343页。
[②] 王晓德：《对北美自由贸易区批评的评析》，《世界经济与政治》2001年第7期。

共产品需求程度的强弱在很大程度上受区域内的力量结构影响。有学者将威斯特伐利亚体系建立后处于无政府状态下的平等主权国家关系体系与存在单一国家主导权的等级体系相互区别，并将这两种体系对应不同的地区秩序。① 我们认为，无政府状态下的平等力量结构或等级力量结构与某一地区公共产品的供求关系处于高位或低位具有密切关联。尽管随着经济、资源能源等非传统安全因素逐渐纳入国家安全范畴中，并且权重不断上升，区域公共产品需求的强度与地区传统军事力量结构之间的关系不如古代时期那样紧密，但它们之间仍存在着基本的逻辑关系。

在一个存在主导力量的等级制②中，通常不存在大国之间的主导权争夺，③ 波及整个地区的混战得以避免；同时，在主导国力量的威慑下，小

---

① Joseph M. Parent and Emily Erikson, "Anarchy, hierarchy and order," *Cambridge Review of International Affairs*, Vol. 22, No. 1, 2009, pp. 129 – 145.

② 通过大卫·莱克（David A. Lake）等西方学者提出的国际关系等级制定义来界定古代中国和东亚国家的关系时，有一点需要特别说明。西方国际关系理论中的等级制就其核心是确立某种"权威—服从"的契约关系，而这种等级结构的基础主要是主导国和附属国之间形成的"公共产品供给—需求"的利益交换关系。也就是说，等级权威获得的前提是：（1）附属国具有让主导国提供安全保护或其他利益的需求；（2）主导国具有为附属国提供安全保护或其他利益的能力和意愿。但是，西方等级制理论很少讨论当大国缺少意愿为小国提供安全等公共产品的情况下，其权威地位是否能够建立或如何建立。从这个角度而言，古代东亚地区并不是一个西方国际关系理论中严格的等级制，而只是一种相对松散的等级结构。因为在多数时间里，中国虽然具有维持东亚等级关系的实力，但缺乏这样的意愿，因此只是获得了一种名义上的地区权威。等级制下的秩序研究参见 David A. Lake, "Anarchy, Hierarchy, and the Variety of International Relations," *International Organization*, Vol. 50, No. 1, 1996, pp. 1 – 33; David A. Lake, "Beyond Anarchy: The Importance of Security Institutions," *International Security*, Vol. 26, No. 1, 2001, pp. 129 – 160; David A. Lake, "Regional Hierarchy: Authority and Local International Order," *Review of International Studies*, Vol. 35, S1, 2009, pp. 35 – 58; David A. Lake, "Escape from the State of Nature: Authority and Hierarchy in World Politics," *International Security*, Vol. 32, No. 1, 2007, pp. 47 – 79; David A. Lake, *Hierarchy in International Relations: Authority, Sovereignty, and the New Structure of World Politics*, Draft book manuscript, 2006; Tim Dunne, "Society and Hierarchy in International Relations," *International Relations*, Vol. 17, No. 3, 2003, pp. 303 – 320. 关于等级秩序研究的综述可参见花勇《国际等级体系的生成、功能和维持》，《国际政治科学》2011 年第 3 期。

③ 这一判断在经验上的例外是中国的春秋时期。在春秋独特的松散等级体系下，实力强大的诸侯国借助周天子的名义权威频繁发动争霸战争和地区主导权争夺。不过，这种区域主导力量与名义权威相互分离的情况比较少见，而且此段历史处于相对短暂的过渡时期，我们在此暂不做专门讨论。关于这方面的研究见周方银《松散等级体系下的合法性崛起——春秋时期"尊王"争霸策略分析》，《世界经济与政治》2012 年第 6 期；徐进《春秋时期"尊王攘夷"战略的效用分析》，《国际政治科学》2012 年第 2 期。

国之间战争和冲突的概率也会明显降低。此时，地区安全公共产品的需求通常处于弱势状态。在经济上，区域内小国通常依赖于主导国家，并与之建立单一的双边关系，因此对于惠及整个地区的多边机制需求较低。具有公共权力中心地位和提供区域公共产品能力的主导国具有多大意愿使用其力量为地区提供公共产品，决定了这一地区是呈现公共产品供求低位失衡的 C（松散合作秩序）地区形态，还是低位平衡的 D（无合作秩序）地区形态。

在一个不存在主导力量的平等主权关系体系中，区域内大国之间力量和权力对比形成均势，单个国家缺乏独立提供区域公共产品的能力。受国际社会无政府状态的政治逻辑支配，大国之间对地区主导权的争夺往往不可避免，而小国为了寻求安全保护不得不在不同大国之间选择军事联盟关系，其后果是整个地区经常性地被拖入战争与冲突状态中。因此，成员国对于区域公共产品的需求通常较强。在经济上，平等格局下国与国更容易产生复杂交错的双边关系，因此对于多边协调机制的需求较强。在这种情况下，地区行为体是否能够在国家间多次重复博弈过程中共同建立具有共识的公共权力中心，并实现其提供区域公共产品的能力，决定该地区处于公共产品高位平衡的 A（紧密合作秩序）地区形态，或是高位失衡的 B（无合作冲突）地区形态。

在开放的条件下，外部力量介入与区域内部力量结构共同影响区域公共产品的供求。外部力量的冲击不但有可能改变一个地区公共产品的需求的强弱，并且可以通过增加公共产品供给竞争来影响该地区内部主导力量的供给意愿或供给能力。外部力量对区域公共产品供求的影响途径大致如下：

第一，外部安全威胁和经济竞争、金融和经济危机的冲击、外部大国在主导权问题上与区域内主导力量产生的竞争都可能会提高一个地区内部对于公共产品的需求，这一点体现在二战结束后受到来自苏联安全压力的欧洲地区、1997 年金融危机影响下的东亚地区和如今中美竞争背景下的东亚地区。

第二，区域外大国在区域公共产品供给领域的介入和竞争可能改变地区内部的供给能力。如果这种介入与区域内供给相互兼容或互补，则可以提高该地区的公共产品供给能力，其代表案例是二战结束后美国对欧洲地区在安全和经济领域的扶持，和 1997—2008 年中美两国在东亚地区的分工与合作共赢。如果这种介入的结果导致地区主导权争夺，则可能反而降低区域公共产品的供给能力，这一点大致体现在 2009 年美国"重返亚洲"后的东亚地区。此外，外部力量的强势冲击有时也可能降低某一地区公共产品的供给能力，例如在当前金融和债务危机冲击下的欧洲地区。

第三，地区主导国家在区域外部的战略目标或区域外大国对本地区主导权的竞争可能会影响其对区域公共产品的供给意愿。当该国明显感受到来自区域外的竞争压力或对区域外部世界具有更多战略目标时，它往往将自身地理所属区域视为安全屏障或战略基地，并因此倾向于通过提供更高水平的区域公共产品来巩固和提升其地区主导权的合法性。[1] 在独立革命后的美国和古代中国的对比中，我们可以看到这一点。无论是独立革命后面对欧洲列强竞争的美国，还是成为全球霸主后的美国，它的视角中始终存在一个置身于全球大背景下的"美洲地区"概念。美国在美洲的经营和为地区提供公共产品的意愿在很大程度上是为了巩固自身的世界地位、与世界其他地区大国进行权力角逐以及以此为"后院"谋求和巩固世界霸权。相比，在古代东亚地区，中国认为自己与周边便已构成了所谓"天下"秩序，对于谋求地区之外的影响力没有战略意图，因此其区域公共产品的供给意愿低迷。

（三）地区秩序形态的稳定性、维持基础和相互转化路径

由于地区架构通过互动行为体的实践活动不断演化，因此地区秩序不仅是一个经常存在的状态，它同时也是一个不断演化的行为过程和结果。[2] 就此而言，仅仅通过某一视角对于地区秩序基本形态做出静态分类和经验描述不足以理解地区秩序的变迁机制。我们还需要在此基础上进

---

[1] 这方面的政治哲学论述可参见卡尔·施米特《现代帝国主义的国际法形式》《以大空间对抗普世主义——论围绕门罗主义的国际法斗争》和《国际法中的帝国概念》，载卡尔·施米特著、朱雁兵等译《论断与概念：在与魏玛日内瓦凡尔赛的斗争中》，上海人民出版社 2006 年版本。

[2] Alexander Wendt, *Social Theory of International Politics*, Cambridge: Cambridge University Press, 2008, p.47.

一步研究地区秩序演化的动态过程，以及那些不同类型的地区秩序形态得以维系和相互转化的条件。

当我们假定某一地区秩序处于相对封闭的状态，并且将区域内部力量对比的基本结构视为常量时，区域公共产品的供给主要围绕其需求进行调整。在这些限制条件下，我们将讨论如下两个问题：哪些地区秩序形态是市场供求的均衡解，并因此具有理论和逻辑上的稳定性？那些处于市场供求失衡状态、不稳定的地区秩序类型将通过何种逻辑机制转化为稳定和均衡的地区秩序形态？

我们在封闭条件下所讨论的地区秩序稳定性不是根据某一秩序形态维持的时间作为衡量，而是依据区域内部是否在理论上存在秩序形态变迁的动力。在不考虑区域外部力量介入和内部力量结构变化的情况下，如果某一地区秩序不存在内生变迁的动力，我们认为该地区秩序形态就是均衡和稳定的，反之则是失衡和不稳定的。根据市场供求关系的基本规律，在 A（紧密合作秩序）和 D（无合作秩序）地区形态中，区域公共产品市场的供求关系达到均衡点，因此这两种地区秩序形态在理论上是稳定的。其中，紧密合作秩序中地区成员形成区域主义理念，建立了高水平合作机制，从内部破坏这一稳定关系的难度很大。无合作秩序在成员各自为政的情况下亦可保持相对和平的状态，无论是主导还是边缘力量，通常都没有太多内生动力改变地区秩序现状。

在 B（无合作冲突）和 C（松散合作秩序）地区形态中，区域公共产品市场的供求关系失衡，因此这两种地区秩序形态是不稳定的，它们在理论上有向两种均衡地区秩序形态变迁的内在动力。由于既定价格下的需求由市场偏好决定，而偏好具有相对稳定性，因此当市场处于供求失衡状态时，供给往往会根据需求而逐步调整，以达到均衡状态。B（无合作冲突）地区形态通常会逐渐向 A（紧密合作秩序）地区形态演化，其条件是地区成员在冲突的重复博弈中走出权力的"囚徒困境"，并通过合作获得高水平的区域公共产品供给能力，使其强需求缺口获得满足。[①]
C（松散合作秩序）地区形态的内部合作根基浅，作为权力中心的供给者

[①] 关于这方面的实证研究参见高程《区域合作形成的历史根源和政治逻辑》，第 37—49 页。

可能会由于缺少必要的回报而逐渐丧失提供区域公共产品的动力，使该地区秩序逐渐向 D（无合作秩序）地区形态发展。

在现实国际关系中，区域内部力量对比的基本结构可能会在长期中发生变化。如果我们放松区域内部力量对比结构不变的假定，将其视为封闭条件下可以通过改变区域公共产品需求来对地区秩序演化产生影响的可变量，则四种地区秩序类型中 A（紧密合作秩序）地区形态最为稳定。在 B（无合作冲突）地区形态中，如果在区域行为体的实力竞争中最终出现具有压倒性优势的单一主导国家，则该地区秩序可能向公共产品供求关系处于低位的 C（松散合作秩序）或 D（无合作秩序）地区形态方向演化。在 C（松散合作秩序）和 D（无合作秩序）地区形态中，如果区域内部出现新兴崛起力量，并与原有的主导权形成竞争，则该地区可能由于区域安全公共产品需求的增加而向供求关系处于高位的 B（无合作冲突）或 A（紧密合作秩序）地区形态方向演化。A（紧密合作秩序）地区形态通过建立高水平的合作和相互约束关系，在很大程度上集体抑制了地区权力结构发生质变的可能性，特别是由此排斥了单一国家主导权的产生。例如，欧盟和北约组织本身已将避免欧洲一国军事独大局面的形成这一目标内化到合作机制和规则之中，使其地区秩序形态在对抗内部力量结构变化方面获得相对稳定性。

最后，我们引入外部因素，在开放条件下讨论地区秩序的相互转化机制。区域外部环境和外力冲击有可能改变区域公共产品的需求、供给能力和供给意愿，使地区秩序形态的演化路径变得更为复杂。如果将外部力量的影响和干预考虑在内，则封闭条件下达到均衡状态的两种地区秩序形态的稳定性都将可能被打破；与此同时，我们也可以在一定程度上解释那些在封闭条件下处于非均衡状态的地区秩序形态为何能够长期维持。

当足够强劲的外部安全威胁或竞争压力明显提高某一地区内部的公共产品需求时，A（紧密合作秩序）地区形态的合作关系会更加牢固；B（无合作冲突）地区形态的成员国将更倾向于通过高层次的合作和约束机制提高区域安全公共产品的供给能力，以加速该地区向 A（紧密合作秩序）地区形态的演化；C（松散合作秩序）和 D（无合作秩序）地区形态的合作动力加深，成员国将通过给予主导国更多回报来提高其提供区域公共产品的意愿，推动地区秩序向 A（紧密合作秩序）形态演化。

当区域外大国力量的介入明显改变某一地区内部公共产品的供给能力时，通常存在以下三种情况。第一，如果这种介入通过与区域内供给相互兼容或互补的方式提高该地区的公共产品供给能力时，A（紧密合作秩序）地区形态将更为稳固；B（无合作冲突）地区形态在外力的帮助和支持下会加速向 A（紧密合作秩序）地区形态演化的进程；C（松散合作秩序）地区形态的稳定性增强；D（无合作秩序）地区形态则可能向 C（松散合作秩序）地区形态演化。第二，如果外部力量介入的结果明显导致或加深地区主导权的争夺甚至冲突，则可能导致该地区公共产品供给能力下降的同时对安全公共产品的需求上升。在此情形下，B（无合作冲突）地区形态向 A（紧密合作秩序）地区形态演化的内生动力及进程将遭遇阻碍，以致其冲突状态因外力而进一步延续和长期化；C（松散合作秩序）和 D（无合作秩序）地区形态的演化方向较为不明确，将随着竞争与冲突的程度变化和区域公共产品供求关系的不断调整而在 B（无合作冲突）、C（松散合作秩序）和 D（无合作秩序）地区形态之间摇摆。A（紧密合作秩序）地区形态抵御区域外强国介入主导权竞争的能力较强，但其他外力冲击足够强劲时有可能瓦解该地区公共产品的供给能力，使其紧密的集体合作机制丧失约束效力，理论上存在由此滑向 B（无合作冲突）地区形态的可能。第三，当具有压倒优势的外部力量强势介入，通过改变地区力量结构彻底解决主导权竞争问题，并替代原有的供给机制独自为该地区提供高水平的公共产品时，四种地区秩序形态都可能向 C（松散合作秩序）地区形态演化。其最终形式或为以区域外强国为主导的松散合作秩序，或在区域外强国通过重新界定该地区的地理边界并将自身纳入其中后，形成具有新地区范围及含义的松散合作秩序。

当地区主导国明显感受到来自区域外的竞争压力或对区域外部世界具有更多战略目标，并由此导致其对区域公共产品供给意愿上升时，C（松散合作秩序）地区形态的稳定性增强，能够得以长期维系；D（无合作秩序）地区形态则存在向 C（松散合作秩序）地区形态演化的趋势。

（四）区域合作关系与和平的地区秩序形成的条件

通常观点认为，和平的秩序与地区内部合作关系的形成和维系具有某种内在联系。然而，这种经验上的认识不能够有效回答，为何在某些地区，长期剧烈的冲突和矛盾不曾阻碍区域合作的形成和深化；相反在另些地区，长期和谐的秩序并未成为地区主义滋生的温床？为何同处长期和平状态之下，一些地区成员之间能够形成合作关系，而另一些地区则难以形成合作关系？为何在某些地区秩序的基础上，成员国的合作关系可以自我延续、扩展和深化，其合作紧密程度较高；而在另一些地区秩序的基础上，成员内部的合作形成后难以向深层推进，其合作关系较为松散？和平或冲突只是地区秩序的两种表征，相同或相似的秩序或冲突表征可能依托于多种不同的地区形态。我们需要深入把握这些地区形态与地区合作形成和深化的内在关联。

在 A（紧密合作秩序）、C（松散合作秩序）、D（无合作秩序）三种地区形态中，区域安全公共产品需求能够得到满足，和平秩序得以实现。当区域安全公共产品处于强需求状态时（在 A 地区秩序形态中），地区权力中心和有效的区域安全公共产品供给机制是保障该地区获得和平秩序的必要条件。B（无合作冲突）地区形态由于不具备这一必要条件，因此经常性地陷入冲突和战乱。当地区成员对于区域公共产品的需求较弱时（在 C 和 D 地区秩序形态中），即便没有形成有效的区域安全公共产品供给机制，该地区仍然可以获得相对和平的秩序状态。

和平的秩序形态并不一定具有产生地区合作的动力基础和形成机制；与此同时，获得和平的秩序也并非形成内生合作关系及其动力基础的必要条件。在 D（无合作秩序）地区形态中，安全公共产品供求关系处于低位平衡，这种地区成员在和平状态下各自为政的关系格局反而会阻碍地区内生合作关系的自发形成和扩展。东亚国际关系的历史似乎能够验证这一点。与此同时，在 B（无合作冲突）地区形态中，长期的冲突状态所导致的国家间重复博弈行为反而成为催生成员国建立内生合作关系和形成地区主义理念的基础要件。欧洲在经历了中古和近代的混乱与战争状态后，比其他地区具有更强的合作动力可以对此进行证明。

地区合作形成的动力有内生和外生之分。外部威胁和力量冲击会提高区域公共产品的需求，理论上可以导致在各类地区形态下形成不同层次的合作关系。但是，仅依赖外力推动、缺少内生合作动力机制的地区合作关系不具备自我延续的能力。一旦外部威胁或冲击缓解或不复存在，地区合作基础也随之丧失。因此，我们更多关注内生合作关系形成的条件。A（紧密合作秩序）和C（松散合作秩序）地区形态具备形成内生合作关系的基础。在这两种地区形态中，都存在一个有意愿和能力为地区提供公共产品，并由此获得公共权力中心地位的国家或超主权国家行为体。[①] 这是合作秩序形成和持续的必要条件。相反，在B（无合作冲突）和D（无合作秩序）地区形态中，或未能形成被普遍认同的公共权力，从而缺乏区域公共产品的供给能力，或具有权力中心地位的国家缺少供给区域公共产品的意愿，因此它们都不具备内生合作的条件。

在不同的合作秩序中，内生合作关系的紧密度在很大程度上取决于地区成员对公共产品的需求强度，它决定着权力中心维持区域公共产品高水平供给的收益和动力，以及区域内成员对合作的集合配合程度。A（紧密合作秩序）形态中的合作关系和合作动力处于高位，而C（松散合作秩序）形态中的合作关系和合作动力处于低位。我们可以看到，美洲区域合作与区域欧洲合作在程度上的差异，与两种合作秩序背后不同的合作基础密切相关。欧洲地区对于达成合作满足地区公共产品需求的动机强烈，这一目标包括所有成员国的意愿和利益，它们具有很强的动力共同维护和推进基于平等协商和相互约束机制而建立的合作契约。在美洲合作秩序中，地区合作的深度和广度在很大程度上单方面取决于美国自身的战略考虑和供给意愿，其他成员国参与度和利益需求有限，难以给予过多回报。这导致美洲地区合作进一步深化的内在动力不足。

三 区域公共产品供求关系互动下的东亚秩序演化路径

本文选择东亚作为案例对区域公共产品供求关系与地区秩序及其变

[①] 高程：《区域合作形成的历史根源和政治逻辑》，《世界经济与政治》2012年第10期。

迁的分析框架和逻辑假说进行检验。从现实意义上讲，立足中国和东亚的地区本位研究是学界和我们关切的焦点。从学理价值看，东亚秩序的变迁对于本文提出的假说而言是一个具有代表性的经验样本。东亚秩序的演化过程丰富多变，同时涉及权力结构的变迁，外部力量的冲击和区域公共产品供给能力、供给意愿与需求关系的变化等诸多可供观察和有待检验的因素和因果机制。

我们将通过区域公共产品供求关系的视角，分析东亚秩序"形成—维持—打破—变迁"的演化机制，其中包括地区权力结构变化和外部力量介入对东亚区域公共产品供求关系及其动态变化的影响，和区域公共产品供求及其动态变化与东亚秩序形态及其演化路径的关系。对上述逻辑关系的检验旨在回答如下问题：古代东亚地区秩序形态如何形成并长期得以维持？东亚地区稳定的秩序形态如何被打破，其变迁路径是什么？在东亚秩序形成和演化过程中，区域成员的合作基础如何，合作关系形成与深化的条件是什么？东亚秩序未来会向何处演变？中国在这一进程中可以选择怎样的地区战略？

（一）古代东亚地区"无合作秩序"形态的形成与维持

古代东亚社会是以中国为主导力量和权威的等级制。[①] 自汉代统一王朝在制度上得以巩固直至西方殖民力量入侵之前，东亚地区存在一个以中国为中心的政治外交、经济社会和思想文化网络。[②] 这一关系网络通常被学界称为"朝贡体系"。朝贡体系这一古代东亚社会的经典分析范式在内涵和边界上存在模糊性。费正清和邓嗣禹将其解释为一种以朝贡关系为基础、相对于西方国际体系的系统和机制，其内容融政治、外交和贸

[①] 何芳川：《"华夷秩序"论》，《北京大学学报》（哲学社会科学版）1998年第6期；王日华：《古代中国体系的基本单位、结构及其特征》，《国际政治研究》2009年第2期；韩昇：《东亚世界形成史论》，复旦大学出版社2009年版，第2章。

[②] 其中最具代表性的研究合集见费正清编《中国的世界秩序——传统中国的对外关系》，杜继东译，中国社会科学出版社2010年版。另可参见滨下武志《中国、东亚与全球经济——区域和历史的视角》，王玉茹等译，社会科学文献出版社2009年版；汪晖《亚洲想象的政治》，载周方银、高程主编《东亚秩序：观念、制度与战略》，社会科学文献出版社2012年版。

易关系于一体。① 多数中国历史学者则将朝贡体系狭义理解为以礼制和仪式为主要目标的古代中国官方对外制度。② 尽管朝贡制度本身不能涵盖古代中国与东亚国家关系的范围和性质,而且它难以描述不同时期中国对外政策在动机、战略和稳定性上的变化,③ 但是我们这里不再对朝贡体系做进一步解构,也不再囿于纯粹礼仪基础上的封贡关系,而是将朝贡体系抽象为古代中国与东亚邻邦之间在政治、经济、文化领域的互动关系形态。④

在古代东亚朝贡体系的力量对比结构中,不存在地区主导权争夺和由此波及整个区域的混战和常态冲突。由于中国力量的存在,古代东亚国家之间的战争和冲突无论在数量还是规模上都远不似同期欧洲地区那样频繁和激烈,整个地区在绝大多数时间里处于有序状态,⑤ 被认为实现了所谓"中华帝国治下的和平"(Pax Sinica)。朝贡体系在一定程度上将中国内部中央与地方关系延续到华夏文明外围的东亚地区,并形成由中国与朝贡诸国和互市诸国组成的双边关系集合。在这种不对称的地区双边关系中,中国的需求只是形成一个周边国家对其遵从的稳定秩序,而并非借此攫取霸权收益;周边国家的需求主要在于获得中国对其内政合法性的承认和不受帝国征伐与掠夺的承诺。朝贡体系通过仪式不断确认各自在体系中的位置和权力边界,实现区域成员相互间不对等的尊重和

---

① John King Fairbank and Ssu-yu Teng, "On the Ch'ing's Tributary System," *Harvard Journal of Asiatic Studies*, Vol. 6, No. 2, 1941, pp. 135 – 264; John King Fairbank, "Tributary Trade and China's Relations with the West", *The Far Eastern Quarterly*, Vol. 1, No. 2, 1942, pp. 129 – 149.

② 李云泉:《朝贡制度史论——中国古代对外关系体制研究》,新华出版社 2004 年版;喻常森:《试论朝贡制度的演变》,《南洋问题研究》2000 年第 1 期;付百臣主编:《中朝历代朝贡制度研究》,吉林人民出版社 2008 年版;郝祥满:《朝贡体系的建构与解构——另眼相看中日关系史》,湖北人民出版社 2007 年版。另有学者将基于朝贡的礼治关系称为"天朝礼治体系",参见黄枝连《天朝礼治体系研究》(上、中、下卷),中国人民大学出版社 1992 年、1994 年、1995 年版。

③ 万明:《重新思考朝贡体系》,载周方银、高程主编《东亚秩序:观念、制度与战略》;张锋:《解构朝贡体系》,《国际政治科学》2010 年第 2 期。

④ 参见杨军、张乃和主编《东亚史》,长春出版社 2006 年版,第 5、9、12 章。

⑤ 许倬云:《我者与他者:中国历史上的内外分际》,生活·读书·新知三联书店 2010 年版,第 21 页;Kang, "Getting Asia Wrong: The Need for New Analytical Frameworks", p. 66.

自治。① 以朝贡体系为基础的古代东亚国际关系主要表现为中国与周边国家的双边关系层次，体系内没有形成一个内在联系紧密和各方相互影响的区域多边关系。地区国家间的交流主要通过中国为中介进行，特别是东北亚和东南亚国家之间交往甚少。② 在这种多边关系松散、相对和平的秩序状态下，地区成员对于安全保护的需求较弱。在经济领域，中国周边国家以封贡和互市的形式纷纷与中国形成双边互动，对于惠及整个地区的多边机制并无需求。

中国是古代东亚地区的主导力量，也是唯一有能力为整个区域提供公共产品的大国。但是，中国对于地区事务的态度总体表现得比较消极，为地区提供公共产品的意愿低，缺乏主动构造地区秩序、将主导力量转化为主导权运用的动力。古代中国的主要对外关注和资源用于应对西北游牧民族的威胁，③ 而非经营东亚周边关系。中国对于东亚国家内政、内乱和它们之间的冲突往往采取外交上推动和解、军事上完全中立的策略。在朝贡体系中，中国不承担保护封贡国家安全的义务，是否介入一国内部或国与国之间的冲突取决于帝国自身安全防御的需要。④ 宋代以后，朝贡体系的贸易功能上升；特别在明清两朝，朝贡制度更多地体现为中国与东亚国家之间的经济交易平台。⑤ 这一时期，尽管中国和东亚商圈的民间力量一直努力推动朝贡贸易制度这一地区公共平台的运转，但中央王朝的南洋、东洋政策总体趋于保守，对与周边的朝贡贸易不胜其烦，不时限制其来朝次数和规模。⑥ 对于促进东亚多边关系和议

---

① Brantly Womack, *China among Unequals: Asymmetric Foreign Relationships in Asia*, Singapore: World Scientific Publishing Co., 2010.

② 韩昇：《东亚世界形成史论》，复旦大学出版社2009年版，第53页。

③ 参见 Nicola Di Cosmo, *Ancient China and Its Enemies: The Rise of Nomadic Power in East Asian History*, Cambridge: Cambridge University Press, 2002。

④ 陈志刚：《中国古代封贡体系的本质属性：中原王朝陆基性国土防御体系》，载陈尚胜主编《中国传统对外关系的思想、制度与政策》，山东大学出版社2007年版，第156—157页。

⑤ 滨下武志著：《近代中国的国际契机——朝贡贸易体系与近代亚洲经济圈》，朱荫贵、欧阳菲译，中国社会科学出版社1999年版；高伟浓：《走向近世的中国与"朝贡"国关系》，广东高等教育出版社1993年版，上篇；Sarasin Virphol, *Tribute and Profit: Sino-Siamese Trade, 1652–1853*, Cambridge, MA: Harvard University Press, 1977.

⑥ ［美］安东尼·瑞德：《东南亚的贸易时代：1450—1680年》第2卷，孙来臣等译，商务印书馆2010年版，第16—17页。

题，中国的态度更为被动。即便翻阅强调中国在古代东亚国际体系中心作用的著述，我们也很难从中找到中国关注东亚公共事务、主动构建地区秩序，特别是多边关系的证据。①

透过以下三个层次，我们大致可以理解古代中国在构造东亚地区秩序上动力不足的结构性原因。从帝国内部结构看，史学界的基本共识认为中国是一个以内部稳定为首要、自给自足的帝国，不但自身政治、经济体系高度自立，而且内部统治成本高昂，以致如何有效控制国内广阔辖区、降低中央对地方的统治成本一直困扰着中央王朝。②从地区关系看，单一中心的地区力量结构和由此导致的公共领域弱需求使中国在周边主动构建和扩张帝国秩序的投入—产出比较低。对中央王朝而言，在华夏文明之外的"蛮夷"地带进行治理得不偿失，"困百姓而事四夷"被视为"散有用以事无用"的行为。因此自汉以来延续两千多年，中国的主流治边思想和政策是保守的，体现为"守中治边""守在四夷"和"谨事四夷"，其核心是强调与周边地区及其事务保持必要的距离。③从区域外部环境看，在古代相对封闭性的条件下，没有区域外竞争者与中国争夺东亚地区主导权。而在中国的观念里，并无"区域"概念，以华夏文明为中心的周边世界所构成的关系网被视为

---

① 郑和下西洋被一些学者认为是明朝鼎盛时期中国在对外关系上致力于构建以己为中心的等级秩序的证明（王赓武：《明初中国与东南亚的关系：背景分析》，载费正清编《中国的世界秩序》，第48—49页；李庆新：《濒海之地——南洋贸易与中外关系史研究》，中华书局2010年版，第145—168页）。但是万明等学者的研究表明，郑和下西洋体现的并非中国处理对外关系及其海外政策的性质变化，而更多是一种短期经济行为，其背后的驱动力更多在于明王室和权贵的经济收益（万明：《中国融入世界的步履——明与清前期海外政策比较研究》，社会科学文献出版社1998年版）。

② 有学者甚至认为，一部中国古代史就是中央王朝处理其与地方关系的历史。参见辛向阳《大国诸侯：中国中央与地方关系之结》，中国社会出版社1995年版。

③ 方铁：《论中国"守中治边"、"守在四夷"的传统治边思想》，载陈尚胜主编《中国传统对外关系的思想、制度与政策》。与中国史学界主流观点相左的代表性研究来自江忆恩。他以明代永乐至万历年间的个案研究为基础，认为中国在实际对外行为中采取的是进攻性的强现实政治（realpolitik）文化战略。Alastair I. Johnston, *Cultural Realism: Strategic Culture and Grand Strategy in Chinese History*, Princeton, NJ: Princeton University, 1995。

"天下"秩序。[①]因此,古代中国不可能形成所谓"区域外"的战略意图。

松散的政治、安全和经济多边关系并未使古代东亚地区成为一个纯粹的地理概念,这主要源于中国在地区文化领域的凝聚力。中国对朝贡体系的文化供给主要包括文字、儒学、教育、律令、宗教和技术的传播。这种传播行为更多带有自我扩展的性质,特别是通过自发的人口迁徙等民间方式实现。[②]尽管中国在地区层面的文化供给行为在多数情况下并非一种主动构造的战略,而更多体现为中国文化开放性和示范性的自发扩展,但其客观结果使东亚地区成员深受中国文明影响,为东亚世界的形成和维系奠定了观念基础,提升了古代东亚国际体系的稳定性。但这并不意味着,文化因素所凝聚的身份认同是古代东亚获得和平秩序的根源。正如罗马帝国解体后欧洲漫长的历史经验所揭示,文化认同并非地区和谐关系的充分条件,其必要性是否成立也有待商榷。中国在东亚文化领域的供给只是在地区和平秩序的大背景下,降低了地区关系的松散程度。与安全和经济领域相比,文化公共领域的供给并非古代东亚地区获得和平秩序的必要条件,也不能改变该区域公共领域供求关系的低位状态。

对区域公共产品的弱需求和低水平供给使古代东亚区域公共产品供求关系处于低位平衡,由此形成高度稳定的"无合作秩序"形态。"无合作秩序"是市场达到均衡时的一种状态。在这种均衡状态下,区域主导力量和其他成员在相对和平的环境和呈现双边特点、松散的封贡关系中各自为政,区域内部供求各方都没有动力改变地区秩序现状。由于缺少地区公共利益和困难,以及地区主导力量经营地区公共领域的意愿,因此古代东亚地区中心力量与周边国家之间没有形成应对区域公共问题的利益交换机制与合作关系,而且不存在形成这种机制和关系的内在演化

[①] 这里所说的"天下"秩序包含了两个层面的含义:其一是超越民族和地域,呈现同心圆状扩展的世界观;其二是相对于北方游牧民族异质社会,在中国治下以四海为界的封闭空间和同质社会(渡边信一郎著:《中国古代的王权与天下秩序》,徐冲译,中华书局2008年版,第9—10页)。国际关系学界所讨论的"天下主义"和"天下体系"主要指天下秩序的第一层次含义。相关内容参见赵汀阳:《天下体系:世界制度哲学导论》,江苏教育出版社2005年版;尚会鹏:《"伦人"与"天下"——解读以朝贡体系为核心的古代东亚国际秩序》,载《国际政治研究》2009年第2期。

[②] 参见韩昇《东亚世界形成史》,复旦大学出版社2009年版,第3章。

动力。长期和谐、有序的状态在某种程度上正是东亚地区形成合作关系的阻碍而非积极因素。相对"无合作冲突"地区状态,古代东亚地区稳定的"无合作秩序"形态内部合作的动力要薄弱得多。西罗马帝国解体至第二次世界大战结束前的欧洲地区通常被视为霍布斯零和博弈的自然状态。相比较而言,古代东亚地区的自然状态不是霍布斯文化中的零和博弈,也不是洛克文化中的竞争关系,① 它不具备通过多次博弈建立契约合作关系的政治基础。② 在未遭遇外部力量强势冲击之前,封闭状态的东亚地区不存在形成合作秩序的基础和内生动力机制。

(二) 条约体系和世界经济体系的冲击与东亚秩序的变迁

在长期封闭的条件下,古代东亚无合作秩序达到一种高度稳定状态。这种稳定性被打破是源于外部势力的冲击和与此相关的东亚内部权力结构变化。而这些变化导致东亚区域公共产品的供求关系和供求结构发生前所未有的裂变,使东亚地区秩序向新的形态演变。

自近代以来至今,东亚地区的发展一直深受区域外因素的牵制。③ 19世纪中后期,随着欧洲列强海外扩张活动的兴起,东亚地区架构被西方殖民者肢解,象征古代东亚国际秩序的"朝贡体系"在19世纪中期之后逐渐为"条约体系"所取代。④ 在这一过渡阶段,区域外大国的势力将东亚地区分裂为一个个单独依附并服务于西方经济、政治和安全目标的分散市场和政治势力范围。表面上看,条约体系极大地破坏了东亚秩序的地域属性,使"东亚"的地缘概念被分解和蚕食,区域内主要国家沦为

---

① 无政府状态下三种文化的论述见 [美] 亚历山大·温特:《国际政治的社会理论》,秦亚青译,上海人民出版社2000年版。

② 多次博弈与合作形成的关系参见 [美] 罗伯特·阿克塞尔罗德:《合作的进化》,吴坚忠译,上海人民出版社2007年版。

③ 参见 Suisheng Zhao, *Power Competition in East Asia: From the Old Chinese World Order to Post-Cold War Regional Multipolarity*, New York: St. Martin's Press, 1997。

④ Fairbank and Teng, "On the Ch'ing's Tributary System", p. 135;费正清:《中国的世界秩序中的早期条约体系》,载费正清编《中国的世界秩序》。具体历史可参见梁志明《殖民主义史:东南亚卷》,北京大学出版社1999年版;[美] 尼古拉斯·塔林主编《剑桥东南亚史》(第2卷),王士录等译,云南人民出版社2003年版,第1章;吴木生主编《东亚国际关系格局1894—1945》,天津社会科学院出版社2001年版,第1章;杨军、张乃和主编《东亚史》,第14、15章。

宗主国代理人，地区国际关系从属于列强意志，地区公共需求无法形成。但与此同时，西方殖民者在东亚建立的生产方式和治理模式又为现代资本主义在该地区的形成和发展提供了必要的伦理基础、市场要件和政治制度架构。[①] 东亚国家也由此不可逆转地被卷入到现代世界体系中。[②] 这在客观上打破和改变了东亚区域公共领域传统供求关系的结构，也为20世纪后半叶美国将东亚纳入其主导的国际生产网络奠定了基础。

西方殖民力量的冲击还一度改变了延续几千年的东亚内部力量格局，作为传统权力中心的中国走向衰落，而对现代西方器物文明最早持开放和学习态度的日本则通过明治维新成为新兴崛起力量。崛起过程中的日本试图在西方殖民碎片基础上复兴"东亚"地缘概念，通过构建所谓"大东亚共荣圈"来确立以己为主导的地区秩序。[③] 然而，在条约体系的框架下，缺乏区域外强国配合和支持的日本不具有独立建立东亚秩序和主导地区公共事务的能力。尽管在19世纪30年代，日本国内的部分政治力量曾寄望并致力于通过与美、英等区域外大国的合作，借助这些国家的支持在东亚恢复开放和相互依赖的国际经济秩序，并通过缓解地区公共领域经济危机的方式获得塑造东亚秩序的国际合法性。[④] 然而，在经济大萧条的历史背景下，这些设想和主张既没有获得区域外强国的积极反馈，也未能在国内赢得主流政治势力的认可。最终，日本选择了在东亚发动侵略战争，试图通过武力扩张的方式在军事、政治和物质资源领域

---

① 塔林主编：《剑桥东南亚史》（第2卷），云南人民出版社2003年版，第2章。
② ［美］伊曼纽尔·沃勒斯坦：《现代世界体系》（1—3卷），罗荣渠、庞卓恒等译，高等教育出版社1998年、2000年版；王正毅：《边缘地带发展论：世界体系与东南亚的发展》，上海人民出版社1997年版，第65—75页；王正毅：《世界体系论与中国》，商务印书馆2000年版，第336—341页；塔林主编：《剑桥东南亚史》（第2卷），云南人民出版社2003年版，第3章。
③ 参见 Akira Iriye, *After Imperialism: the Search for a New Order in the Far East*, 1921-1931, Cambridge, MA, Harvard University press, 1965；熊沛彪：《近现代日本霸权战略》，社会科学文献出版社2005年版；臧运祜：《近代日本亚太政策的演变》，北京大学出版社2009年版；雷国山：《日本侵华决策史研究》（1937—1945），学林出版社2006年版；米庆余：《近代日本的东亚战略和政策》，人民出版社2007年版；沈予：《日本大陆政策史（1868—1945）》，社会科学文献出版社2005年版。
④ Katsumi Usui, "Japanese Approaches to China in the 1930s: Two Alternatives", in Akira Iriye, Warren Cohen, eds., *American, Chinese, and Japanese Perspectives on Wartime Asia*, 1931-1949, Wilmington, DE: Scholarly Resources, 1990.

壮大自己，并由此获得和提升单一主导东亚地区秩序的能力。日本大规模的军事行动提高了东亚地区安全领域的公共需求，并导致供求关系高位失衡和地区冲突。由于美国等区域外大国的力量已深度卷入东亚地区，① 它们在战略上难以容忍日本在该区域建立单一主导权。日本的扩张最终在美国、苏联、英国等区域外大国的强势干预下，以及地区内部的激烈反抗中遭遇失败，② 东亚地区短暂的无合作冲突状态也由此宣告结束。

伴随西方殖民统治的没落和日本的战败，二战结束后东亚地区力量结构再次重组，区域内部出现权力"真空"，成员国力量普遍孱弱。在将近半个世纪时间里，美国以开放的市场、安全同盟体系、多边合作和民主国家共同体为依托，在东亚安全、经济和意识形态领域起着主导作用，③ 东亚地区秩序随着美国全球战略的变化而被动调整。④ 冷战时期，东亚地区被拖入美苏之间的霸权争夺之中。为了服务于这一战略目标，美国在东亚建立了安全防御体系，为地区成员提供军事援助，同时在意识形态领域扶植和推动"东亚民主化"进程。这一时期东亚地区内部公共安全领域需求总体较弱。特别在1972年中美建交后，该地区安全环境趋于平稳，东亚成员对于区域安全公共产品的需求进一步下降。与此同时，以经济增长和工业化为主要目标的东亚经济体先后被拉入美国主导的国际分工格局之中。随着东亚经济体工业化进程的推进和整个区域对于国际生产分工链条依赖性的加深，东亚地区在经济领域的公共需求开始上升。作为霸权竞争的战略结果，美国成为东亚地区经济领域公共产品的主要供给者。它不但扮演着东亚市场环境的稳定剂角色、在政策上

---

① Gary R. Hess, "The Emergence of United States Influence in Southeast Asia," in Akira Iriye, Warren Cohen, eds., *American, Chinese, and Japanese Perspectives on Wartime Asia*, 1931 – 1949.

② 参见祁怀高《战争与秩序：中国抗战与东亚国际秩序的演变研究》，复旦大学出版社2010年版，第6章；王建朗：《抗战初期的远东国际关系》，台北东大图书公司1996年版。

③ G. John Ikenberry, "Power and Liberal Order: America's Postwar World Order in Transition", *International Relations of The Asia-Pacific*, Vol. 5, No. 2, pp. 133 – 152; Goh, Evelyn, "Hierarchy and the Role of the United States in the East Asian Security Order", *International Relations of the Asia-Pacific*, No. 3, 2008, pp. 353 – 277; Russell H. Fifield, *Southeast Asia in United States Policy*, New York: Frederick A. Praeger, 1963.

④ 参见赵学功《巨大的转变——战后美国对东亚的政策》，天津人民出版社2002年版。

引导东亚经济体转向外向型经济，而且以经济援助的方式为东亚经济体提供必要的资本。① 美国不仅是东亚中间产品和最终产品的最大出口市场，而且整个东亚经济秩序的运转均建立在持续和加速扩大的美国市场份额基础上。20世纪70年代至80年代中期，东亚对美国的出口持续上升；在日本实现产业升级后的初期，日本和"四小龙"对美出口量仍一同上涨；此后日本制造业产量在经济中的比重虽然开始下降，但却不像其他发达国家那样持续和大幅度萎缩，这些在很大程度上是美国对东亚市场在政策上进行倾斜的结果。②

在战后近半个世纪时间里，美国力量的介入使东亚地区秩序呈现如下特点。其一，随着东亚经济体纷纷被纳入美国主导的国际生产网络，东亚地区权力的构成开始趋于多元化，市场作为公共资源的影响力明显提升。特别在安全问题不突出的情况下，经济力量成为东亚地区权力的主要来源。与此相应，对于东亚成员而言，经济领域公共需求及其重要性不断上升。其二，美国在东亚安全体系和生产网络中强大的影响力排斥着东亚区域内部任何形式公共权力存在的可能性。东亚地区无法形成可以自行解决区域公共问题的权力组织形式，区域公共产品主要依赖于外部供给。其三，作为外部行为体，美国试图通过地缘上的临近关系和结盟关系这两条途径影响和改变东亚权力结构，使其成为东亚地区复合体的一员。③ 尽管如此，东亚区域公共产品的需求总体处于低位，美国方面的供给动力则自20世纪70年代初期开始呈现下降趋势，东亚地区形态介于松散和秩序和无合作秩序之间，且后者的特征越来越明显。由美国倡议和推动的亚太经合组织（APEC）等多边合作机制缺少实质性的制度约束，同时区域安全领域问题主要通过双边协议而非多边合作途径解决。

---

① Bruce Cumings, "The Origins and Development of the Northeast Asian Political Economy," *International Organization: Industrial Sector, Product Cycle and Political Consequences*, Vol. 38, No. 1, 1984, pp. 1–40; 周小兵编著：《亚太地区经济结构变迁研究（1950—2010）》，社会科学文献出版社2012年版，第62页。

② 高程：《对东亚增长模式的回顾与反思——兼论中国在未来东亚经济合作中的契机》，《国际经济评论》2008年第4期。

③ Barry Buzan, *People, States and Fear. An Agenda for International Security Studies in the Post-Cold War Era*, p. 212.

(三) 中美互动视角下东亚公共产品供求关系的动态变化

自20世纪末期，随着日本经济的持续衰落和中国实力的迅速崛起，东亚地区内部力量格局走向复归之路，[①] 中国重新发展成为地区内部的中心力量。当今东亚与古代朝贡体系不同的是，在新的国际经济和安全体系中，东亚成员对于区域公共产品的需求程度明显上升；作为地区实力最强的国家，中国提供区域公共产品的意愿也有所提高；而由于区域外超级大国美国力量的长期存在和介入，东亚地区对于公共产品的需求和供给能力处于不断变化和调整过程中。

由美国主导的全球化进程提高了东亚成员在经济领域对于区域公共产品的需求。2009年之前，东亚地区总体对于经济领域公共产品的需求较强，对安全领域公共产品的需求较弱。在经济领域，东亚地区缺少内部完整的生产—销售市场，大多数成员同处于国际垂直分工的中间环节，其经济运转主要依赖于外部市场而非内部需求，因此对于世界经济环境具有脆弱性依赖，抵御外部经济风险的能力弱。在1997—1998年的金融危机中，东亚国家首当其冲；2008年全球金融危机和随后的世界经济萧条也将东亚市场深度卷入。受到外部经济环境冲击时，国际垂直分工的特点和经济相互依赖关系引发的外部性，以及东亚成员面对冲击时采取单边贸易保护措施的倾向，通常会加剧经济危机对地区的破坏程度。[②] 在金融领域，国际金融体系的动荡，特别是美元汇率的不稳定，导致深处国际生产链条的东亚各国汇率波动加剧、金融体系脆弱性强。[③] 东亚经济

[①] Ramkishen Rajan, "Emergence of China as an Economic Power: What Does It Imply for South-East Asia?" *Economic and Political Weekly*, Vol. 38, No. 26, 2003, pp. 2639 – 2643; Robert S. Ross, "Balance of Power Politics and the Rise of China: Accommodation and Balancing in East Asia", in William W. Keller and Thomas G. Rawski (eds.), *China's rise and the balance of influence in Asia*, Pittsburgh, PA: University of Pittsburgh Press, 2007.

[②] Peter Drysdale and Ross Garnaut, "The Pacific: an Application of a General Theory of Economic Integration", in C. F. Bergsten and M. Noland (eds.), *Pacific Dynamism and the International Economic System*, Washington, DC: Institute for International Economics, 1993; Stephan Haggard, *Developing Nations and the Politics of Global Integration*, Washington, DC: Brookings Institution, 1995.

[③] 张宇燕、张静春：《货币的性质与人民币的未来选择——兼论亚洲货币合作》，《当代亚太》2008年第2期。

的脆弱性使其成员对于稳定的汇率、市场和相关合作机制、制度建设等公共产品的需求程度明显增强。这些公共产品可以保障区域内经济交往的安全和便利。

降低国际经济体系带来的外部性和东亚各国相互间的政策协调及相关制度的建立，需要一个既有能力又有意愿为创建和维持开放的地区经济体系提供公共产品的国家或机构存在。[1] 20世纪末以来，美国为东亚提供经济领域公共产品的意愿和能力不断下降。自20世纪80年代后半期，美国开始限制东亚的市场份额，以致东亚"雁形"模式[2]生产链条前端地区在美国的市场份额不断被后端地区吞食。[3] 在1997年的亚洲金融危机中，美国出于自身利益考虑，坐视危机在东亚的蔓延。在2008年开始的全球金融危机及此后的经济萧条中，美国作为危机的根源，无意也无力帮助东亚经济体走出困境。在这十几年的时间里，为了给自身发展创造良好的周边环境，中国为东亚地区提供公共产品的意愿提升，并发展成为地区内部唯一有能力在经济领域提供主要公共产品的大国。中国的持续高速增长在实质上促进了东亚各国的经济增长和国家间的协同发展。[4] 在贸易领域，作为世界与本地区生产分工链条的枢纽，中国成为东亚国家最主要的贸易伙伴。与此同时，中国对东亚国家最终产品的购买呈快速增加趋势。[5] 在金融领域，自1997年亚洲金融危机之后，人民币客观

---

[1] Chung-in Moon, "Political Economy of East Asian Development and Pacific Economic Cooperation", *The Pacific Review*, Vol. 12, No. 2, 1997, pp. 199–244.

[2] "雁形"模式由日本学者赤松要提出。他认为，充当"雁阵之首"的日本为整个东亚地区提供技术和投资。随着日本产业结构的升级，它将进入成熟期的大规模制造产业转移到雁阵的"两翼"地区，即生产成本已占据优势的"亚洲四小龙"地区；"四小龙"在产业升级过程中，又继续将这些产业转移到"雁阵之尾"，即劳动力成本更为低廉的东南亚诸国及中国沿海区域。Kaname Akamatsu, "A Historical Pattern of Economic Growth in Developing Countries", *Developing Economies*, Mar./Aug., No. 1, 1962, pp. 3–25。

[3] 周小兵：《和谐东亚的基础经济关系》，《当代亚太》2007年第12期。

[4] 〔日〕渡边利夫：《中国制造业的崛起与东亚的回应》，倪月菊、赵英译，经济管理出版社2003年版。

[5] Barry Eichengeen, Yeongseop Rhee and Hui Tong, "The Impact of China on the Exports of Other Asian Countries," *NBER Working paper*, No. 10768, 2004, http://www.nber.org/papers/w10768.

上充当了东亚汇率的"稳定剂",① 中国也主动为东亚地区金融体系的稳定提供政策支持。

与经济领域不断增长的公共产品需求相比,2009年之前的东亚地区对于安全公共产品的需求较弱。"9·11"事件之后将战略重心置于全球反恐的美国,以低成本投入维持着亚太地区的军事防御体系。美国作为外部力量,通过与区域内供给相互兼容和互补的方式提高了东亚地区的公共产品供给能力。美国有意愿和能力为东亚提供低水平的安全公共产品,并且在供给能力上具有优势。中国有意愿在经济领域为东亚提供较高水平的公共产品,且其供给能力上的优势不断提升。② 其表现形式是,美国通过军事同盟体系和关系协调为东亚地区提供常规性安全保护和危机管理,③ 中国通过推动多边经济合作提高东亚经济体来自贸易等领域的收益。④ 此时的东亚地区理论上存在两个相互兼容权力中心和国际体系。⑤ 虽然没有独立为地区提供公共产品的核心力量存在,但是中美两国兼容互补的供给能力和意愿总体上满足了东亚地区在经济和安全领域的公共需求。

亚洲金融危机后的10年时间里,东亚地区形成由无合作秩序向合作秩序形态演化的趋势。金融危机的冲击提高了东亚地区共同抵御经济风险的需求,其成员通过给予中国更多友善的回报提升了后者在经济领域提供区域公共产品的意愿,东亚合作的动力随之增加。⑥ 但是,这种缺少

---

① Ronald McKinnon and Gunther Schnabl, "Synchronized Business Cycles in East Asia: Fluctuations in the Yen/Dollar Exchange Rate and China's Stabilizing Role", *The World Economy*, Vol. 26, No. 8, 2003, pp. 1067 – 1088; 伊藤隆敏:《人民币对其他经济体汇率政策的影响》,《浦东美国经济通讯》2007年第23期。

② David Shambaugh, "China Engages Asia: Reshaping the Regional Order", *International Security*, Vol. 29, No. 3, 2004/2005, pp. 64 – 99.

③ [美] 迈克尔·马斯坦杜诺:《不完全霸权与亚太安全秩序》,载约翰·伊肯伯里主编《美国无敌:均势的未来》,韩召颖译,北京大学出版社2005年版。

④ David Shambaugh, "Asia in Transition: The Evolving Regional Order", *Current History*, Vol. 105, No. 690, 2006, pp. 153 – 159; Zhang Yunling and Tang Shiping, "China's Regional Strategy", in Shambaugh (ed.), *Power Shift: China and Asia's New Dynamics*, Berkeley and Los Angeles: University of California Press, pp. 48 – 70.

⑤ 祁怀高:《中美制度均势与东亚两种体系的兼容并存》,《当代亚太》2011年第6期。

⑥ 关于这段时期中国自愿、有意识地通过推动合作构造地区"共有利益"的过程参见阮宗泽著:《中国崛起与东亚国际秩序的转型——共有利益的塑造与拓展》,北京大学出版社2007年版,第3章。

内生动力机制的地区合作关系自我延续和深化的能力较弱。而且，经济冲击带来的公共需求强度明显低于持续的安全威胁带给地区成员的压力强度。因此，东亚区域合作一直停留在危机刺激下的临时应对阶段。一旦外部冲击缓解或不复存在，整个地区多边合作基础和推进的动力也随之丧失，在某种程度上逐渐演变为中国一厢情愿的主张。在这样的区域公共产品供求关系下，该时期的东亚合作虽然大量借鉴了欧洲一体化的诸多机制和规则，但它们在推动东亚区域合作继续深入和持续运转方面，往往不能充分发挥其作用和效率。东亚地区整体呈现为松散合作秩序形态。

中美两国的互动关系在2009年之后出现重要调整，并由此影响到东亚权力结构和地区内部公共产品的需求和供给能力。中国的迅速崛起和在东亚地区影响力的不断上升引起了美国战略上的制衡。一方面，随着美国做出的一系列"重返亚太"的战略部署，国际社会和东亚地区国家对于中美两国争夺地区主导权的预期不断上升，对于权力转移过程中可能引发冲突的担忧日益加深。[1] 中美之间实力对比的变化和美国从接触逐渐转向遏制的对华战略增加了东亚地区的安全威胁。另一方面，美国通过在一定程度上纵容和推动周边国家与中国之间深化矛盾的方式，刺激部分东亚国家对美国提供的安全保护产生更强的现实需求。在美国力量的影响下，朝鲜半岛问题和中国与周边国家在东海、南海海域的领土争端也被视为地区安全隐患。[2] 这些因素都导致东亚成员对于安全领域安全公共产品的需求不断加强。

当前美国的战略重点是巩固和加强在东亚地区的军事同盟体系和合

---

[1] Douglas Lemke and Ronald L. Tammen, "Power Transition Theory and the Rise of China", *International Interactions*, Vol. 29, No. 4, 2003, pp. 269 – 271; David Rapkin and William R. Thompson, "Power Transition, Challenge and the (Re) Emergence of China", *International Interactions*, Vol. 9, No. 4, 2003, pp. 315 – 342; Ronald L. Tammen and Jacek Kugler, "Power Transition and China-US Conflicts", *Chinese Journal of International Politics*, Vol. 1, No. 1, 2006, pp. 35 – 55; ［日］高原明生：《日本视角下的中国崛起和东亚秩序》；［韩］金炳局：《夹在崛起的中国与霸权主义的美国之间：韩国的"防范战略"》，载朱锋、［美］罗伯特·罗斯主编《中国崛起：理论与政策的视角》，上海人民出版社2008年版；郑永年：《亚洲的安全困境与亚洲集体安全体系建设》，《和平与发展》2011年第5期。

[2] Joshua P. Rowan, "The U. S. – Japan Security Alliance, Asean, and the South China Sea Dispute," *Asian Survey*, Vol. 45, No. 3, 2005, pp. 414 – 436.

作主导权,以防止中国崛起成为东亚地区的新霸主。因此,美国在国内政治压力允许范围内具有为东亚地区提供安全等公共产品的意愿和动力。中国明显感受到来自美国的竞争压力和安全威胁,将周边地区视为保持自身崛起成果的地缘屏障,所以也倾向于通过提供更高水平的公共产品来提升自己对该地区的影响力。鉴于东亚国家对美军事同盟关系具有非自助性,[①] 中国一时难以在安全领域与美国竞争,其供给意愿仍主要体现在经济领域。

然而,与2009年之前的状态相比,中美两国对地区公共产品供给的相互兼容性越来越低。主导权竞争导致东亚地区各种合作机制和规则之间相互掣肘,区域公共产品的供给能力和效率随之下降。[②] 美国力推"跨太平洋伙伴关系协议"(TPP)的重要政治意图之一在于通过主导"亚太"地区的经济合作议程打散中国和东盟多年努力建立的10+X东亚合作框架,破坏目前东亚地区经济领域以中国为中心的公共产品的供给机制。尽管TPP最终签署还有待时日,但其对于中国主推的东亚合作的搅局和消解作用明显。[③] 中美两国在处理东亚地区公共事务上相斥程度的提高意味着,通过建立多边机制的制度制衡(institutional balancing)[④] 手段缓解压力和威胁,构建东亚地区安全秩序的空间不断缩小。美国由接触逐渐转向遏制发展的对华政策和由此加剧的东亚国家"两面下注"策略,对东亚合作产生了不利影响,使地区制度安排成为服务于大国和主要行为体权力竞争的战略性工具。[⑤] 东亚地区秩序形态的演化方向也变得更具复杂性和不确定性。

---

① 孙学峰:《东亚准无政府体系与中国的东亚安全政策》,《外交评论》2011年第6期。
② 李巍:《东亚经济地区主义的终结?——制度过剩与经济整合的困境》,《当代亚太》2011年第4期。
③ 参见李向阳《跨太平洋伙伴关系协定:中国崛起过程中面临的重大挑战》,《国际经济评论》2012年第2期;宋伟:《试论美国对亚太区域合作的战略目标和政策限度》,《当代亚太》2010年第5期。
④ 贺凯认为,经济相互依赖程度的加深使中国和东亚国家更倾向于采取制度制衡手段,即通过多边机制缓解压力和威胁,并以此构建地区安全秩序。Kai He, *Institutional Balancing in the Asia Pacific: Economic Interdependence and China's Rise*, London and New York: Routledge, 2009.
⑤ 周方银:《中国崛起、东亚格局变迁与东亚秩序的发展方向》,《当代亚太》2012年第5期。

（四）东亚秩序演化方向与中国在地区秩序构建中的战略选择

外部因素和地区力量结构发展趋势的不确定性，使未来东区地区公共产品供求关系的三个核心变量都存在较大变数。而区域公共产品供求关系动态变化的趋势、调整的速度和力度影响着东亚地区秩序演化的方向，使其在几种地区秩序形态之间摇摆。未来东亚地区是在公共产品供求失衡的无合作冲突或松散合作秩序状态下徘徊，还是最终走向高位均衡的紧密合作秩序形态，抑或重新回归低位均衡的无合作秩序形态？这在很大程度上取决于中美两国之间竞争、冲突和相互协调关系的变化，以及中国在东亚地区的战略定位。

如果中美两国之间地区主导权的竞争导致区域公共产品供给互不兼容甚至相互排斥的状况呈现不断升级之势，则东亚地区秩序形态有滑向无合作冲突的风险。一旦美国及其亚太同盟体系对华遏制战略令中国感到崛起成果难以守护，或其行为挑战到中国在领土主权等安全领域的底线，则中国或许不得不通过对抗性的方式处理与美国及其东亚盟国的关系。[①] 整个地区可能由此被拖入更为频繁的冲突状态，对于区域安全公共产品的需求随之上升到高位。与此同时，中美两国对于地区公共产品的供给行为将表现为以减损对方权力和供给效用为目标的策略手段，而难以真正满足地区在公共领域的高位需求。东亚地区将随之向低水平供给与强需求的高位失衡的无合作冲突状态演化。

东亚地区是否能够维持和平秩序，取决于中美两国之间的战略协调。如果美国坚持在东亚地区对中国进行遏制的战略方向，则理论上中国单方面避免东亚地区向无合作冲突转型的策略是抑制自身硬实力和影响力的增长，令美国感到中国成长为地区霸权的威胁消失或明显缓解。如此一来，东亚地区可能回复到2009年之前那种建立在中美彼此兼容和互补的供给模式基础上的松散合作秩序形态。这种地区秩序的演变方向符合美国和多数东亚成员的意愿和利益：美国为东亚提供低成本的安全公共

---

① 高程：《市场扩展与崛起国战略》，《国际政治科学》2011年第3期（或Gao Cheng, "Market Expansion and Grand Strategy of Rising Powers", *Chinese Journal of International Politics*, Vol. 4, 2011）。

产品即可获得地区主导权,东亚成员则可以继续在经济和安全领域分别从中国和美国身上获益。[1] 但是,这种状态不具有稳定性。中国为东亚提供区域公共产品的动力在于通过改善与周边国家关系的方式获得发展空间,或者借此缓解来自美国的竞争压力。如若偏离自身发展这一终极目标,或者其实力和影响力的消解令美国放弃对其施压,则中国很可能失去对区域公共产品的供给动力。因此,这种建立在内在战略逻辑矛盾基础上的东亚秩序演变方向不可能长期维持。[2]

如果中美一方在竞争中形成明显优势,获得稳定的地区单一主导权,并替代原有供给机制独自为东亚地区提供高水平的公共产品,则东亚地区会向松散合作秩序形态演化。作为东亚区域外强国,为了巩固合法性,由美国主导的东亚秩序最终会是一种将其自身纳入其中的、具有新地域范围及含义的地区秩序。正如当前美国在东亚地区所采用的策略那样,它正在重新界定和塑造地理边界和地区身份认同,力图在概念上用亚太地区合作秩序替代东亚秩序。然而,随着相对实力的衰落,在各种国内外因素的制约下,特别在其内部民主制度约束和利益集团压力之下,美国独立扮演东亚地区公共产品供给者的总体意愿和能力均呈现下降趋势。[3] 尽管美国不断高调重申"重返亚太"的决心,但是通过本次全球金融危机和经济萧条过程中其对外政策和国内反响来看,美国未来在东亚独立承担安全和经济领域公共产品所带来的财政负担难以在国内获得政治认同。

中国在竞争中发展为东亚地区的单一主导力量需要满足两个条件。一是进一步取代美国、欧洲和日本,成为东亚地区最主要的最终消费产品市场,实现从区域内外经济枢纽向地区内部经济命脉的角色转换。对此中国积极的战略目标应为,通过更多吸收东亚成员的最终消费品生产能力来帮助扩大整个地区的内需水平,使东亚逐渐发展成为内部相互依

---

[1] 东亚国家的理想策略参见 Evelyn Goh, "Great Powers and Hierarchical Order in Southeast Asia: Analyzing Regional Security Strategies", *International Security*, Vol. 32, No. 3, 2007/2008, pp. 113 – 157。

[2] 关于中国崛起过程中对外战略在目标和策略上的逻辑矛盾和内在冲突可参见周方银《韬光养晦与两面下注:中国崛起过程中的中美战略互动》,《当代亚太》2011 年第 5 期。

[3] 高程:《认同危机、社会裂痕与美国对外战略困境》,《开放时代》2012 年第 7 期。

赖、对外相对自立的生产链，并由此将东亚市场对中国的不对称依赖结构转化为地区政治影响力。二是缓解自身崛起给东亚地区多数国家带来的安全威胁认知，至少要将这种认知控制在可预见的范围内，避免由不确定性导致想象空间的无限扩大。只有当地区安全问题不再敏感和突出，建立在传统军事力量基础上的联系性权力在东亚地区权力格局中的权重才能下降，以经济依赖关系为基础的结构性权力才能更多转化为地区影响力，东亚地区主导权的主要来源才能实现由前者向后者的转移。[1]

以中国为主导力量的东亚松散合作秩序能否在未来演变为具有自我扩展和深化能力的紧密合作秩序，关键在于区域公共产品的需求和供给机制是否能够内生化。只有当东亚地区公共领域的内部挑战足够强劲并具有持续性，以致整个地区对高水平合作的需求长期维持在高位上，东亚成员才会在权力让渡方面做出更多妥协，使地区形态向紧密合作秩序演变成为可能。欧洲紧密合作秩序和地区主义模式是基于内部安全公共产品需求所催生的"欧洲共同体"供给模式。东亚地区因内部公共需求不足，总体上不具备形成类似欧洲共同体的历史和现实土壤。东亚共同体建设成功与否在某种程度上取决于"东亚"身份认同对成员的吸引力和"东亚"与其他身份认同竞争的程度。[2] 而东亚地区主义的成长一直深受外部力量干扰，特别是大国竞争的制约，共同体认同相对脆弱。如果未来中国有能力和意愿帮助东亚国家一同应对和解决地区增长瓶颈和工业化进程中面临的诸多公共问题，并在构建内生合作秩序过程中凝聚"东亚共同体"的身份认同，则东亚共同体和地区紧密合作关系的建立并非全无可能。但是，这对于中国和内部合作根基松散的东亚地区而言任重道远。

由于松散合作秩序是一种区域公共产品供求失衡的不稳定状态，因此在外部竞争压力缓解后，中国可能会由于缺少必要的回报而逐渐丧失提供区域公共产品的动力，以致东亚地区秩序的演化趋势向无合作秩序

---

[1] 按照苏珊·斯特兰奇（Susan Strange）的定义，结构性权力是在特定领域形成游戏规则的能力，它决定着世界经济体制，而世界经济体制又体现着政治权力的分配。参见［英］苏珊·斯特兰奇：《国家与市场：国际政治经济学导论》，杨宇光译，上海人民出版社2006年版。

[2] 周方银：《共同体与东亚合作》，《世界经济与政治》2009年第1期。

形态回归。中国所面对的地区内部诉求在于，大多数东亚成员国不仅期待通过合作平台解决地区公共需求，而且希望建立相互约束的合作关系，集体抑制中国主导权的建立和运用。在东亚一体化过程中，它们一方面力图效仿欧盟，将避免形成一国独大局面的目标内化到合作机制和规则之中，另一方面格外强调突出国家主权至上，抵制和质疑任何形式的超主权国家机构和力量。[①] 东亚多数国家谋求的是大国承担主要公共责任的同时利益平等分配这样一种投入和收益不对称的合作模式。中国未来需要考虑，在外部竞争压力减小的状态下，战略上是否选择为一个回报消极的东亚地区持续提供高水平的公共产品，以维持松散的地区合作关系。如何抉择将取决于中国未来的地区秩序观和全球战略考量。目前为止，迅速跃升为世界大国的中国尚未形成自己明确的地区秩序观，和以东亚区域为依托的世界秩序观，而是将更多注意力放在与自身短期利益密切关联的具体外部问题上。但是，作为不断上升的地区主要力量，东亚秩序的演变方向和身处其中所面临的战略选择将是中国未来无法回避的问题。

四　结语

本文试图通过区域公共产品的供给能力、供给意愿和需求三个变量的互动关系，理解不同的地区秩序类型。同时，我们认为借助这三个变量的动态变化，可以观察不同地区形态之间的相互演化。东亚秩序演变的案例验证了本文第二部分提出的假说，而且我们可以做出如下判断。第一，当区域公共领域供求关系达到均衡时，地区形态具有相对稳定性，并且能够得以长久维持。第二，内部权力结构变迁或外部力量冲击可以改变地区内部已经达到均衡的公共领域供求关系，使地区秩序形态向失衡状态演变。第三，地区公共领域供求关系失衡状态的维持，主要源于内部权力结构调整或外部力量干扰消解了地区公共领域供求关系向均衡状态演化的内部动力。第四，和平的秩序状态并不总有利于区域合作及

[①] 仇发华：《结构性地区主义与开放性地区主义——西欧与东亚的比较》，《当代亚太》2011年第2期。

地区主义的形成和推进，当区域公共领域需求处于低位时，地区内部合作的动力反而比较难以聚集。

最后需要说明的是，我们并未将区域公共产品供求关系视为决定地区秩序性质的自变量，它只是由地区权力结构等更为深层因素所决定的因变量。不过，我们认为通过区域公共产品供给能力、供给意愿和需求的互动关系这一框架去理解地区秩序的形成和演变，具有一定阐释价值。

未来十年亚太秩序构想

钟飞腾[*]

国际秩序从来都是国际关系中的核心议题。这不仅是因为特定的国际秩序代表着稳定的权力格局和规范国家间行为的规则,也因为秩序一经生成就将延续一段时期,对处于体系之内的国家将产生持久的影响。在亚太地区,历经数次较大的地区性秩序变革,地区内的国家各有不同的反应和命运,中国经历了帝国的瓦解和新中国的诞生,但目前依然处于海峡两岸不统一的状态;日本从成功融入西方到二战战败,在战后又重新崛起为经济强国;朝鲜半岛在经历被殖民、亡国之后,最终分裂为两个国家,迄今也没有签署国家间和平条约;东南亚的国家也经历了被殖民,在二战结束后获得民族国家的独立,到现在走向一个东南亚联盟的进程中。

在这些秩序的转变中,多数时候地区性国际秩序被更大范围、更大动能的全球性秩序所影响和控制,而亚太地区秩序很少具有推动全球性国际秩序变革的动能。不过,2008年全球金融危机以来所引发的大量讨论表明,亚太国际秩序有可能成为推动未来全球秩序变化的根本动力。展望未来十年,中国崛起显然将极大改变地区秩序,但无论是从经济力量对比,还是对规则的创新而言,中国都不可能是地区秩序的主导者。

---

[*] 钟飞腾,中国社会科学院亚太与全球战略研究院大国关系室主任、研究员。

一 全球性秩序转变的动力从体系性
战争转向和平

在从朝贡秩序转向帝国主义秩序的过程中，中国对武力解决国家间争端有着深切的体验。西方社会在工业革命之后，迅速崛起为国际秩序的制定者和推广者，且以武力作为主要手段。而对于朝贡秩序的缔造者中国而言，武力并不是理解中国与周边关系的关键。但工业社会比农业社会更具战争能力，以欧洲为基础的西方权力迅速瓦解了全球其他地区的旧势力，推动了全球体系的形成，中国也不得不接受这种秩序的安排，并从中学习秩序的内容。中国学习西方秩序最大的一次成功是新中国的建立，特别是在朝鲜战场上顶住了美国的打击。从文明的角度看，中国通过共产党完成了中国文明的再造，武力重新成为中国获得国际地位的重要组成部分。

与历史上通过体系性战争转变秩序不同，人类历史最近的一次全球性国际秩序转变是通过一个大国的和平解体而完成的。从经验层面看，人们逐渐接受战争或者武力并不是改变秩序的决定性因素；从理论层面看，国际秩序的转变可以不是体系层面，而是经由单元层面的变化而获得。因此，与历史上的秩序转变相比，冷战格局的解体不是以某一集团中几个国家的失败，而是以一个超级大国的力量迅速丧失为特征。这意味着，单元层面的因素变得比以往更为重要。

随着以美国为首的西方取得冷战的胜利，全球秩序的整体性以及结构性比以往更为强大，美国这个单元主导了国际秩序的发展，中国当时处于这样的一个体系中。苏联解体前后，按照名义 GDP 衡量，中国是第一大经济体美国的 6.5%，是第二大经济体日本的 10.8%。[1] 鉴于美国和日本是同盟，如果以"联盟经济"的视角看待中国所处的体系性力量，即以北美、西欧、澳新以及日本为一个整体的话，那么中国显得更为弱

---

[1] 按照世界银行提供的数据，1992 年，中国名义 GDP 4226 亿美元，美国 62618 亿美元，日本 38528 亿美元；1991 年，中国名义 GDP 3795 亿美元，美国 59307 亿美元，日本 35368 亿美元。正文中数据是两年平均，数据来源于 www.dataworldbank.org。

小。在经济权力格局对比上，中国不存在平衡该体系的实力。中国只能是体系的参与者，也是体系规则的接受者。因此，在冷战结束后的很长时间里，至少在亚太地区不存在一个足以挑战美国体系的国家，即单元层面上没有出现足以改变美国权势的平衡者。

由于美国一家独大，美国的战略总体上是维持霸主地位。从目前来看，我们不得不承认美国依然处于"一超"位置。从理论上讲，一个单一的霸权主导国际体系时，秩序总体上是稳定的。如果抛开感情色彩，中国主导的朝贡秩序也是一个实力对比悬殊的地区秩序，总体上也是稳定的。另外，从冷战结束以来全球军费开支占全球 GDP 的比重看，其总体趋势是下降的。据瑞典斯德哥尔摩和平研究所的数据，该比重已从 1988 年的 0.89% 下降至 2012 年的 0.24%。[①] 这意味着，全球总产出中有越来越大的比例运用于非军事领域。从安全保障环境的巩固有利于推动经济交易而言，这个 0.65% 的缩减功劳很大。

二 中国崛起之前的两次亚太地区秩序调整

2010 年中国名义 GDP 超过日本之后，"中国崛起"成了亚太秩序转变最主要的动力，至少在单元层面上看是这样的。在此之前，亚太地区有两次比较明显的地区秩序调整，分别是 20 世纪 70 年代初中美关系的改善所引发的地区秩序变革，以及 20 世纪 80 年代后期 90 年代前期美日关系调整带动的秩序调整。历史经验表明，挑战者以单元的姿态面对整个霸权体系的压力时，需要持续的经济增长、足够的战略耐心和有益的国际战略环境。

20 世纪 70 年代初，面对苏联的进攻，国力略有衰落的美国以均势作为原则，形成了"联华抗苏"大战略，由此牵动亚太国际秩序的大调整。1971 年，澳大利亚籍学者赫德利·布尔（Hedley Bull）在《亚洲与太平洋的新均势》一文中指出，20 世纪 50 年代至 70 年代的亚太秩序经历了两个阶段，从中苏集团与美国联盟体系的对抗，发展为中美苏大三角关

[①] 根据该研究所（SIPRI）网上数据库提供的军费开支数据以及国际货币基金组织提供的 GDP 数据计算所得。

系。进入70年代，美国联盟体系的影响力衰退，地区秩序进入了一个相对自助的阶段。① 布尔之所以说美国联盟体系影响衰退，除了中国因素之外，另一个原因是日本经济崛起。日本在成为资本主义世界第二大经济体之后，再度提出"太平洋世纪""亚太世纪"等构想。② 从体系层面的权力对比看，在这一轮秩序变动中，经济层面变化的主要是日本而不是中国③，但在地缘政治上，中国从中苏同盟转化为美国的准盟友，并由此开启了中国的经济融入大战略，确实是很大的变革。因此，美国主动发起这次秩序调整，综合考虑了地缘政治和地缘经济因素，让中国融入美国主导的国际秩序，不仅打击了苏联，某种程度上也帮助美国牵制了日本。比如，以钓鱼岛问题来看，美国当时的策略是两边讨巧，对中国说"在主权问题上不持立场"，对日本则说将"行政权"归还。④ 显然，在面对苏联这个共同的威胁时，中国和日本都容忍了美国的这种战略。在美国构建的体系中，中国、日本的经济实力都得到了很大发展，这也是中日长期接受美国安排的重要原因。

20世纪90年代初，在经济秩序的变换上有潜在能力与美国竞争的是日本，日本的经济总量接近于美国的61%。不过，后来的历史表明，日本精英总体上倾向于做美国体系的"支持者"，而不是"挑战者"。尽管如此，日本凭借其卓越的经济能力要求形成以"日美欧"为核心的新领导体制。冷战结束前夕，日本外务省次官栗山尚一曾提出过一个简单的衡量准则，即以1921年华盛顿会议所决定美英日海军舰只总吨位5∶5∶3的比例，确定20世纪90年代初"三极共治"中日本的同比例地位。⑤

---

① Hedley Bull, "The New Balance of Power in Asia and the Pacific", *Foreign Affairs*, Vol. 49, No. 4, 1971, pp. 669 – 681.

② Pekka Korhonen, "The Pacific Age in World History", *Journal of World History*, Vol. 7, No. 1 (Spring, 1996), pp. 41 – 70.

③ 1967年，日本的GNP是中国的将近3倍，是地区内排名第三的印度尼西亚的15倍。参见 Donald C. Hellmann, "The Emergence of an East Asian International Subsystem", *International Studies Quarterly*, Vol. 13, No. 4 (Dec., 1969). p. 247。

④ Kimie Hara, "50 years from San Francisco: Re-examining the Peace Treaty and Japan's Territorial Problems", *Pacific Affair*, Fall 2001, pp. 377 – 379.

⑤ 栗山的文章发表在《外交论坛》1990年5月号，关于这一阶段日本政府对新国际秩序的探讨参考林晓光《试析日本的国际新秩序构想》，载《日本学刊》1992年第4期，第18—30页。

对美国来说，战胜了苏联证明了美国意识形态的正确性，几代人奋斗40年才成就的霸权基业，不能让日本分享这一荣耀。因此，在美日关系陷入僵局的时候，中国因素再度成为美国平衡日本势力的考虑。1995年，美国出台新东亚战略报告。该战略不仅让日本再度确认美日同盟，也让中国继续沿着市场经济体系前进，可以说"奈报告"捍卫了美国在东亚确立的秩序。[1] 十余年以后，日本在经济上对美国的威胁已不复存在，但中国的挑战却越来越引起美国的重视，结果当年被设计用来对付日本的东亚战略，如今被解释为引导中国走向成功。当年的设计者，美国国防部助理部长、哈佛大学教授约瑟夫·奈在向中国人回忆这一战略时，命名为"融入+对冲"，说是成功地综合了现实主义和自由主义的因素，既防止中国打"日本牌"，也促使中国融入自由国际经济体系。[2] 约瑟夫·奈没有告诉中国人的是，当年的这项战略主要是为了说服日本人和美国的反对派接受美日同盟，中国在这项战略中是个配角。

亚太国际秩序的这两轮调整，对理解未来中国崛起对秩序的影响力有不少启发之处。

第一，在成为仅次于美国的第二大经济体之前，在美国体系内扩大自身的实力尚不足以引起美国的高度重视。

第二，经济实力的增长会改变美国体系对一个地区的看法，如果美国不能使得该地区的收益增强美国体系的实力，美国倾向于削弱它。这也是冷战结束后美国公开抵制日本主导的地区一体化的根本原因。因此，判断美国是否继续某一个国家、某一个地区的经济增长，取决于美国从中所获得分配性利益是否继续朝着有利于美国的态势演进。

第三，没有政治影响力作为支撑的地区经济增长很容易招致弱化。日本曾长期作为东亚经济发展的领导者，关键在于日本通过美国体系获得"假性领导力"，即获得了美国的支持以扩大"自由世界"的势力。但随着美国体系安全压力的降低，美国对一个在高技术领域持续发展的日

---

[1] Joseph S. Nye Jr., "The Case for Deep Engagement", *Foreign Affairs*, Vol. 74, No. 4 (Jul./Aug., 1995), pp. 90 – 102.

[2] 约瑟夫·奈：《自由主义化的现实主义者》，张哲馨泽，《世界经济与政治》2007年第8期；约瑟夫·奈：《中美关系的未来》，张哲馨泽，《美国研究》2009年第1期。

本经济产生极大的疑虑，由于日本本身并没有通过经济扩散获得地区的"实质领导力"，日本在遭遇美国压制时很难获得地区的支持。对此，东亚战略的设计者约瑟夫·奈曾提到"国际经济体系建立在国际政治秩序至上"，安全就像氧气一样重要。[1]

第四，在假性领导力向实质性领导力转移中，需要某种历史性机遇和自身的战略谋划能力。这种历史性机遇在过去表现为世界大战，即大规模的集团间（而不仅是两个国家间）战争重组了政治经济体系，改变了竞争规则和治理规范。而战略谋划意味着对历史性机遇的把握能力，即本国是否做好了抓住历史性重组政治经济体系的准备。由此看来，日本利用了冷战机遇，但却没能利用好冷战后机遇。日本尽管从80年代开始具有做政治大国的准备，但这种准备却因为冷战结束后缺乏与美国周旋的战略空间而夭折。

第五，亚太地区秩序的调整服从于美国的全球战略，而主导全球战略的是均势原则，主导亚太秩序调整的是美国对中日关系的平衡性把握。一般性而言，美国存在着地区战略，但没有周边战略，其地区战略服从于全球战略。20世纪70年代，为了平衡苏联的影响力，美国成功拉拢中国；90年代，为了拉拢日本，美国又将中国引入美国体系中制约日本。因此，在这两轮最终证明有利于美国的亚太秩序调整中，中日关系的性质和状态是关键，而美国对中日关系性质和矛盾的平衡性把握也是很重要的一环。从更长的历史时段来看，如果没有日本依附，美国的亚洲战略是不可能成功的。反过来讲，对中国而言，没有日本支持的亚洲战略更难以取得成功。

三 未来十年亚太秩序的演进方向

在有关国际秩序转变的讨论中，多数都将经济实力的变迁视作秩序变迁最根本的动力。2008年全球金融危机以及随后爆发的欧洲债务危机，使得美欧经济遭受重创，而新兴市场的经济增长显现出活力，特别是以中印为代表的新兴市场。在西方相对衰落态势下，中国的崛起效应被放

---

[1] Joseph S. Nye Jr., "The Case for Deep Engagement", pp.90-91.

大，有关亚太地区秩序的论辩进入新阶段，出现了以中美为中心 G2 的秩序演变态势。[①] 中美两国政府都表示不接受所谓 G2 的称谓，而是致力于构建新型大国关系，避免重蹈历史上新兴国与守成国的战争悲剧。但正如美国前驻华大使芮效俭（J. Stapleton Roy）指出的，尽管中美两国试图创新，但实际行动与官方声明之间存在着较大差距。[②]

引发这种差异的一项重要因素是亚太的力量对比呈现出多极态势，在战略关系上则存在多重性。比如，美国、日本的力量相对下降，中国、印度的力量绝对上升。2012 年，按照国际货币基金组织提供的数据，中国名义 GDP 是美国的 53%，是日本的 138%；印度名义 GDP 是美国 12%，是日本的 31%。[③] 与 1971 年相比，中印的经济地位显然上升很快；与 1991 相比，印度当前的地位也大大超过当年中国的地位。在战略关系上，美国"再平衡"战略已经引发了地区关系的重组，与前两轮调整时中国、日本围绕美国转的方式有所不同。因此，此轮地区秩序调整时地缘政治、地缘经济的平衡更难以把握。

绝大多数战略分析报告在展望未来亚太秩序时，都将中美作为分析框架和核心，尽管最终的结果不一定是美国主导或者中国主导。澳大利亚战略家休·怀特（Hugh White）认为，未来新秩序的特征将回归 19 世纪的大国协调（Concert of Power），核心是美国、中国分享其领导力，中美相互承认和接受彼此的政治体系、国际利益。在这种秩序下，美国接受霸权的丧失，对等地对待中国，而中国也必须放弃很多，比如接受印度、日本作为亚洲未来对等的力量。[④] 澳大利亚罗伊研究所 2010 年发表的《权力与选择：亚洲的安全未来》报告，认为未来存在着美国主导、亚洲均势、亚洲协调和中国主导四种安全模式，但最有可能出现的是旨

---

① Zbigniew Brzezinski, "The Group of Two that could change the world", FT. com, January 13, 2009.

② 参见 J. Stapleton Roy, "Thoughts on Strategy from a Career Ambassador", September 5, 2012, http：//www.wilsoncenter.org/article/thoughts-strategy-career-ambassador。

③ 数据参考国际货币基金组织的世界经济展望数据库。

④ Hugh White, "Power Shift: Australia's Future between Washington and Beijing", *Quarterly Essay*, No. 39, September 2010, Black Inc. Collingwood Victoria.

在阻止霸权战争的大国协调秩序。① 该报告的论点实际上与怀特的看法有类似之处，不过该报告并不看好中国主导的模式。再比如，日本东京财团在其2011年发布的《日本安全战略》报告中，也将未来10—20年，中美实力对比以及中美关系状态作为分析框架，得出了四种安全模式，即美国主导下的中美和谐模式、美国主导下的中美对抗模式、中美权力均衡下的合作模式以及中美均衡下的对抗模式。报告认为，未来20年美国在实力上仍将压倒中国，关系可能走向对抗性，即第二种模式。②

鉴于日本全球第三大经济地位，其对秩序的构想显然不同于第12大经济体澳大利亚。日本在前两次亚太秩序转换中，都试图凭借其经济地位从美国手中获得一部分权力。未来十年，印度经济仍然难以超过日本，因此日本将继续使用其强大的经济能力扩大在地区事务中的影响。而美国为了防范中国独大，也将继续使用均势原则，提升日本的战略地位。在2012年8月通过的第三份"阿米蒂奇—奈报告"中，美日双方都认为美日同盟是亚洲繁荣的基础，并且要求日本在今后的地区秩序构建中发挥更大作用。③

与澳、日相比，亚洲的另一个经济崛起国印度，其外交战略显示出更强的独立自主性。在2012年2月公布的《不结盟2.0版》报告中，印度战略分析人士认为未来十年，除美国外，中国、巴西将和印度一样逐步发展壮大，但俄罗斯与日本则是下降态势。报告强调，21世纪不会重复20世纪的两个超级大国历史，尽管中美是超级大国，但其他权力中心和枢纽也对秩序的塑造有很大作用，印度要避免成为中美冲突中的一方。④

显然，无论是美国的同盟国日本、澳大利亚，还是具有不结盟传统的印度，在未来的亚太秩序构想中都不愿意只做美国的附庸，但也都不

---

① Malcolm Cook, Raoul Heinrichs, Rory Medcalf, Andrew Shearer, *Power and Choice: Asian Security Futures*, Lowy Institute for International Policy, June 2010.

② The Tokyo Foundation, *Japan's Security Strategy: Integration, Balancing, and Deterrence in the Era of Power Shift*, Tokyo, October 2011.

③ Richard L. Armitage and Joseph S. Nye, *The U.S. - Japan Alliance: Anchoring Stability in Asia*, Washington, D.C.: Center for Strategic 7 International Studies, August, 2012.

④ Sunil Khilnani ets., *Nonalignment 2.0: A Foreign and Strategic Policy for India in the Twenty First Century*, New Delhi: The Center for Policy Research, 2012.

愿意生活在中国的阴影下。因此，讨论未来十年亚太秩序时的一个核心问题，实际上就是亚太经济秩序是否朝着中美两极前进？按照美国学者约翰·伊肯伯里的判断，"东亚正在出现可以说是两种相异的等级体系。一个是由美国主导的安全层级体系，另一个则是由中国主导的经济等级体系。"① 在这段话中，我们需要特别指出的是，伊肯伯里对东亚的两个等级体制的分析是着眼于未来，即"正在出现"，但目前还不是完全如此。我们不应该忘记，1995年，美国制定对日本的新东亚战略时，日本经济总量曾达到美国的72%，按照世界银行提供的数据，1995年日本GDP是中国的7.5倍。但20世纪90年代时从来没有人说东亚出现美日两个等级体系，或者日本主导东亚的经济等级体系。即便着眼于未来，按照IMF的预测，2018年，中国名义GDP将占美国的71%，届时中国经济总量是日本的2.5倍。显然，2018年的中美日三边经济关系在结构性上弱于1995年。如果说1995年未曾出现美日两极说法，那么到2018年更不应该出现中美经济两极说法。

如果时间进一步延长至2023年，按照美国国家情报委员会基于购买力平价的预测，中国经济总量已经超过美国。② 如果按照IMF基于购买力平价的预测，中国超过美国的时间是2017年。但是，在购买力评价意义上超过美国意义何在呢？或许中日关系时一个参照，按照购买力平价计算，IMF的数据显示，中国超过日本是2002年。在2002年以后的几年中，中日关系的确进入了一个更为波动的时期。

因此，所谓中美经济两极的说法，不是从经济意义上，而是从战略意义上的一个判断。与20世纪70年代初相比，在经济意义上，中国与日本的地位将互换；但在战略意义上，中国已从美国的准盟友，转变为战略竞争者。随着中国与美国的战略竞争态势加剧，日本将担当起以往中国在美国亚洲战略中的角色，即平衡中国崛起的影响。不过，对美国而言，仅有日本还不足以防范中国崛起潜在的威胁。为此，美国在奥巴马

---

① ［美］约翰·伊肯伯里：《地区秩序变革的四大核心议题》，《国际政治研究》2011年第1期。

② The National Intelligence Council, Global Trends 2030: Alternative Worlds, December, 2012, p.16, www.dni.gov/nic/globatrends.

政府时期启动了"再平衡"战略,在经济上则启动了泛太平洋经济合作伙伴关系(TPP)。

TPP正是美国意图从经济上控制中国崛起进程的重大战略规划。由于中国的崛起首先是亚太的崛起,其次对全球具有影响力。因此,美国在经济上就必须设计一项兼顾地区和全球考量的经济战略,而TPP正中下怀。2009年11月,奥巴马在东京宣布美国将参与TPP谈判,当时的鸠山政权还在讨论东亚共同体,美国敏锐地意识到如果美国继续作为旁观者对亚洲事务发表意见,恐怕就要被清除出亚洲。美国此次吸取了1997—1998年亚洲金融危机之后的教训,开始积极参与亚洲地区一体化进程,由于美国的参与,地区合作的核心由"东亚"逐步转变为"亚太",自由化的目标和范围都要宽广得多。2013年7月,日本首次参与TPP 12国谈判,美国在亚洲的军事同盟条约体系具备了完整的经济联系,中国仅仅通过双边关系将更加难以改善对日关系,中国周边对华的包围圈将更加完整、坚固。首先,中国以中低端制造业出口将直接受到关税水平和原产地规则的制约;其次,中国的地区经济和政治作用会受到很大限制,尤其是美、日在分离周边国家对华深度经济上附有很强的影响力;最后,以美国为主导的地区合作体系会逐渐确立。即便最终中国被纳入TPP进程,但由于美国控制规则制定,以及亚太地区最终的几个经济体已经嵌入美国的TPP体系,那么中国还将极大地依赖美国市场,增加了经济与安全的脆弱性。

因此,中国不仅需要关注美国,也需要关注亚太的其他经济势力。正如美国战略家布热津斯基指出的,"与美国在20世纪最后十年崛起为唯一的全球超级大国不一样的是,中国目前崛起所发生的背景不仅包括与其他大国的较劲,而且它的崛起还高度依赖现有国际经济体系的持续稳定。"[1] 对此,严肃的中国学者都注意到中国发展与地区形势的互动性。北京大学教授查道炯认为,关于中美新冷战的说法,至多是新闻记者的观察而非严肃的研究,中美两国都不能忽视亚太其他国家合力维持地区

---

[1] [美]兹比格涅夫·布热津斯基:《战略远见:美国与全球权力危机》,洪曼等译,新华出版社2012年版,第92—93页。

稳定的决心。① 为此，中国也要重视印度对于一个开放的经济环境的需求，要深入认识韩国在链接中国中心的亚洲与美国中心的太平洋之间所扮演的角色。

从外部环境而言，一个崛起的中国不仅得益于美国塑造的全球开放秩序，也得益于东亚独特的生产网络。亚洲开发银行认为，亚洲地区主义形成了独特的模式，即市场驱动、多种速度、多种轨道的一体化进程。② 东亚与东南亚两个次区域是亚洲次区域内贸易最为紧密的地区，而从次区域之间的贸易衡量，则太平洋岛国与亚洲其他此区域的贸易最高，占岛国总贸易额的60%，其次是东南亚，占44%。③ 太平洋岛国的贸易主要是初级产品，东南亚的主要次区域间贸易对象是东亚，特别是中国，其产品主要是中间品。由此可以初步判断，亚太地区逐渐形成一个紧密联系的整体。随着地区内全面经济伙伴关系（RCEP）的谈判和进一步实施，亚洲大陆的经济整合将更加强势，这不仅对美国形成压力，也对日本构成平衡的难度。因此，与前两次亚太秩序的转换取决于美国以及美国利用中日平衡不同，未来的亚太秩序必须要面对需要更多的国家参与，采用更为多元的手段。

四　结论

大国力量对比及其战略关系构成亚太秩序的基础。历史上的亚太秩序转变，多数时候以全球性国际秩序的转变为主要动因，而其手段主要是体系性战争。随着美国强力介入东亚事务，特别是20世纪70年代联合中国对抗苏联之后，亚太秩序转换的核心动力就变成了中美日三方，其中美方还是主导地位，中日互为平衡，手段是地缘政治与地缘经济的平衡。

---

① Zha Daojiong, "Asia-Pacific Regional Security Cooperation: ARF/ADMM Functional Cooperation", September 20, 2012, The Tokyo Foundation, http://www.tokyofoundation.org/en/topics/japan-china-next-generation-dialogue/asia-pacific-regional-security-cooperation.
② Asian Development Bank, *Economic Integration Monitor—July* 2012, Mandaluyong City, Philippines: Asian Development Bank, 2012.
③ Ibid., p. 16.

随着中国崛起，亚太地区多数国家以中国实力上升、美国相对衰落为框架分析未来十年的亚太秩序。但需要指出的是，没有一个国家认为未来十年中国能够在经济总量上超过美国，而且按照历史上的中美日经济关系看，2018年美中日三边经济关系的结构性要弱于1995年的美日中三边，因此所谓"正在出现的两种相异的等级体系"不是经济意义上的，而是战略意义上的。

未来十年，中国将显著拉开与地区内国家的经济差距，但多数亚太中等国家，其战略界对未来秩序的构想尽管以中美为中心展开，却希望中美建立一种建设性的关系，中美既不单独主导地区秩序，也不破坏现有的稳定秩序。地区内国家更愿意寻求一种开放性的地区秩序，根据各自的战略利益需求，以多轨的形式、在不同的亚太次区域中寻求适合本国的发展道路及对外战略。因此，未来十年，亚太秩序不会由美国主导，但也轮不到中国来主导，对中国而言，特别要加以重视的是，在以中美为中心的秩序框架之外，寻求更多有利于中国发展的新因素与新动力。

东亚秩序:研究议题还是现实问题?

胡 波[*]

理论上,东亚秩序是研究的热门;现实中,东亚秩序是一个颇有争议的存在。自冷战结束以来,东亚就向外界展现出完全不同的两面:一方面,东亚经济的快速腾飞和繁荣引发世界瞩目,且已成为世界经济的发动机之一;另一方面,东亚各国间依然存在各式各样的政治障碍和安全两难,缺乏应有的政治信任和安全机制。东亚正越来越处于一个被撕裂的状态,热点问题众多、基本制度缺失、权力分散。近年来,中国快速崛起引起的权力转移问题更加剧了东亚地区的复杂形势。

一 东亚没有严格意义上的地区秩序

对于东亚秩序,学者们有各种形象的描述,比较有代表性的有以下两种:周方银认为,中国的崛起对美国主导下的东亚秩序构成了一定的挑战,"中国的崛起在性质上改变了东亚格局的面貌,在东亚地区形成了经济中心与安全中心相互分离的二元格局",东亚其他国家则经济上靠中国,安全上靠美国,在中美间进行两面下注。[①] 他还同时认为,随着中

---

[*] 胡波,北京大学海洋研究院海洋战略研究中心执行主任、研究员。
[①] 中国崛起、东亚格局变迁与东亚秩序的发展方向,http://www.21ccom.net/articles/qqsw/zlwj/article_ 2012122573688.html。

美实力对比的继续变化,东亚体系内合法性和领导实力分属不同的国家行为体。中国可能很有实力,但美国仍然掌握着大量的合法性资源。[1]孙溯源进一步指出,随着美国加快推动TPP谈判和亚太"再平衡"战略,"东亚地缘格局还出现了两股逆向而行的潮流:一部分东亚国家在经贸上加强与中国的联系,在安全上与美国保持距离;二是一些国家在经贸上加入或青睐TPP谈判,在安全上也投向或更加依赖美国"。[2] 韦宗友指出,东亚秩序出现了引人注目的"三驾马车":在军事上,美国一枝独秀,继续保持霸主地位;在经济上,中国发展迅速并成为地区经济增长的主要引擎和重要的投资来源国和商品市场,也是地区经济一体化的重要推动力量;在政治上,东盟积极进取,成为推动区域一体化的领导力量。[3]

他们的描述都非常精彩、模型也非常简约,但现实情况要复杂得多。东亚安全、经济及政治各领域均存在多个中心,竞争非常激烈。美国实际上已无法在安全上占据足够优势,日益依赖与中国的政策协调;而中国也尚决定不了东亚地区的经济秩序,美国、日本都是有力竞争对手。至于东盟,在中美日等大国权力博弈日益加剧的情况下角逐之下,其先前利用大国矛盾"居间搭台"的角色也大为逊色。

赫德利·布尔认为,国际秩序的建立和维持需要"共同的利益观念""规定行为模式的规则"和"使这些规则发挥效力的制度"。[4] 这三个条件在东亚都尚不具备:首先,区域内国家并不主要将自己的前途寄托在东亚地区,地区的共同利益理念较为淡薄。唯一的共同利益观念可能就是经济发展,但怎么发展,和谁发展?各国目标及路径迥异。其次,东亚有无成型的行为规范和准则,主要看评判标准。所谓的"东盟模式"(The ASEAN Way),就是对成员国内政、领土和主权采取不干涉的原则,尊重各自的意愿,采取非强制性的策略,其实质是反秩序的。东盟模式

---

[1] 周方银:《松散等级体系下的合法性崛起——春秋时期"尊王"争霸策略分析》,《世界经济与政治》2012年第6期。

[2] 孙溯源:《美国TPP战略的三重效应》,《当代亚太》2013年第3期。

[3] 韦宗友:《美国战略重心东移及其对东亚秩序的影响》,《国际观察》2012年第6期。

[4] [英]赫德利·布尔:《无政府社会:世界政治秩序研究》(影印版),北京大学出版社2007年版。

严格意义上讲只能算一种理念和信念，离真正的规则还相去甚远。最后，东亚虽然有东亚峰会、东盟10+3、东盟10+1等地区机制，但并无任何有约束力的制度或公认的裁决机构。

因此，作为一个整体而言，东亚谈不上有秩序。孙学峰将当前的东亚秩序称为"准无政府体系"，即兼具无政府体系与等级体系特征的混合体系，有中国、朝鲜等安全自助型国家，也有依赖于美国安全保护的国家，它们与美国处于一种等级制。[①] 东亚地区主要力量中日韩美权力竞争激烈，各类"安全困境"凸显，政策协调乏善可陈，唯一值得称道的朝核"六方会谈"，虽彰显了大国协调，取得了一定成效和影响，但受制于东北亚的地缘政治结构和大国间的相互防范，其依然难以取得实质性进展。东南亚各国在东盟框架下的确存在一定的经济、政治及安全秩序，但也十分脆弱，无有约束力的制度机制，且受到大国权力政治的重要影响。

二 制约东亚秩序生成的主要原因

为什么东亚没有秩序，或者东亚秩序的形成如此之难，笔者认为主要有以下三大原因：

（一）民族主义炙热、现代国家的转型之路还未完成

民族主义已成为外界观察东亚秩序、解读东亚国家行为的一个流行范式，有中国的海洋民族主义、日本的新民族主义、韩国的文化民族主义等各类说法。

将当今的东亚比作19世纪的欧洲可能稍显夸张，但公允而言，狂热民族主义情绪在东亚各国均有不同程度的存在，绝对主权概念在该地区深入人心。东亚地区集中了民族主义的几乎所有类型的"春药"。在民族主义的作祟之下，许多东亚人并没有感受到他们自己的国家与其他亚洲国家之间存在着共同体关系，这使得现有的东亚认同难以提供足够的内

---

① 孙学峰：《东亚的准无政府状态体系与中国的东亚安全政策》，《外交评论》2011年第6期。

聚力和凝聚力。[①] 事实上，越来越多的东亚国家已经不再将地区层次和地区内部的整合视为首要关注的对象，而是更加重视在全球体系层次上与地区之外国家的互动。[②]

历史因素：东亚大部分国家形成现代意义上真正民族实体的历史不足百年，民众大规模接受类似思想洗礼的历史更短，民族意识唤醒较晚，民族主义和爱国主义遂成为构建民族国家过程中的重要精神支柱。而民族的历史传统及经历无疑是民族主义的重要源泉，这使得过度追溯历史、重构历史，夸大自己祖上的光辉业绩以增强凝聚力的做法在东亚地区颇为常见，甚至乎，日本国内出现了否定历史、美化侵略的思想和意识。而反过来，这种重构或否定会严重伤害与之相联系的其他国家的民族感情。

领土及海洋划界问题：东亚人口密度大，各国都面临着资源短缺，发展压力巨大的现实问题。向海洋要空间，几乎已成东亚沿海各国的不二选择。再者，领土及海洋争端还是政治竞技场，各国的根本诉求是通过在领土问题上的较量为自己在未来的国际秩序中争得一席之地。[③]

东亚长期存在着中日钓鱼岛争端、韩日独岛（日称竹岛）以及南海争端等诸多现实的领土问题，这些争端近些年来有愈演愈烈之势，准军事对抗已经形成，部分争端甚至出现军事对峙。而《联合国海洋法公约》（以下简称《公约》）的签署及生效后，专属经济区制度和外大陆架制度更刺激了东亚各国的海上扩张。《公约》虽规定沿海国的专属经济区最多可至200海里宽，外大陆架最宽可延伸至350海里，但却没有明确划界原则，给临近狭长海域的东亚各国留下了充分的想象空间，造成了普遍的困惑。各国纷纷从最大利益出发，曲解对己有利的条款。东亚各国虽都宣称自己遵守《公约》，激烈指责他国违反《公约》精神，但实际上绝大部分国家的主张都有不符合《公约》的情况。

心理因素：东亚秩序长期是以大国为中心的，是等级制的，中日曾

[①] 李文：《构建东亚认同：意义、问题及途径》，《当代亚太》2007年第6期。
[②] 王学玉、李阳：《东亚地区主义的停滞——以地区性国际社会缺失为视角的分析》，《国际观察》2013年第5期。
[③] 归永涛：《东亚民族主义勃兴与中国周边关系的转型》，《国际安全研究》2013年第2期。

先后用不同方式主导过地区秩序；而现代民族国家体系讲究的是法律上的平等，理想状况下地位应是相等的。这种历史、现实与理想之间的巨大鸿沟及纠结，使得各国对于本民族相对于其他民族（特别是中日两国）的地位十分敏感，东亚的中小国家，典型的如东南亚各国，对于可能的对某个大国的过度依赖表现得相当敏感。国家历史的差异、实力的差距，导致了各国南辕北辙的心理感受和预期。

经济成功：近代以来，东亚曾长期是落后的代名词。而近几十年来，东亚各国经济普遍实现了高速增长，经济腾飞后东亚各国的自信心和民族自豪感也急剧膨胀。经济的成功虽有利于各国宣扬爱国主义，增强民族凝聚力，但也催生了极端或强硬民族主义，各国过于强调民族认同和自身利益，无疑削弱了东亚联合的社会文化根基。

政治制度的普遍不成熟：在东亚地区，无论是民主国家，还是威权国家，或是社会主义国家，都面临着政治转型的巨大压力。各国的政治制度均需要"与时俱进"、跟上经济转型的步伐和国家发展的需要，做出重大变革。这种政治"合法性"危机使得各国的政府都不敢轻易压制民族主义，故意煽动民族主义与他国对抗在东亚并不常见，但借民族主义谋求政治利益却较为普遍，各国政府确有一定的动力去借助民族主义为自己的政策"壮声势"或找理由，以强化自身执政的合法性。

（二）权力竞争激烈、大国协调困难

"东亚地区的问题在于，包括中国、东盟和美国在内的东亚地区主要国际行为体各自对于地区秩序走向的预期存在明显分歧，但其中任何一方都不足以独自决定地区秩序的形成。"[1] 在中美日等各方力量均无法在东亚地区构建全面优势的情况下，三大国间的政策协调，就成为东亚秩序得以生成的关键。然而，自20世纪90年代末开始，中美日虽然在反恐、防扩散、气候变化等全球性问题上有一定的合作与协调，但对于大多数东亚区域事务，中美、中日都将彼此界定为战略竞争对手，尤其在地区权力分配、海洋争端等问题上，三国锱铢必较、相互拆台依然是最

---

[1] 王学玉、李阳：《东亚地区主义的停滞——以地区性国际社会缺失为视角的分析》，《国际观察》2013年第5期。

真实的写照。而近些年来东亚出现的权力转移现象更加剧了原本已经十分激烈的权力竞争。

美国的相对实力下降已是不争的事实，东亚地区安全尤其是海上事务方面的权力正朝着向中日两国转移的趋势发展。换言之，美国仰仗超强实力构建的单极海上秩序正受到中日两国的挑战。不过，综合考虑中美日三国的实力构成，这种转移是相对有限的。美国可能会在东亚近海面临着一些挑战，但在整个亚太乃至全球的层面，美国的海上霸权并不存在实质性问题。

问题是美国既反应过度，同时又不愿意依照新的实力对比做出相应调整，没有做任何改弦更张的打算。鉴于中国在东亚近海日益扩大的优势，美国逐渐走向前台，加大对涉华海洋争端的介入力度，紧拉地区盟国与伙伴，构造新的安全网络和秩序，以规制中国。美国也不打算将部分权力交给日本，在鼓励日本发挥更大作用、承担更大责任的同时，仍不忘"看住日本"。在东亚新一轮战略格局调整的背景下，美国与中日两国的矛盾会同步增大。当然，由于中国力量增长势头迅猛，美国目前的主要针对对象还是中国，为此不惜对日军事松绑，大幅加强了对日本的战略依赖。中美虽已启动构建新型大国关系，双方也都愿意保持必要的战略沟通、工作关系和功能性合作，但中美间各类矛盾依然在继续加剧。其关键问题是，美国究竟能在多大程度上包容中国在东亚权力的增长，容忍中国捍卫核心利益的行为；中国究竟能在多大程度上尊重美国在东亚的重大利益，并接受美国在世界的霸权存在。

中日间的地区主导权竞争加重了东亚大国关系协调的困难。表面上，美国的相对衰落得利的是中国，实质上，日本内心也乐见美国的衰落。目前来看，中日两国显然都将美国的衰落看成了自己的机会，抓住机会准备填补可能的权力真空。中国加快谋求民族复兴、实现国家崛起、建设海洋强国，日本借机"修宪"强"军"、追求政治军事大国，并谋求与中美更为"正常平等"的关系。在现阶段，日本显然是将中国看成其实现抱负的最大障碍，正以中国为假想对手，整合资源、集聚力量、实现战略突破。中国的崛起日渐被日本官方解读为"威胁"和权力挑战，日本也逐渐放弃了之前长期坚持的接触政策，对中国进行着全面抵制。在东亚地区，竭力稀释中国上升的权力，试图阻止或削弱中国在地区确立任何领导地位,在东亚以外的全球其他区域极尽所能对中国日益增长的影响力进行牵制和阻击。[1] 而中国由于实力和信心的大幅增长,在继续韬光养晦的同时,更注重有所作用,在钓鱼岛等问题不再息事宁人,而是针锋相对。如此,中日两国的战略对抗难以避免,两国在钓鱼岛附近海域附近已经形成了事实上的军事对峙。

大国关系的稳定是国际秩序形成与维持的关键,中美日三国间剧烈的权力竞争和复杂的安全困境使得东亚秩序的建立缺乏起码的物质基础。因而,东亚任何构建秩序的倡议、设想以及行动均无法真正实施。部分学者提出的加强"中美日三角关系,共同领导区域一体化"以及"中日进行战略妥协与和解"[2] 的提议也就显得不切实际。

客观来看,此次权力转移并非是根本性的,而是特定区域、特定领域内的,但美国、日本的反应显得有些过度或不冷静,奉行着自相矛盾的战略或政策:一方面怀疑中国有问鼎全球,称霸世界的实力和野心;另一方面却不切实际地认为,它们有能力将中国堵在东亚近海。

对于中国的军事现代化,美日两国的解读普遍过于夸张,显示其强烈的战略焦虑。无论基于什么样的标准,美日两国对于中国军事力量的解读多少显得有些夸大。美国拥有世界唯一的全球性海军和遍布世界的盟友和基地,其海上实力自不必赘述;日本拥有东亚唯一的蓝水海军,世界第三或第四强的水面舰队,还有足以令世界瞩目的装备精良、训练有素的日本海上保安厅。[3] 而中国海上力量的现代化不过是近10来年的事情,虽发展迅猛,但仍有很长的路要走。并且,中国的陆海复合型的地缘特征和东亚地区复杂的安全环境也决定了中国海上权力的基本限度。中国可能成为一支重要的地区性海上力量,但并无角逐全球甚至西太海洋霸权的实力和意愿。无论中国实力如何增长,美日在第二岛链以西的

---

[1] Christopher W. Hughes, Japan's Response to China's Rise: Regional Engagement, Global Containment, Dangers of Collision, International Affairs, Vol. 85, No. 4 (2009), pp. 847 – 848.

[2] Julie Gilson, Strategic Regionalism in East Asia, *Review of International Studies* (2007), 33, pp. 161 – 163; Evelyn Goh, Japan, China, and the Great Power Bargain in East Asia, EAI (the East Asia Institute) Fellows Program Working Paper Series, No. 32.

[3] Richard J. Samuels, "New Fighting Power: Japan's Growing Maritime Capabilities and East Asian Security", International Security, Vol. 32, No. 3 (Winter 2007/08), pp. 84 – 112.

广大海域都可以轻松建立起对中国的战略优势。

不过在这种不客观的认识之下,美日却天真地意欲对中国进行预防性的军事围堵,该"让的地方不让",该妥协的地方不妥协。在"亚太再平衡"战略的背景下,美国加强其在西太平洋地区的军事部署,并"固强补弱",推动区域内军事存在的平衡和一体化;美国意识到,在削减军事预算开支情况下威慑中国的难度,因此鼓励其盟友加强彼此间的联系并为其自身安全承担更大的责任的限制,推动其亚太同盟体系由"轴辐模式"向"网状模式"转变,要求盟友分担责任①,鼓动日本、澳大利亚等介入南海问题。同时美国还策划"空海一体战"等新的作战概念,加大对中国的进攻性威慑,以应对中国在东亚近海日益增长的实力。日本近些年来加速推动其防御重心向其西南地区转移,积极配合美国在东亚地区的战略部署调整,意欲美国充当围堵中国的"马前卒"。然而,随着中国实力的继续增长,美国军事预算危机的长期持续,以及在东亚构建强有力多边联盟体系的诸多限制,美国在平衡中国实力方面将遭遇严峻挑战。② 在中国强大陆权的辐射以及日益增强的海空力量的挤压之下,美日丧失在东亚近海的战略优势只是时间早晚的问题,围堵将越来越难以奏效,只会增加与中国对抗或冲突的风险。

(三) 区域外力量的解构和渗透:亚太秩序 VS 东亚秩序

作为世界霸权和区域外大国,美国向来不支持东亚地区一体化和东亚秩序的构建,"多数情况下扮演的是分割东亚、分裂东亚的角色"③。冷战结束后的相当长时期内,美国反对任何游离美国之外的地区安排,如消极抵制日本倡导的亚洲货币基金组织计划、东南亚国家提出的东亚共同体方案,仅将东盟推动的以东盟地区论坛、东亚峰会为主要机制的"软秩序"作为控制地区形势、保持影响的辅助政治工具。伴随着中国的日渐崛起,美国逐渐放弃了其长期坚持的"离岸平衡手"角色,大幅度

---

① Christian Le Miere, Rebalancing the Burden in East Asia, *Survival*, Vol. 55, No. 2, April-May 2013, p. 33.

② Ibid., p. 31.

③ 李文:《构建东亚认同:意义、问题及途径》,《当代亚太》2007年第6期,第6页。

全面介入东亚事务，意图将东亚秩序纳入其主导的亚太秩序。而东亚部分国家从所谓的国家利益出发，在国家发展战略上依旧在不同程度上存在偏离东亚、靠拢美国的倾向，① 这也客观上为美国的政策实施提供了机会。

奥巴马政府上台后，积极推动"亚太再平衡"战略，强化政治、经济及军事等存在，通过巩固其主导的亚太秩序削弱东亚联合的意图更加明显。特别是美国推出的跨太平洋伙伴关系协定（TPP）谈判，与东亚地区中日韩 FTA 和区域全面经济伙伴关系（RCEP）等安排形成直接的竞争关系。

诸多学者和专家都认为，东亚秩序的构建离不开美国，现实也的确如此，美国在东亚已经是切实的存在，未来还将继续保持强大存在。但问题是美国希望构建的究竟是东亚秩序，还是亚太秩序？答案显然是后者。对于美国而言，亚太框架或机制更有利于其利益的实现，美国也一直试图用亚太秩序置换或代替东亚秩序，在中国崛起的背景下，这种冲动正变得更加强烈。美国有意在地缘上冲淡"东亚"这一自然演化的地理边界及文化概念，并将东亚问题"美国化"和"国际化"，试图以此拥有合法主导东亚事务的地缘身份，并有效阻止该地区出现挑战美国霸主地位和既有国际秩序之力的可能性。② 为此，近年来，美国大力鼓吹大亚太或印太的地缘概念，整合南亚、东亚、大洋洲间的力量和资源，更好地服务其"再平衡"战略，美国副总统拜登前不久甚至提出了"南亚—印度洋—亚洲—太平洋—美洲"的构想。③

经济曾是东亚最有可能构建秩序的领域，然而，中日之间的龃龉给了美国以可乘之机，区域外国家的参与、TPP 及 APEC 等亚太机制的发展，使得东亚的经济秩序正日趋"亚太化"。④ 而印度、俄罗斯、澳大利

---

① 李文：《构建东亚认同：意义、问题及途径》，《当代亚太》2007 年第 6 期。
② 高程：《历史经验与东亚秩序研究：中国国际关系理论的创新视角》，载《外交评论》2013 年第 5 期。
③ http://www.whitehouse.gov/the-press-office/2013/07/19/remarks-vice-president-joe-biden-asia-pacific-policy.
④ 江瑞平：《中日经济关系变化与东亚经济秩序调整》（发言），"新型大国关系与东亚国际秩序"国际学术研讨会。

亚、欧盟等的参与，固然不会造成美国那样的影响，但从政治、外交上同样会弱化了东亚的地区属性。与东亚秩序相比，亚太秩序会是它们发挥更大作用和影响的抓手，它们参与的程度愈深，东亚秩序也会更加渐行渐远。

三 东亚秩序研究更上层楼的难点或途径

当然，东亚秩序的客观缺失并不影响东亚秩序作为一项研究议程的价值，有关东亚秩序的研究为国际关系理论的创新和中国学派的崛起提供了重大机遇。近些年来，围绕着东亚历史实践的实证和理论研究已经蔚为大观，并引起了国际学术界的高度关注。但除了抽象大理论之外，我们也需要一些有政策价值和意义的中观理论。[①] 从这个角度而言，东亚秩序的研究的确存在一些缺憾和问题，主要表现为政策研究的相对缺失，以解决现实问题为导向的著述较少，理论研究与政策实践结合不够紧密等。客观原因当然有很多，可这种状况限制了东亚秩序研究发挥更大作用和影响的可能性。

如果我们习惯于仅将东亚秩序搞成一门艺术或科学，而不考虑东亚政治格局的现实，不注重与东亚各国政策的互动，不寻求解决现实难题的途径，那么东亚秩序的研究终将是曲高和寡。

---

① 李巍：《中国国际关系研究的"理论进步"和"问题缺失"》，《世界经济与政治》2007年第9期。

后　　记

　　2015年9月，习近平主席在美国华盛顿州发表演讲时指出："世界上本无'修昔底德陷阱'，但大国之间一再发生战略误判，就可能自己给自己造成'修昔底德陷阱'"。2017年11月，"修昔底德陷阱"一词的创造者——美国哈佛大学教授格雷汉姆·埃利森，在美国参议院作证时特意强调，习近平总书记在刚刚结束的中共十九大上讨论过"修昔底德陷阱"的问题。在此次听证会上，埃利森被问及如何评价美国新总统特朗普的亚洲行。埃利森认为总体要比大多数人的评价来得成功，但又话锋一转，引用周恩来总理回答基辛格关于如何评价法国大革命的回答，即为时尚早。

　　时间回放至2012年上半年时，世人还不确定埃利森创造的"修昔底德陷阱"这个词会在太平洋两岸引起如此大的反响。美国颇有影响力的国际问题读物《外交》，于2012年7/8月号刊登了埃利森回顾《决策的本质》一书出版40年的回忆文章。格雷汉姆认为今天中美关系的碰撞还未到50年前美苏在古巴的对抗程度，但决定未来五十年的地缘政治挑战是如何管理作为统治性超级大国（ruling superpower）的美国和作为崛起国的中国的关系。因此，中美必须发展出相处的规则以便避免陷入"修昔底德陷阱"。同年8月21日，埃利森在英国《金融时报》网站发表了《修昔底德陷阱已在太平洋上飘荡》一文，提到1500年以来的15个守成国与崛起国之间的争霸案例中，有11个最终走向了战争。需要注意的是，2012年5月1日，美国参联会主席邓普西在华盛顿的智库卡内基中心演讲时，也明确使用了"修昔底德陷阱"一词，不过其关注重心是在中国，认为他作为军人的职责是防止中国因恐惧而发起对美国的战争。

　　事实上，这并不是美国高官第一次注意到古希腊历史学家修昔底德的论述。2009年9月28日，时任奥巴马政府副国务卿詹姆斯·斯坦伯格在勾勒新政府的美中关系构想时，也提到了修昔底德的有关论述。斯坦伯格提醒听众，历史上长久以来就有一种趋势，即崛起国的涌现将打破旧秩序、挑战既有的权力结构。学术界的多数既有研究对中美关系的前景是悲观的。不过，斯坦伯格很快就转了方向，他强调美国奥巴马新政府试图与中国、印度、巴西等崛起国建立新的关系，并提出了"战略再保障"一词来阐述他的谨慎乐观主张。

可惜的是，世人对悲剧的警惕远大于对喜剧的投入。在面对不确定性时，人们更愿意相信历史的简单类比，而不是理论构建。结果，"修昔底德陷阱"远比"战略再保障"来得流行。2013年7/8月号的美国保守派刊物《国家利益》刊登了原美国副国务卿、前世界银行行长罗伯特·佐利克的《美国、中国与修昔底德陷阱》，认为哈佛教授埃利森和约瑟夫·奈共同构建了"修昔底德陷阱"一词。在佐利克看来，中国是一个深受传统影响的崛起国，而美国则是一个不满足于现状的守成国，中美必须要建立新型大国关系。2014年3月，著名地缘政治学家布热津斯基发表《中国能够避免修昔底德陷阱吗?》一文，再次将中国崛起之后的亚洲形势类比为20世纪两次大战前的景象。2015年6月，在第七轮中美战略与经济对话会上，中美双方都不同程度的提到了"修昔底德陷阱"问题。

国际关系作为一门学科，在其理论化研究中有很多流行的名词术语，但像"修昔底德陷阱"这种概念那样迅速进入政策领域的并不多。这个概念的传播，体现出当前国际政治研究的根本仍是大国政治。可以预计，"修昔底德陷阱"会是未来很长一段时间内描述中美关系的一个关键词。

很有必要了解一下中国人不太熟悉的格雷汉姆·埃利森。此人出生于1940年，1968年毕业于哈佛大学。1971年，埃利森出版了令其声名远扬的《决策的本质：解释古巴导弹危机》一书（到目前为止纸质版卖出了45万册！），旋即于1972年在哈佛大学政府系获得正教授职位，可谓年轻有为。在获得正教授职位之后，埃利森迅即介入政策圈，成为兰德公司、对外关系委员会、布鲁金斯学会以及三边委员会等重要智库和机构的研究人员。一定程度上凭借学术和政策影响力，埃利森于1977—1989年担任肯尼迪政府学院的首任院长，在任期间据说该院规模扩大了4

倍，捐赠增长了7倍。凭借在哈佛肯尼迪学院期间进一步奠定的基础，埃利森与政府人士走的很近，直接参与形成冷战结束初期的对苏政策，并因此而得到克林顿总统的嘉奖。

另外一位善于创造概念，并为中国人所熟悉的是约瑟夫·奈，也是一位哈佛大学教授。奈年长格雷汉姆3岁，1964年从哈佛大学获得政治学博士学位。奈在学术界声名鹊起，是因为1977年与另一位国际关系理论家罗伯特·基欧汉合作撰写的《权力与相互依赖》。该书被认为是创建了复合相互依赖理论，描述了20世纪70年代大西洋两岸的发达国家关系。这本书也是奈日后提出"软实力"、"巧实力"等概念的渊源。1995—2004年期间，奈担任肯尼迪政府学院院长，在奈时代这所学院与中国的关系十分密切。在奈接任该院院长时，格雷汉姆则转任哈佛大学贝尔福科学和国际问题中心主任，直至2017年7月离任。

2017年5月，77岁的埃利森出版《注定一战：中美能逃脱修昔底德陷阱吗？》。与2012年的大判断相比，该书增加了一个案例，但其对历史案例研究的结论仍然是，16个案例中只有4个避免走向战争，分别是15世纪后期葡萄牙和西班牙、20世纪早期的英国和美国、冷战时代的美苏以及20世纪90年代依赖的英法与德国。显然，大国和平的案例在20世纪显著增多。除了这16个案例之外，埃利森还提供了未来进一步研究的14个案例，其初步结论似乎仍然是：20世纪以前的案例更多走向战争，而20世纪以来的则越来越不发生战争。埃利森提及，这一研究仍存在方法论上的难处，一方面是案例研究得出的一般性判断是否靠得住，另一方面则是如何度量国家的权力。

尽管如此，将近400页的《注定一战》，其影响力被认为将超越《决策的本质》。从贝尔福中心网站刊载的评论和推荐语来看，这种判断可能并不过分。譬如，基辛格、美国前副总统拜登、前联合国秘书长潘基文、世界经济论坛创始人施瓦布等政要，美国前中情局局长戴维·彼得雷乌斯、美国前防长阿什·卡特、威廉·科恩等军队高官，陆克文、库特·坎贝尔、傅高义、芮效俭等著名中国通，以及历史学家尼尔·弗格森、保罗·肯尼迪等，都高度赞誉该书。除了书的质量，这种美誉也与埃利森数十年在学界、政策圈的积淀有关。另外一个至关重要的原因是，中国将注定比前苏联对美国和西方的未来产生更为重大和深远的影响，因此触及中美关系前景的国际政治著作都有其特殊影响力。令我们感兴趣的是，埃利森和奈除了拥有哈佛大学求学的共同经历，两人在年轻求学时期都先后赴牛津大学攻读"哲学、政治与经济"专业。一定程度上说，他们的根基都是欧洲。奈本人据说熟读修昔底德撰写的《波罗奔尼撒战争史》。与埃利森的"修昔底德陷阱"类似，奈在2017年初提出了另外一个值得重视的新概念"金德尔伯格陷阱"。

尽管奈和埃利森都毕业于哈佛，也不是说哈佛大学的毕业生都赞同修昔底德神一般的论断。1990年从哈佛大学拿到政治学博士学位的戴维·韦尔奇（David A. Weich）是一位加拿大人，1983年在多伦多大学获得国际关系和哲学项目的学士学位。从哈佛毕业后，韦尔奇在美国任教了几年，最终回归多伦多，于2010年担任巴尔西利国际问题研究院（BSIA）院长，该学院在加拿大国际关系研究圈排名第四位。就其历史和哲学修为而言，韦尔奇可能并不逊色于老师辈的埃利森和奈。2003年，韦尔奇发表了《国际关系理论家缘何应该停止阅读修昔底德》一文，告诫学界不要过分依赖修昔底德的论断。事实上，修昔底德是一位比孔子晚生100百年左右的古希腊历史学家。韦尔奇不无调侃的说道，如今任何一位医学院的毕业生都不会根据古希腊医学家埃拉西斯特拉图斯、赫罗菲拉斯、希波克拉底等人的著述进行诊断，而国际关系学者却认为2500年前修昔底德撰写的著作仍可以大行其道。按照韦尔奇的论述，支撑"修昔底德陷阱"最有力的那句名言——"使得战争无可避免的原因是雅典日益壮大的力量，还有这种力量在斯巴达所造成的恐惧"——缺乏足够的证据。修昔底德本人也在大著中承认，"战争的实际原因……通常不为人所知"。西方学界对该课题的研究仍在进展中，这也为中国学者和政策部门提供了广阔的探索空间。这或许是本书编撰历经数年仍打算推出的一个重要原因吧。

本书也是中国社会科学院亚太与全球战略研究院实施创新工程的成果之一。大国关系研究室是2012年亚太与全球战略研究院实施创新工程后新设立的研究室，其主要任务是为中国崛起提供有关大国战略的理论与政策建议。大国关系是国际关系研究的核心，国内外举凡研究国际关系的机构，无不将大国关系研究视作立身之根本。亚太地区是当前大国最为集中的地区，不仅有前三大经济体美国、中国和日本，也有传统强国俄罗斯与新兴大国印度。鉴于亚太地区是中国崛起的战略依托地带，是构筑新型大国关系的起始地，大国关系研究室也意图立足于亚太，放眼全球，深入探寻大国崛起的新道路。

　　本书的部分文章源于2013年9月14日在北京举办的"新型大国关系与东亚国际秩序"国际学术会议。会议得到了日本国际交流基金会北京日本文化中心的支持，高桥耕一郎主任到会致辞。李向阳院长在致辞时曾表示，在中日关系敏感时期举行这样一次会议，是希望中日学者开展理性、坦率的讨论。来自日本庆应义塾大学、日本九州大学、日本国际交流中心的日方学者，以及国内来自北京大学、中国人民大学、外交学院、中联部当代世界研究中心、清华大学以及社科院全球战略院的中方专家学者参加了当年的研讨会。四年前，学界还在争论何谓新型大国关系，并未特别注意到埃利森提出的"修昔底德陷阱"，而本书各章在此后几年修改编辑过程中则体现了这种变迁。王玉主研究员在本书稿形成过程中给予很多帮助。书稿在后期评审中，朴键一研究员、朴光姬研究员、赵江林研究员以及外交学院陈志瑞编审给出了宝贵意见。本书稿的形成也与研究室李成日博士的鼎力相助密切相关。在书稿修改过程中，曾来参加研讨会的若宫启文先生不幸于2016年4月病逝，我们深表痛惜。读者当能从若宫先生的文章中窥视其独特视角和文脉。

　　最后，感谢为本书赐稿的各位作者，尽管本书距离当初的构想已有时日，但文章的价值还在。也由于诸位师长学友的鼎立相助，本书稿呈现出应有的视野和一定的系统性。在本书稿出版过程中，中国社会科学科学出版社赵丽博士助益颇多，在此表示感谢。

钟飞腾
2017年11月